U0826893

21世纪全国本科院校土木建筑类创新型应用人才培养规划教材

工程项目投资控制

主　编　曲　娜　陈顺良
副主编　丰　静　胡伟勋　胡　媛

北京大学出版社
PEKING UNIVERSITY PRESS

内 容 简 介

本书遵循全面投资控制思想，以全要素、全员、全风险投资控制为对象，以全过程投资控制为主线，系统地介绍了工程项目投资控制的理论及方法，涵盖了工程项目投资概述，工程项目投资基础知识，工程项目投资决策，设计阶段、招投标阶段、施工阶段、竣工阶段在内的全过程投资控制及工程项目投资风险管理，并涉及项目建设的投融资方、建设行政主管部门、建设单位、施工方、勘察设计方、咨询企业、材料供应方等全部参与方。

本书可供高等学校工程管理专业、工程技术类专业的本科生及研究生做教学用书，也可作为工程造价人员的岗前培训教材，还可供工程项目管理人员参考使用。

图书在版编目(CIP)数据

工程项目投资控制/曲娜，陈顺良主编．—北京：北京大学出版社，2013.1
(21世纪全国本科院校土木建筑类创新型应用人才培养规划教材)
ISBN 978-7-301-21391-9

Ⅰ.①工… Ⅱ.①曲…②陈… Ⅲ.①基本建设投资—控制—高等学校—教材 Ⅳ.①F283

中国版本图书馆CIP数据核字(2012)第239791号

书　　名：工程项目投资控制
著作责任者：曲　娜　陈顺良　主编
策 划 编 辑：吴　迪　卢　东
责 任 编 辑：吴　迪
标 准 书 号：ISBN 978-7-301-21391-9/TU·0291
出 版 发 行：北京大学出版社
地　　址：北京市海淀区成府路205号　100871
网　　址：http://www.pup.cn　新浪官方微博：@北京大学出版社
电 子 信 箱：pup_6@163.com
电　　话：邮购部62752015　发行部62750672　编辑部62750667　出版部62754962
印 刷 者：北京京华虎彩印刷有限公司
经 销 者：新华书店
787毫米×1092毫米　16开本　15.75印张　363千字
2013年1月第1版　2017年7月第2次印刷
定　　价：32.00元

前　言

纵观我国工程建设领域，自改革开放以来，经过数十年的市场化发展，已经取得了举世瞩目的成就。尤其是近几年，我国全社会年固定资产投资总额均突破十万亿，工程建设规模跻身世界前列，工程管理水平得到大幅度的提升。然而，在工程项目管理实践中，投资控制一直存在诸多问题，投资失控的现象并不鲜见，给工程项目参与各方造成很大的损失。

工程项目投资控制的核心目标是“满足需求，实现价值”，实现项目投资控制的核心理念是“全面投资控制”。本书遵循全面投资控制思想，以全要素、全员、全风险投资控制为对象，以全过程投资控制为主线，结合编者多年从事工程项目管理实践及科研工作积累的体会和思考，较全面、系统地对工程项目投资控制理论与方法进行归纳与总结，并结合大量的案例，形成了这本《工程项目投资控制》。本书各章内容的编写注重理论方法的应用分析，注重理论联系实际，配有大量的例题和习题，供学习者参考，突出教材的实用性和可读性。

本书共分 8 章。第 1 章为绪论，主要阐述工程项目投资控制的基本概念、原则和工作性质及全面投资控制的内涵，交代了投资控制的理论基础，同时介绍工程项目投资控制范式的发展进程、分析国内投资控制的成绩及不足之处；第 2 章为工程项目投资控制基础知识，包括工程项目建设投资的构成、来源与资本成本的计算，工程项目投资计划与投资规划的编制及工程项目投资控制的步骤，不同实施阶段的任务和全过程投资控制流程；第 3 章为工程项目投资决策阶段的投资控制，介绍工程项目投资决策体系构成要素、工程项目投资决策阶段投资的流程、建设工程项目投资规模确定的方法、可行性研究的编制、投资估算编制与控制的方法以及项目财务评价等相关内容；第 4 章为工程项目设计阶段的投资控制，包括设计方案优化、设计概算的编制、设计概算的审核等；第 5 章为工程项目施工招投标阶段的投资控制，介绍了施工图预算的编制与控制、标底的编制与审核、投标书评审中的造价控制等内容及建设工程施工合同类型和合同形式的选择及审核等；第 6 章为工程项目施工阶段的投资控制，围绕工程项目施工阶段的资金使用、工程计量与计价、设备及材料采购、进度款支付、合同价调整、工程变更、工程款结算等展开详细介绍；第 7 章为工程项目竣工验收阶段的投资控制，介绍了工程项目竣工结算的特点、审计方法，以及项目后评价等相关内容；第 8 章为工程项目投资全过程风险管理；附录给出了某工程项目全过程投资控制案例分析。

全书由曲娜、陈顺良担任主编并统稿。具体编写分工如下：第 1 章(丰静、曲娜)；第 2 章(曲娜、陈顺良)；第 3 章(曲娜)；第 4 章(曲娜)；第 5 章(曲娜、丰静)；第 6 章(胡伟勋)；第 7 章(陈顺良)；第 8 章(丰静)。林巧、常桃等研究生在文章的整理、编撰过程中做了大量工作。

本书在编写过程中参考了大量学者、同行的研究成果，这些在参考文献中已有列出。在此向他们表示由衷的感谢。

由于笔者水平有限，不妥之处在所难免，恳请同行、专家、学者批评指正。

编者

2012 年 10 月

前言

目　录

第1章 绪论

教学目标

主要介绍工程项目投资控制的基本概念、内涵、原理与发展进程等。通过本章学习，应达到以下目标：

(1) 掌握工程投资控制的相关概念和目的。

(2) 了解工程项目投资控制的原则和工作性质。

(3) 掌握工程项目全面投资控制的内涵。

(4) 了解建筑工程投资控制的原理。

(5) 了解国我国建设项目投资控制发展进程。

教学要求

知识要点	能力要求	相关知识
工程项目投资及投资控制的相关概念	(1) 了解工程项目投资的含义； (2) 熟悉工程项目投资与工程造价的区别和联系； (3) 掌握工程项目投资控制的概念、目的和原则	(1) 建设项目投资的概念； (2) 建设项目投资控制的概念； (3) 工程项目投资与工程造价
建设项目投资控制的内容与原理	(1) 从四个方面掌握全面投资控制的内涵； (2) 了解全面投资控制的基本原理	全过程、全要素、全风险、全团队、控制论

续表

知识要点	能力要求	相关知识
工程项目投资控制的发展进程	(1) 了解工程项目投资控制范式的发展； (2) 熟悉我国工程项目投资控制现状	工程项目投资控制范式

基本概念

投资　建设项目投资　建设项目投资控制　全面投资控制　全过程投资控制
全要素投资控制　全风险投资控制　全团队投资控制　动态控制　投资控制范式

引例

工程项目投资控制对我国建筑业的发展有着非同寻常的意义。随着经济、社会的发展和建筑技术的进步，我国建设工程项目呈现规模大、周期长、技术复杂等特点，投资规模日益增加，一旦投资失控，势必会给企业、社会带来巨大损失。就目前的形势来看，我国工程项目投资管理中存在着许多问题，集中体现在投资效益低下、资金使用效果不理想、投入与产出不相协调上。导致上述现象产生的原因既包括工程项目前期投资控制工作的失误，还包括施工过程中投资控制不力，因此，重视投资控制理论和实践研究，优化配置资源、合理使用投资、有效控制造价，加强工程项目投资控制，对于高效、优质、低耗地完成工程建设任务，取得最佳的经济效益和投资效益具有极其重要意义。

1.1 工程项目投资控制概述

1.1.1 工程项目投资

1. 投资

根据《辞海》的定义：投资是指企业或个人以获得未来收益为目的，投放一定量的货币或实物，以经营某项事业的行为。《经济大辞典》认为：投资是指经营性事业预先垫付一定量的资本或其他实物。广义的投资概念，是指投资主体为了特定的目的，将资源投放到某项计划以达到预期效果的一系列经济行为。狭义的投资概念是指投资主体在社会经济活动中为实现某种预定的生产、经营目标而预先垫付资金的经济行为。投资具有明确的主体性和目标性，因而投资是主体有目标的经济行为，这是投资一词作为动词属性的理解。当投资作为名词时，它表示投入资源的数量，通常用货币单位来表示。本文中的“投资”作名词用，是指投入的费用。

2. 工程项目投资

工程项目投资是将货币和其他资源投入工程项目综合开发、经营、管理和服务等活动中的一种投资行为，以期在将来获得不确定的收益，而这个不确定性就是工程项目投资风险产生的根源。工程项目投资是指投资主体在选定的工程项目上预先垫付资金，以期获得预期收益的经济行为。

3. 工程项目投资与工程造价的关系

中国建设工程造价管理协会学术委员会于1996年9月10日通过了对工程造价含义的界定意见：第一层含义是指完成一个建设项目投资费用的总和，即工程投资或建设成本，第二层含义是指建筑产品价格，即工程价格。

第一层含义的工程造价是指建设一项工程预期支付或实际支付的全部固定资产投资费用，即工程投资或建设成本。这层含义是从投资方、业主、项目法人的角度定义的。从这个意义上说，建设项目工程造价与建设项目投资中的固定资产投资相等。

第二层含义的工程造价是指建筑产品价格，即工程价格，也就是为建成一项工程，预计或实际在土地、设备、技术劳务市场以及承发包等交易活动中所形成的建筑安装工程价格和建设工程总价格。它是以工程这种特定的商品形式作为交易对象，通过招标、投标等交易形式，最终由市场形成的价格。工程价格与工程投资关系密切，工程价格是工程投资的主要组成部分。

1.1.2 工程项目投资控制含义和目的

控制(control)作为控制论的基本概念，指组织系统根据内外部的变化而进行调整，使自身保持某种特定状态的活动。控制有一定的方向和目标，其作用在于使事物之间、系统之间、部门之间相互作用，相互制约，克服随机因素。

建设工程项目投资控制是指以建设项目为对象，在投资计划范围内为实现项目投资目标而对工程建设活动中的投资所进行的规划、控制和管理。投资控制的目的，就是在建设项目实施的各个阶段，通过投资计划与动态控制，将实际发生的投资额控制在投资计划值以内，以使建设项目的投资目标得以最大程度的实现。

建设项目投资控制主要由两个并行、各有侧重又相互联系和相互重叠的工作过程所构成，即建设项目投资的计划过程与建设项目投资的控制过程。在建设项目的建设前期，以投资计划为主；在建设项目实施的中后期，投资控制占主导地位。

1.1.3 工程项目投资控制的基本原则

1. 以投资目标为导向

工程项目投资控制是围绕明确的目标来进行，因此，首先应建立投资目标体系，将工程项目投资目标进行逐步逐层分解，以作为全面投资管理和控制的基本导向。

投资目标的确定应有科学依据，具有挑战性，又要有现实性，要留有余地。工程项目投资目标往往可以根据单项工程、单位工程、分部分项工程分解成若干个子目标，形成目标体系，通过对各个子目标的控制，进而达到对总目标的控制。分解目标时应尽量具体化、定量化，各目标间应相互协调。

投资目标不是一成不变的，而应随着工程建设实践的不断深入而分阶段建立。为了适应项目开发建设的特点，从可行性研究开始，就应确定项目开发的功能、总投资和各单位工程明细投资，并以此作为计划和控制的目标限额。在其后的设计、招投标、施工、竣工阶段，应分别编制设计概算、施工图预算、竣工结算等，并不断以前者控制后者，同时随着工作的不断深入，工程不断得到充实和具体化，应在各对应阶段及时后者检验、充实、修正前者。具体来说，在建设项目可行性研究阶段制定投资估算；初步设计时，以原设计方案选择的投资估算为目标；施工图设计时，以初步设计概算为目标；在施工阶段时，以施工图预算和建安工程承包价为控制目标，形成一个系统的投资目标控制体系。

2. 全过程控制

全面投资控制，就是要由原来的单一的预结算管理转变为多阶段、相互关联的全方位管理，将投资控制贯穿于工程项目建设的全过程：事前运用各种科学方法分析预测、科学决策，事中科学地组织实施、精心管理，事后科学地分析总结，从而影响决策、设计、施工等各阶段的投资管理。建筑工程项目投资的控制涉及方方面面，是一项十分复杂的系统工程，因此应对项目建设的决策、设计、发包、实施、结算等全过程实施动态控制。

3. 主动控制与被动控制相结合

长期以来，人们一直把控制理解为实际值与目标值的比较，以及当实际值偏离目标值时，分析偏差原因，采取措施纠正偏差。对工程建设全过程进行这样的投资控制当然是有意义的，但这种控制方法不能使已产生的偏差消失，不能预防可能发生的偏差，属于事后纠偏的被动控制。在被动控制的基础上，我们还应立足于事发之前，主动采取措施，采用主动积极的以预防为主的控制方法，降低实际值偏离目标值的发生概率和程度。

4. 技术与经济相结合

技术与经济结合是控制建筑工程项目投资最有效的手段，应充分将其应用到实际工作中。项目评价和设计方案比选时，应力求技术先进可行，经济效果好，在实施阶段时，力求费用低但方法先进可靠，质量好。总之，应在工程建设的全过程把技术与经济有机地结合起来，通过技术比较、经济分析和效果评价，正确处理技术先进与经济合理两者之间的对立统一关系，力求做到在技术先进条件下的经济合理，在经济合理基础上的技术先进。

1.1.4 工程项目投资控制的工作性质

投资控制绝不单纯是财务方面的工作，投资控制在工作性质、工作人员、工作时间范畴、工作方法等多方面都与财务核算有着本质区别。投资控制与财务核算的区别见表1-1。

投资控制也绝不单纯是经济管理的工作，而是一项综合性极强的工作，涉及技术、经济、管理、法律诸方面的工作，投资控制人员应具备技术、经济、管理及法律等多方面的专业知识和素养。

表 1-1 投资控制与财务核算的区别

名　称	投资控制	财务核算
工作性质	项目管理的一部分工作	财务领域
从事工作人员	投资控制工程师	财务人员
工作时间范畴	从项目决策阶段开始至与项目有关的全部合同终止	在项目实施过程中积累数据，在项目完成后作项目核算
工作方法论	动态控制原理	会计原理
需要的知识	技术、经济、管理、法律	财务
工作目标	为总目标服务，实际总投资小于投资目标值	计算实际总投资，并作实际投资分析

1.2 工程项目全面投资控制的内涵

进入 20 世纪 90 年代，项目投资控制的工作内容发生了很大的变化，除了传统的、仅局限于建设项目投资确定和狭义控制的项目投资管理以外，还包括了经济分析、风险分析、价值分析、项目管理、资源管理、进度管理、质量管理、合同管理、信息技术等许多新的内容。在这种情况下，全面投资控制的概念应运而生。本书中的建筑工程项目投资控制的概念即是在全面投资控制的理念下提出，因此，本书从全面投资控制角度解读投资控制的内容。

建设工程项目的实施过程具有其不同于其他生产活动的特殊性：首先，它是由许多前后接续的阶段和各种各样的生产技术活动构成；其次，实施过程中每项活动都受诸多要素的影响；第三，这一过程通常是不重复的，过程所处的环境是开放的、复杂多变的，所以这一过程具有较大的风险性和不确定性；最后，这一过程涉及多个不同的利益主体，包括项目投资商、承包商、供应商、设计与咨询中介单位等等，整个过程是由他们共同合作完成的。基于这些特殊性，建设工程项目投资控制也就包括四个方面的内容：全过程投资控制、全要素投资控制、全风险投资控制和全团队投资控制。

1.2.1 全过程的投资控制

1. 我国基本建设程序

根据我国现行工程建设程序法规的规定，我国工程建设程序通常可分为：项目建设前期阶段、项目建设准备阶段、项目建设实施阶段、工程竣工验收与保修阶段和终结阶段五个阶段。工程建设的程序如表1-2所示。

表1-2 我国工程建设基本程序

工程建设阶段的程序划分	各阶段的环节划分
工程建设前期阶段(决策分析阶段)	投资意向
	投资机会分析
	项目建议书
	可行性研究
	审批立项
工程建设准备阶段	规划
	获取土地使用权
	拆迁
	报建
	工程发包与承包
工程建设实施阶段	工程勘察设计
	设计文件审批
	施工准备
	项目实施
	生产准备
工程竣工验收与保修阶段	竣工验收
	工程保修
终结阶段	生产运营
	投资后评价

工程项目实施是按照一定的程序和顺序进行的，各个建设实施环节之间存在着互为依据的逻辑关系，各阶段、各环节的工作应按规定进行。当然，工程项目的性质不同，规模不一，同一阶段内各环节的工作会有一些交叉，有些环节还可省略，在具体执行时，可根据行业、项目的特点，在遵守工程建设程序的前提下，灵活的开展。

2. 项目建设各阶段的投资确定

工程建设的每个阶段又是由一系列的具体活动构成。从这个角度讲，建设项目全过程的投资是由各个不同阶段的投资构成，而各个不同阶段的投资又是由这一阶段中的各项具体活动的投资构成，形成这些投资的根本原因在于开展各项具体活动所需要的资源消耗。

在项目建设的不同阶段，由于设计深度和需求的不同，工程项目投资分别称为投资估算、设计总概算、修正总概算、施工图预算、合同价、结算价及竣工决算，各阶段投资控制的工作内容也不相同。因此，建设项目全过程的投资管理必须首先从对每项具体活动的投资管理入手，通过对各项具体活动投资的科学管理，实现对于整个建设项目全过程的投资管理。工程项目各阶段的投资如图 1.1 所示。

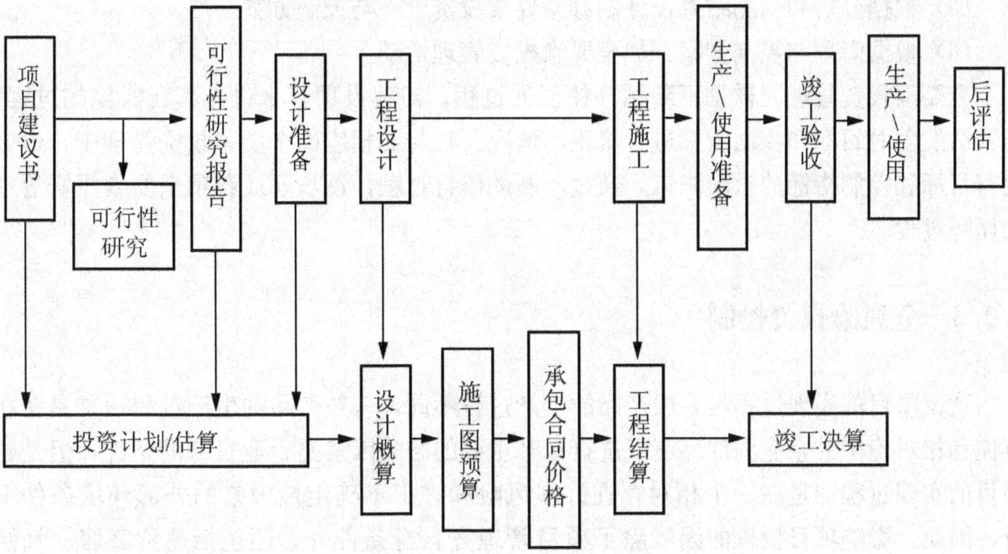

图 1.1 项目建设各阶段投资的确定流程图

3. 全过程投资控制的意义

基于建设项目活动过程的投资控制的意义主要体现在以下几个方面：

(1) 基于过程的控制可以减少无效活动；

(2) 基于过程的控制可以对活动的方法进行持续的改善；

(3) 基于过程的控制可以使活动的结果与施控主体的要求直接关联。

1.2.2 全要素的投资控制

在建设项目实现过程中，每项活动都需要受到三个基本要素的影响：投资、工期与质量的影响。因此建设项目的投资不仅需要从全过程投资管理入手去考虑对于一个项目投资的全面管理，而且还需要从如何管理好影响建设项目投资的全部要素入手，考虑对项目投资的进行全面管理。在建设项目全过程中，上述三个要素相互影响，如项目工期的长短和质量的高低都会直接造成建设项目投资的变动。因此，对建设项目全面投资控制而言，还必须从影响投资的全要素管理的角度，去分析和找出一套从全要素管理入手的全面投资控制的具体技术方法。这就是建设项目的全要素投资管理。

要实现对于建设项目的全要素管理，其工作内容主要包括两个方面：即分析、预测各要素的变动以及发展趋势和控制这些要素的变动以实现投资管理的目标。全要素投资管理的具体工作步骤如下：

(1) 确定各要素的优先次序和控制指标值；

(2) 记录、收集、汇总和整理项目实施过程中各要素的实际数据；

(3) 运用指数分析指标体系进行现状分析；

(4) 运用全要素投资管理预测分析指标体系进行预测分析；

(5) 根据分析和预测结果设计制订全要素投资管理与控制方案；

(6) 根据管理与控制方案开展全要素投资管理活动。

全要素投资管理同样是不断循环往复的过程。对建设项目来讲，其在实施的过程中，经常会发生对目标和控制指标进行修正的情况。在与此相应的全要素投资管理中，也必须要有目标和控制指标的重新修订，通过不断的修订过程，逐步开展各项全要素投资管理活动循环过程。

1.2.3 全风险投资控制

建设项目的实现过程与一般产品的生产过程不同，一般产品的生产过程通常是在相对可控和相对确定的企业内部环境下进行，其主要的影响因素是企业自身的条件，但是建设项目的实现过程却是在一个相对存在许多风险和许多不确定性因素的外部环境条件下进行，因此，影响项目投资的因素除了项目管理方自身条件外，还包括通货膨胀、气候条件、地质情况、施工环境条件等外部因素。因为外部环境条件都存在较大的不确定性，所以都有可能给建设项目带来风险，从而使建设项目的投资发生不正常的变化。

由于这些不确定性因素对建设项目投资的影响，使得建设项目的投资一般都会有两种不同成分：其一是确定性的投资，对这一部分投资，人们知道它是确定会发生，而且知道其发生数额的大小；其二是风险性的投资部分，对此，人们只知道它可能发生，同时知道其发生的概率，以及不同概率情况下投资的分布情况，但是人们不能肯定它一定会发生，也不知道其发生对投资的确切影响。不确定因素的存在随时可能造成各种各样的损失，而这些最终都会转化成建设项目投资的增加，因此在建设项目投资管理中必须考虑风险对投资的影响，必须同时开展对确定性投资和不确定性投资的控制。

1.2.4 全团队投资控制

在建设项目实现过程中会涉及参与项目建设的多个不同的利益主体。这些利益主体包括：建筑项目的项目法人或投资商，承担建设项目设计任务的设计单位，承担建设项目监理工作的工程监理单位，承担建设项目投资管理工作的咨询单位，承担建设项目施工任务的施工单位及分包商，以及提供各种建设项目所需物料、设备的供应商等，投资控制组织机构如图 1.2 所示。这些不同的利益主体，一方面为实现同一建设项目目标而共同合作；另一方面根据分工去完成建设项目的不同任务，而获得各自的利益。在建设项目的实施过程中，这些利益主题都有各自的利益，而且有时这些利益主体之间的利益会发生冲突。这样就要求在建设项目的投资管理中必须全面协调各个利益主体之间的利益和关系，将这些利益相互冲突的不同主体联合在一起构成一个全面合作的团队，并通过这个团队的共同努力，去实现对于建设项目的全面投资控制，这就是建设项目的全团队投资控制。

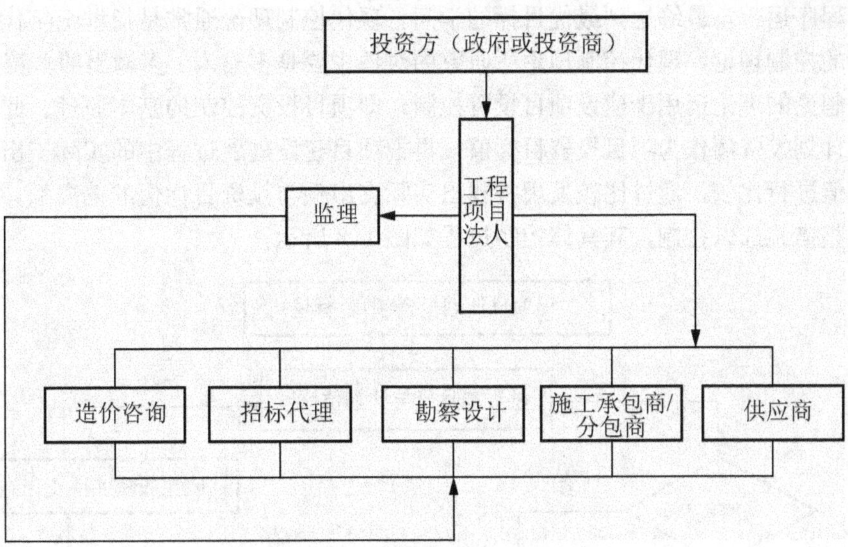

图 1.2 投资控制组织机构图

1.3 工程项目投资控制基本原理

从系统论的视角来看，工程项目是一个开放性系统。系统论是研究系统的一般模式、结构和规律的学问，它研究各种系统的共同特征，用数学方法定量地描述其功能，寻求并确立适用于一切系统的原理、原则和数学模型，是具有逻辑和数学性质的一门新兴的科学。系统论中认为，整体性、关联性，等级结构性、动态平衡性、时序性等是所有系统共同的基本特征。既然工程项目可以看作一个系统，它又是由子系统组成的，那么我们便可通过设法控制每一子系统的投资额，进而最终达到控制整个总体系统投资额的目的。同样道理，一个工程项目的建筑、安装过程也可看作为一个系统，这个系统是由劳动力、劳动对象、劳动手段等施工生产要素所组成。因而，我们可以通过正确合理的控制人(劳动力)和物(技术标准、规范、设计图纸、施工组织设计、施工方案、施工进度计划、施工机械、仪器设备、运输工具、建筑材料、构件、半成品、水、电、承包合同等)等施工生产要素的制订、使用和消耗，便可达到有效控制施工安装过程投资的目的。

依据系统论对工程项目进行了基本的梳理之后，具体的工程项目投资控制则是依据控制论的原理来进行。控制论一词，来自希腊语，原意为掌舵术，包含了调节、操纵、管理、指挥、监督等多方面的涵义，控制论是研究各类系统的调节和控制规律的科学。控制论系统中有专门的调节装置来控制系统的运转，维持自身的稳定和系统的目的功能。控制机构发出指令，作为控制信息传递到系统的各个部分即控制对象中去，由它们按指令执行之后再把执行的情况作为反馈信息输送回来，并作为决定下一步调整控制的依据。整个控制过程就是一个信息流通的过程，控制就是通过信息的传输、变换、加工、处理来实现的。控制论就是研究如何利用控制器，通过信息的变换和反馈作用，使系统能自动按照人们预定的程序运行，最终达到最优目标的学问。现代控制理论通常是指世纪年代以后迅速发展起来的控制理论，现代控制理论所研究的对象主要是多输入、多输出的多变量系统。

把控制论的理论运用于建设项目投资控制，即项目投资控制的基本原理。此基本原理是把项目计划投资额作为项目投资目标值，再把项目建设进展过程中的实际支出额与项目投资目标值进行比较，通过比较发现并找出实际支出额与投资目标值的偏离额，进而采取有效的调整措施加以控制，其具体控制过程如图 1.3 所示。

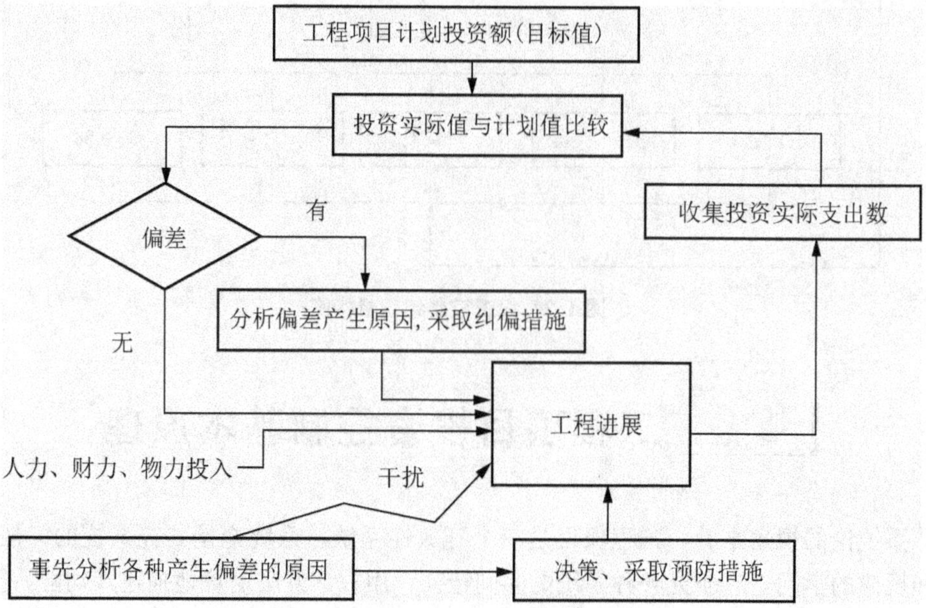

图 1.3　建设项目投资控制过程示意图

这个投资控制回路得以发挥控制项目投资的作用，通常须作好以下工作：

(1) 正确地确定项目投资目标值，包括项目的总目标值、分目标值、各细化目标值。若没有明确的投资目标值，便无法把项目的实际支出额与之进行比较，不能进行比较也就不能找出差异额，不知差异程度及其原因也就不能采取控制投资的有效措施。在确定各目标值时，应有科学的依据。如果投资目标值与工价、料价、设备价以及各项有关费用和各种取费标准不相适应，那么确定的投资目标值便没有实现的可能，则控制也是徒劳的。另外，由于人们对客观事物的认识是有个过程的，也由于人们在一定时间内所占有的经验和知识是有限的，因此对项目的投资目标值应辩证地对待。就是说，投资目标值既是严肃的，但也应允许对脱离实际的既定投资目标进行必要的调整。当然，允许调整并不意味着可以随意改变项目投资目标值，而必须按照有关的规定和程序进行调整。当科学的项目投资目标值确定之后，还应注意充分考虑实现项目投资目标值的有效措施。

(2) 在项目实施的整个过程中，应注意及时、全面、准确地收集、汇总费用支出额的实际值，以便与投资目标值进行比较，或者进行项目费用支出总额的预测。

(3) 在项目实施的过程中，应定期地把实际支出额与投资目标值相比较，并根据比较的结果及其原因，及时采取有效的控制措施。

（4）加强对项目进展过程中干扰因素及其影响程度的调查和预测，做到了解情况，以及早地采取防范措施，保证项目投资目标值的实现。

1.4 工程项目投资控制的发展进程

1.4.1 工程项目投资控制范式的发展进程

人们对建设工程项目投资控制的认识是随着时代的发展、社会的进步和管理科学的不断发展而逐步加深的。建设工程项目投资控制从最初人们对家居和宫殿建造成本的管理一直发展到现在，已经成为了项目管理科学的一个专门的独立领域，并被应用到了像三峡工程这样的大型工程建设项目的投资管理中。这一学科的创立和发展是人们经历了几千年工程建设实践的结果，是人们不断学习、不断总结经验和不断探索与创新的结果。今天人们还在不懈地努力延续着这一过程，从而使工程项目投资控制的理论与方法能够不断地进步和发展以适应人类社会不断增长的需要。

自20世纪30年代开始，一些现代经济学和管理学的原理就被应用到建设工程项目投资控制的领域。这包括从简单的建设项目工程造价估算、确定和控制开始向重视项目价值和投资效益评估以及项目经济技术分析的方向发展。到20世纪30年代末期，就已经有人将项目净现值（Net Present Value，NPV）和项目内部收益率（Internal Rate of Return，IRR）等项目评估技术方法应用到了建设工程项目投资控制之中，并且创建了“工程经济学”等建设工程项目投资控制的基础理论和方法。这不但使得建设项目经济效益大大提高，而且使得建设工程项目投资控制有了很大的发展。尤其在第二次世界大战之后的全球重建时期，大量的建设项目为人们提供了开展建设工程项目投资控制理论和方法研究与实践的机会，有许多建设项目工程造价的新理论与新方法在这一时期得以创建，建设工程项目投资控制领域在这一时期取得了巨大的发展。

进入20世纪50年代以后，建设工程项目投资控制的理论和方法在职业化的推动下获得了很大的发展。除了英国原有的皇家特许测量师协会（Royal Institute of Chartered Surveyors，RICS）以外，从1951年澳大利亚工料测量师协会（Australian Institute of Qoantity Surveyors，AIQS）宣布成立开始，1956年美国造价工程师协会（American Association of Cost Engineering，AACE）成立，1959年加拿大工料测量师协会（Canadian Institute of quantity Surveyors，CIQS）也宣告成立，先后有二十多个国家成立了建设项目造价管理方法的协会，并且随后建立了国际造价工程师联合会。这些建设项目造价管理协会成立以后积极组织本专业人员并与大专院校合作，对建设工程项目投资控制中的建设项目工程造价确定与控制、建设项目工程造价风险管理等许多方面的理论与方法开展了全面的研究，并创立了现在被称为传统的建设工程项目投资控制的理论与方法。这些传统的建设工程项目投资控制理论与方法在20世纪50～80年代，一直是建设工程项目投资控制的主导方法和范式。

20 世纪 80 年代初，各国的建设工程造价管理协会和相关学术机构先后开始了对建设工程项目投资控制新模式和新方法的探索工作，如美国国防部等政府部门从 1967 年开始探索“项目造价与工期控制系统的规范(Cost/Schedule Control System Criterion，C/SCSC)”，后经反复修订而成为现在最新的项目挣值管理(Earned Value Managemet，EVM)的技术方法。这是一种建设项目造价和工期集成管理的理论与方法，后来这一方法成为建设项目全面造价管理的主要起源之一。另外，1976 年成立的国际造价工程师联合会(ICEC)联合了全世界 26 个国家的造价管理协会和工料测量师协会，为推进建设工程项目投资控制理论与方法的研究与实践做了大量的工作，如国际造价工程师联合会全面比较研究了工料测量师和造价工程师在职责、工作和方法等方面的不同，并且努力联合造价工程师和工料测量师建立适合新时代的建设项目造价管理方法。一般认为，从此之后，人们开始了对建设工程项目投资控制理论和方法的重新认识，并提出了全新的建设工程项目投资控制新范式。所以，20 世纪 80 年代被公认为是建设工程项目造价管理进入现代化阶段的起始点。

经过多年的努力，至 20 世纪 80 年代，建设工程项目投资控制的新理论和新方法获得了很大的发展，人们从不同的角度去重新认识建设工程项目投资控制的客观规律，并进入了以建设项目工程造价的过程管理、集成管理和风险管理等为重点的现代建设工程项目造价管理的阶段，各种现代建设工程项目造价管理的理论和方法被提了出来。其中，最具代表性的有：以英国建设工程项目造价管理界为主提出的“全生命周期造价管理”的理论与方法；以中国建设工程项目投资控制界为主推出的“全过程造价管理”的思想和方法；以美国建设工程项目造价管理界为主推出的“全面造价管理”的理论和方法。从此，现代建设工程项目投资控制的研究与实践进入了一个全新的阶段。

自 20 世纪 80 年代初开始，传统的建设工程项目投资控制范式不断退出，而现代建设工程项目投资控制模式逐步变为主流范式。这一过程中，人们不断地对项目的全过程造价管理、全生命周期造价管理和全面造价管理的理论和方法进行深入而广泛的研究，同时对于它们各自所适用的具体情形也开展了相应的研究。但是，人们对于究竟应该以哪一种建设工程项目投资控制方法作为主流范式一度展开了激烈的争论。例如，在 1998 年美国辛辛那提召开的国际全面造价管理促进协会(AACE - I)年会和国际造价工程师联合会会议，与会专家和代表多数认为应该将全面造价管理的理论和方法定为 21 世纪的建设项目工程造价管理技术与方法 。他们认为，建设项目工程造价全面管理的模式已经成熟，所以建设项目全面造价管理的模式将会是 21 世纪的工程造价管理主导模式(Dominate Design)或叫范式(Paradigm)。但是，我国的政府主管部门和多数工程造价实际工作者都认为，应该使用全过程造价管理的理论和方法作为主导模式，而还有一部分人则认为应该使用全生命周期造价管理的理论和方法作为主导模式。到底哪种模式才是我国工程造价管理的主导模式，还主要取决于这些不同的工程项目的环境和特点，所以只有通过对它们适用性的深入分析与研究才能得出科学的结论。

1.4.2 我国工程项目投资控制现状

经过近30年的发展，我国建设工程投资控制理论和实践取得了长足的发展和进步。

(1) 全寿命费用分析方法开始广泛应用于大型工程项目的技术路线选定和投资决策，采用全寿命费用分析理论，在项目投资的前期，特别是设计阶段，对建筑工程项目的全过程投资进行分析控制。

(2) 价值工程理论在项目投资控制的应用中日益得到重视，将技术与经济两项指标紧密结合起来，在保证功能不变的条件下，最大限度地降低成本，运用价值工程理论优化设计、施工方案，控制建设项目投资。

(3) 限额设计和标准化设计受到普遍的认同，在项目规划阶段、项目建议书阶段、可行性研究阶段中编制的投资估算额来控制初步设计或扩大初步设计阶段的设计概算，使工程项目投资控制在利用科学方法编制的估算、概算限制范围内。通过层层限额设计，达到对投资限额的控制和管理，体现了对设计规模，设计功能标准，工程量和概、预算工程造价等指标的全过程控制；标准化设计得到了广泛的推广和应用。

但是，目前我国工程项目尤其是重大工程项目投资控制活动仍然普遍存在以下问题。

1) 投资控制缺乏系统性

工程项目的投资控制是一项复杂的系统工程，涉及工程项目的全生命周期、各个利益相关方以及重大工程项目所处的外部环境，必须从整体上对重大工程项目投资进行全面的控制。目前对投资控制普遍缺乏系统性，主要表现在以下几个方面：

(1) 重视实施阶段的投资控制，忽视建设前期和设计阶段的投资控制，缺乏对项目全生命周期费用的全过程控制；

(2) 注重建设投资绝对额的降低，忽视以最终目标为导向的总体优化；

(3) 注重各个阶段具体项目的费用控制，缺乏对项目投资的总体筹划和优化；

(4) 注重对投资单方面的控制，缺乏对影响投资相关因素的总体控制。

2) 投资控制过程中存在较高的交易成本

工程项目的投资控制过程既包括生产活动，又包括交易活动。按照近代制度经济学代表人物之一的康芒斯的划分，“生产”活动是人对自然的活动，“交易”活动是人与人之间的活动，而要实现交易是要付出成本的，新制度经济学家将其称为交易成本(或交易费用)。由于投资控制涉及多方利益主体，包括投资方、项目法人、咨询方、设计方、承包商、供应商等，委托——代理链条长、层次多、关系复杂，例如：目前，国内很多重大工程项目的决策主体是政府(投资方)，项目法人是项目的实施主体，项目法人受投资方委托，对重大工程项目的实施负总责，项目法人又分别委托其他参与方承担相应的项目建设任务。复杂的委托——代理关系，多方的利益冲突以及制度的缺失，导致投资控制中存在较高的交易成本，其主要表现是：

(1) 委托人与代理人之间缺乏信任和沟通，常常处于一种对立的状态，经常会因利益得失出现争执和冲突，这种争执和冲突必然增加交易成本；

（2）委托人与代理人之间缺乏利益共享机制，而是具有随机应变、投机取巧、为自己谋取更大利益的行为倾向，这种机会主义的存在是交易费用存在的根源；

（3）由于缺乏促进合作的机制，导致代理人常常向委托人隐藏信息，而搜寻信息是要付出成本的。在工程建设中，代理人如果向委托人隐藏信息，容易出现质量和安全隐患，甚至导致投资失败。

3）投资控制缺乏动态性

投资控制的动态性是指在项目的实施过程中，要随时根据情况的变化对投资控制的分项目标进行修正与调整。目前，我国投资控制缺乏动态性，主要表现在：

（1）投资控制的主要对象是静态投资，主要依据是工程定额，缺乏对动态投资部分的控制及对动态投资进行预测和控制的依据；

（2）缺乏对形成工程投资的各项活动的优化和风险的控制，投资控制局限于被动地对因变更引起投资变化的确定与控制；

（3）没有形成全生命周期投资控制的信息共享机制，信息流动不畅导致投资失控。

本章小结

本章首先阐述工程项目投资控制的基本概念，对工程项目投资与工程项目投资控制进行了概念简析，并对工程项目投资控制的原理做了解析。然后依据全面投资控制理念，对工程项目投资控制的内容作了详细讲解，并结合系统论和控制论阐明了工程项目投资控制的基本原理，最后，梳理了工程项目投资控制范式的发展，对我国投资控制的现状做了总结。

习　　题

1. 工程项目投资的含义是什么？与工程造价有哪些区别和联系？
2. 试述工程项目投资控制的基本原则有哪些？
3. 简述工程项目投资控制的内涵包含哪方面？并作详细的说明。
4. 简述投资控制范式的发展进程。
5. 谈谈你对目前我国投资控制现状的体会。

第2章 工程项目投资控制基础知识

教学目标

主要讲述工程项目投资控制的若干基础知识，通过本章学习，应达到以下目标：

(1) 掌握工程项目投资的构成；

(2) 了解工程项目投资来源，掌握资金成本的计算方法；

(3) 理解工程项目投资计划的含义及其在不同阶段的主要内容和作用；

(4) 熟悉投资规划的含义、内容及编制；

(5) 掌握项目建设各阶段投资控制的任务和措施，熟悉工程项目全过程投资控制的流程。

教学要求

知识要点	能力要求	相关知识
工程项目投资的概念和构成	(1) 掌握建设项目总投资的构成； (2) 掌握设备、工器具投资的构成； (3) 掌握建筑安装工程投资组成； (4) 掌握工程建设其他费用的组成	(1) 建设项目总投资； (2) 设备及工器具购置费； (3) 建安工程费
工程项目建设资金来源与资金成本计算	(1) 了解项目建设资金主要来源； (2) 掌握资金成本的计算方法； (3) 了解影响资金成本的因素及降低资金成本对策	(1) 建设项目资金来源； (2) 资本金与债务资金概念； (3) 资金成本的计算公式； (4) 降低资金成本对策

续表

知识要点	能力要求	相关知识
工程项目投资计划与投资规划	(1) 理解工程项目投资计划的含义及其在不同阶段的主要内容和作用； (2) 熟悉投资规划的含义、内容及编制	(1) 投资计划； (2) 投资规划
建设工程项目投资控制的任务和流程	(1) 掌握项目建设各阶段投资控制的任务和措施； (2) 熟悉工程项目全过程投资控制的流程	(1) 不同阶段投资控制任务； (2) 投资控制措施：组织措施、合同措施、经济措施、技术措施； (3) 全过程投资控制流程图

基本概念

工程项目总投资　设备及工器具投资　建安工程投资　工程建设其他投资　自有资金　债务资金　融资租赁　资金成本　投资计划　投资规划　投资控制流程

引例

从1919年，孙中山先生在他的《建国方略·实业计划》一文中提出了开发三峡水力资源，改善川江航运的设想，到1992年七届人大五次会议审议通过兴建三峡工程，决策过程长达70余年。三峡工程的实施阶段从1993年开始，至2009年竣工，周期长达17年。对于是否兴建三峡工程以及采取什么方案兴建，国家的决策是非常慎重的，其间论证的焦点除了安全、航运、生态环境以及工程技术问题之外，一个关键因素就是建设投资和后续费用国力能否承受，即建设资金来源和投资控制的问题。

在工程建设过程中，三峡总公司采用“静态控制、动态管理”的投资控制模式，以总额控制，总体包干的方式将移民安置费包干给四川省和湖北省，通过多渠道融资，多途径降低融资成本以及分年度测算审批价差的方式控制动态投资，以500.9亿元人民币的初步设计概算作为控制枢纽工程静态投资的最高限额，通过优化设计、规范招投标、严格合同管理、加强风险控制、实行技术创新和管理创新等措施对静态投资实施控制，起到了很好的效果。

2.1 工程项目投资的构成

建设项目总投资由固定资产投资和铺底流动资产投资两部分组成，如图2.1所示。非生产性建设项目总投资则只包括固定资产投资。

固定资产投资包含设备及工器具投资、建筑安装工程投资、工程建设其他投资、预备费及建设期利息等内容。

铺底流动资产投资是项目投产初期所需，为保证项目建成后进行试运转所必需的投入，其值一般按项目建成后所需投入全部流动资金的30%估算。

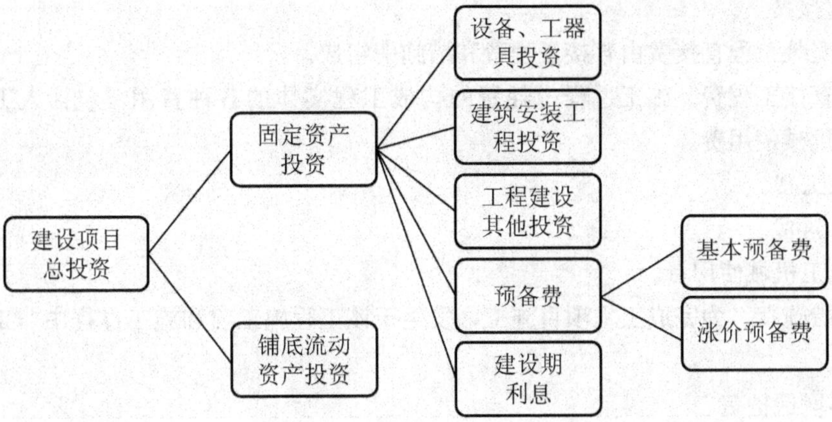

图 2.1 建设项目总投资构成

1. 设备、工器具投资

设备、工器具购置费用是由设备购置费用和工具、器具及生产家具购置费用组成。在工业建设工程中，设备、工器具费用与资本的有机构成相联系，设备、工器具费用占投资费用的比例大小，意味着生产技术的进步和资本有机构成的合理程度。

(1) 设备购置费是指为建设工程购置或自制的达到固定资产标准的设备、工具、器具的费用。

设备购置费＝设备原价或进口设备抵岸价＋设备运杂费

(2) 工器具及生产家具购置费是指新建项目或扩建项目初步设计规定所必须购置的不够固定资产标准的设备、仪器、工卡模具、器具、生产家具和备品备件的费用。

2. 建筑安装工程投资

建筑安装工程费用由直接费、间接费、利润和税金组成，建筑安装工程投资的构成如图 2.2 所示。

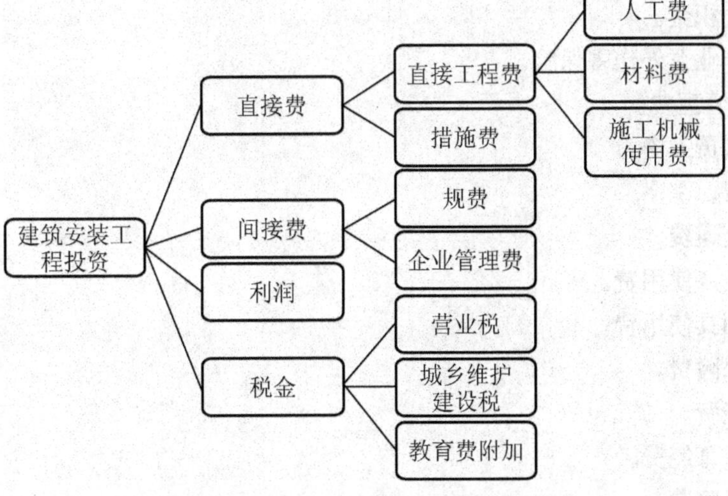

图 2.2 建筑、安装工程投资构成

1）直接费

建筑安装工程直接费由直接工程费和措施费组成。

（1）直接工程费。施工过程中耗费的构成工程实体的各种费用，包括人工费、材料费、施工机械使用费。

① 人工费。

② 材料费。

③ 施工机械使用费。

（2）措施费。为完成工程项目施工，发生于该工程施工前和施工过程中非工程实体项目的费用。

① 环境保护费。

② 文明施工费。

③ 安全施工费。

④ 临时设施费。

⑤ 夜间施工费。

⑥ 二次搬运费。

⑦ 大型机械设备进出场及安拆费。

⑧ 混凝土、钢筋混凝土模板及支架费。

⑨ 脚手架费。

⑩ 已完工程及设备保护费。

⑪ 施工排水、降水费。

2）间接费

（1）规费。

① 工程排污费。

② 工程定额测定费。

③ 社会保障费：养老保险费；失业保险费；医疗保险费。

④ 住房公积金。

⑤ 危险作业意外伤害保险。

（2）企业管理费。

① 管理人员工资。

② 办公费。

③ 差旅交通费。

④ 固定资产使用费。

⑤ 工具用具使用费。

⑥ 劳动保险费。

⑦ 工会经费。

⑧ 职工教育经费。

⑨ 财产保险费。

⑩ 财务费。

⑪ 税金。

⑫ 其他。

3）利润

利润是指施工企业完成所承包工程所获得的盈利。按不同的计价程序，计算方法有所不同。具体计算公式为：

利润＝计算基数 × 利润率

4）税金

（1）营业税。

（2）城市维护建设税。

（3）教育费附加。

3. 工程建设其他投资

工程建设其他投资是指从工程筹措到工程竣工验收交付使用为止的整个建设期间，为保证工程建设顺利完成和交付使用后能正常发挥效用而发生的各项费用。

工程建设其他投资，按内容大体可分为三类：第一类为土地费用；第二类为与项目建设有关的其他费用；第三类为与未来企业生产经营有关的费用，如图 2.3 所示。

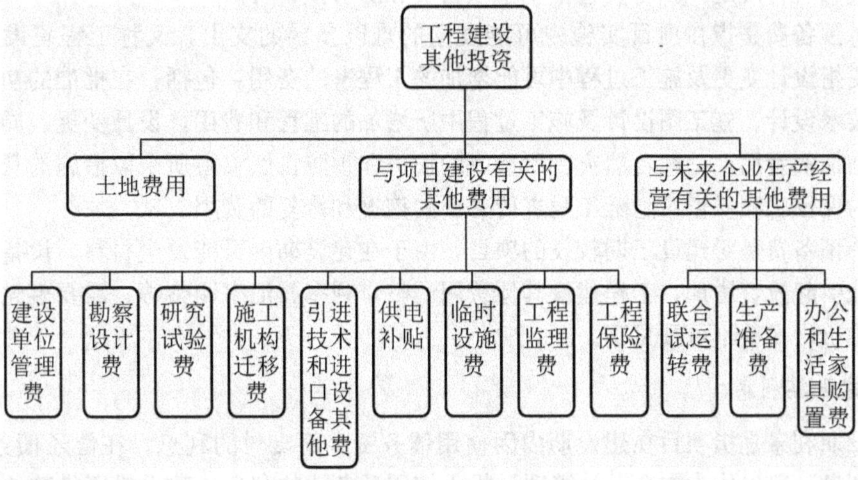

图 2.3 工程建设其他投资构成

1）土地使用费

土地使用费是指通过划拨方式取得土地使用权而支付的土地征用及迁移补偿费，或者通过土地使用权出让方式取得土地使用权而支付的土地使用权出让金。

土地征用及迁移补偿费，是指建设项目通过划拨方式取得无限期的土地使用权，依照《中华人民共和国土地管理法》等规定所支付的费用。其总和一般不得超过被征土地年产值的 20 倍，土地年产值则按该地被征用前三年的平均产量和国家规定的价格计算。其内容包括包括：土地补偿费、青苗补偿费和被征用土地上的房屋、水井、树木等附着物补偿费、安置补助费、缴纳的耕地占用税或城镇土地使用税、土地登记费及征地管理费、征地动迁费、水利水电工程水库淹没处理补偿费等。

土地使用权出让金，指建设项目通过土地使用权出让方式，取得有限期的土地使用权，依照《中华人民共和国城镇国有土地使用权出让和转让暂行条例》规定，支付的土地使用权出让金。

值得注意的是，与计划经济时期土地无偿使用不同，我国目前已经建立了土地市场，在绝大多数情况下，取得土地的使用权是有偿有期限的，因而土地费用是必不可少的。目前，土地费用一般占到工程项目总投资的30%左右，个别项目甚至占到60%～70%。

2）与项目建设有关的其他费用

与项目建设有关的其他费用是指建设单位从项目筹建直至工程竣工验收合格或交付使用为止发生的项目建设管理费用。包含：建设单位管理费、勘察设计费 、研究试验费、临时设施费、工程监理费 、工程保险费、供电贴费、施工机构迁移费、引进技术和进口设备其他费等。

3）与未来企业生产经营有关的其他费用

与未来企业生产经营有关的其他费用包括：联合试运转费、生产准备费 、办公和生活家具购置费等。

4. 预备费

按我国现行规定，预备费包括基本预备费和涨价预备费。

基本预备费是指在项目实施中可能发生的难以预料的支出，又称工程建设不可预见费，主要指设计变更及施工过程中可能增加的工程量的费用。包括：在批准的初步设计范围内，技术设计、施工图设计及施工过程中所增加的工程和费用；设计变更、局部地基处理等所增加的费用；一般自然灾害所造成的损失和预防自然灾害所采取措施的费用；竣工验收时为保证工程质量对隐蔽工程进行必要的挖掘和修复的费用。

涨价预备费是对建设工期较长的项目，由于在建设期内可能发生材料、设备、人工等价格上涨引起投资增加，工程建设其他费用调整，利率、汇率调整等，需要事先预留的费用，也称价格变动不可预见费。

5. 建设期利息

建设期利息是指项目在建设期内因使用债务资金而支付的利息。在偿还债务资金时，这部分利息一般也作为本金，计算项目投入使用后各期的利息。建设投资借款的资金来源渠道不同，其建设期利息的计算方法也不同。

2.2 工程项目投资的来源与资金成本的计算

2.2.1 工程项目投资的来源

工程项目投资从其来源可以分为自有资金和债务资金两部分，其构成详见图2.4所示。

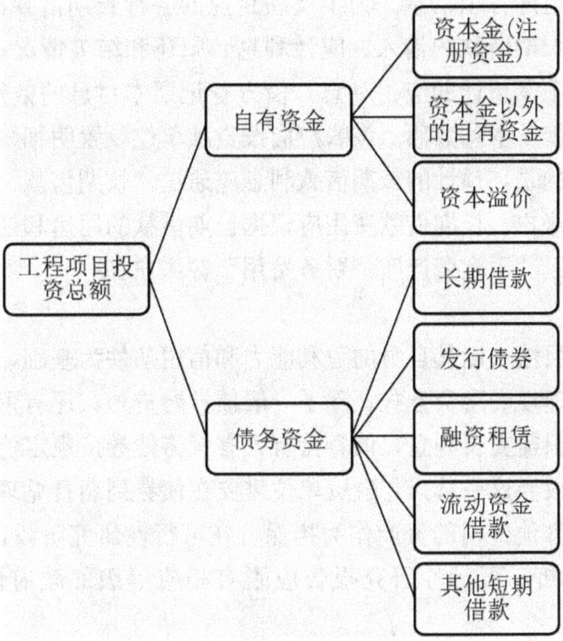

图 2.4 工程项目建设资金总额构成

1. 自有资金

自有资金是指在一定时期内经常拥有的可供自身支配且无须偿还的资金。建设项目的自有资金是指在投资中投资者为某种经营性投资需要交付的出资额，包括资本金、资本金以外的自有资金和资本溢价。

资本金是指项目总投资中由投资者提供的资金，对投资项目来说是非债务资金，也是获得债务的基金的基础。国家对工程建设项目实行资本金制度，规定了经营性项目的建设都要有一定数额的资本金，并提出了各行各业的项目资本金的最低比例要求。资本金在数额上等于经营者在设立企业时在工商行政管理部门登记的注册资金。按照投资主体来分，资本金还可分为国家资本金、法人资本金、个人资本金及外商资本金。资本金的形式从可行性研究阶段来看，可以分为新设项目法人资本金筹措和既有项目法人融资两种。

资本溢价是指企业在筹集资金的过程中，投资人的投入资本超过其注册资金的数额。

2. 债务资金

债务资金是指债权人为企业提供的短期和长期贷款，不包括应付账款、应付票据和其他应付款等商业信用负债。使用债务资金可以降低企业资本成本。从投资者的角度来说，股权投资的风险大于债权投资，其要求的报酬率就会相应提高。因此债务资金的成本要明显地低于权益资本。在一定的限度内合理提高债务筹资比例，可以降低企业的综合资本成本。债务资金来源包括长期借款、发行债券、融资租赁、流动资金借款及其他短期借款等。

1）长期借款

长期借款是指企业向银行或其他金融机构借入的期限在一年以上(不含一年)或超过一

年的一个营业周期以上的各项借款。为了反映企业的各种长期借款，应设置“长期借款”账户，用来核算各种长期借款的借入、应计利息、归还和结欠情况。该账户属于负债类，其贷方登记借入的款项及预计的应付利息；借方登记还本付息的数额；期末余额在贷方，表示尚未偿还的长期借款本息数额。该账户应按贷款单位设置明细账，并按贷款种类进行明细核算。需要说明的是，预计的长期借款利息应通过“长期借款”账户进行核算，而不是记入“预提费用”账户。长期借款费用应根据长期借款的用途和期间分别记入“长期待摊费用”、“在建工程”、“固定资产”、“财务费用”等账户。

2）发行债券

债券融资是指项目法人以其自身的盈利能力和信用条件为基础，通过发行银行债券等筹集资金，用于项目建设的融资方式。除了一般债券融资外，还有可以转换债券融资，这种债券在有效期内，只需支付利息，债券持有人有权将债券按规定价格转换成公司的普通股，如果债券持有人放弃这一选择，融资单位需要在债券到期日兑现本金。可转换债券的发行无需项目资产或其他公司的资产作为担保。在可行性研究阶段，采用债券融资方式，应对其可行性进行分析。可行性研究报告应附有相应等级的政府证券监管部门的意向文件。

债券融资按渠道的不同可分为银行贷款、发行债券和民间借款三类。银行贷款是债权融资的主要形式，它可分为信用贷款、抵押贷款和担保贷款，为了减少风险，担保贷款是银行最常采用的形式。债券融资获得的只是资金的使用权，债务到期时企业除归还本金外，还需支付利息。但这种方式能够提高企业所有权资金的资金回报率，与股权融资相比，债务融资除在一些特定的情况下可能带来债权人对企业的控制和干预问题，一般不会产生对企业的控制权问题。

对投资者来说，最为重要的发行条件是债券的票面利率、偿还期限和发行价格，因为它们决定着债券的投资价值，所以被称为债券发行的三大基本条件。而对发行者来说，除上述条件外，债券的发行数量也是比较重要的，因为它直接影响筹资规模。如果发行数量过多，就会造成销售困难，甚至影响发行者的信誉以及日后债券的转让价格。

3）融资租赁

融资租赁又称设备租赁或现代租赁，是资产拥有者将资产租给承租人，在一定时期内使用，由承租人支付租赁费的融资方式。采用这种方式，一般是由承租人选定设备，由出租人购置后租给承租人使用，承租人交付租金，租赁期满，设备归承租人所有。

从资金的运作角度看，出租人通过购买指定的出租设备给承租人使用，等于发放了一笔贷款，并通过收取资金的方式逐步收回贷款本息；承租人租用设备等于借款买设备，然后以分期付款支付资金的方式偿还借款本息。

融资租赁可以分为直接购买租赁、转租赁、售后租回租赁、衡平租赁(国际租赁的一种特殊形式)、服务性租赁等形式。

4）流动资金借款

流动资金借款，也叫短期借款，一般指借款期限不超过一年的借款。它是借款人用于正常生产经营周转或临时性资金需要的本、外币贷款。

流动资金借款的借款金额、借款的期限、借款用途、借款利率、借款的计息结息方式、还款计划及方式、担保措施、双方权利义务、违约责任、争议解决方式等都有借款合同规定。利息以计提方式计入当期费用，按合同规定的付息期支付。

流动资金借款占总流动资金的比例没有明确规定，一般以满足周转为宜。

5）其他短期借款

短期借款是借款的一种，与之相对应的是长期借款。就中国的会计实务而言，短期借款是指企业为维持正常的生产经营所需的资金或为抵偿某项债务而向银行或其他金融机构等外单位借入的、还款期限在一年以下(含一年)的各种借款。短期借款主要有经营周转借款、临时借款、结算借款、票据贴现借款、卖方信贷、预购定金借款和专项储备借款等。

2.2.2 工程项目投资资金成本的计算

1. 资金成本的概念

资金成本是指企业为筹集和使用资金而付出的代价，广义讲，企业筹集和使用任何资金，不论短期的还是长期的，都要付出代价。狭义的资金成本仅指筹集和使用长期资金(包括自有资本和借入长期资金)的成本。由于长期资金也被称为资本，所以长期资金成本也称为资本成本。

资金成本是财务管理中的重要概念：首先，资金成本是企业的投资者(包括股东和债权人)对投入企业的资金所要求的收益率；其次，资金成本是投资金项目(或本企业)的机会成本。资金成本的概念广泛运用于企业财务管理的许多方面。对于企业筹资来讲，资金成本是选择资金来源、确定筹资方案的重要依据，企业力求选择使总资金成本最低的筹资方式的集合。对于企业投资来讲，资金成本是评价投资项目、决定投资取舍的重要标准。资金成本还可用作衡量企业经营成果的尺度，即经营利润率应高于资金成本，否则表明业绩欠佳。

2. 资本成本的计算

企业融资有多种方式可供选择，他们的资金筹集和使用费用各不相同，通过资金成本的计算与比较，能够按照成本高低进行比较选择各种融资方式。

1）优先股成本

优先股的优先权是相对普通股而言的，是指公司在融资时，对优先股认购人给以某些优惠条件的承诺。优先股的优先权利，最主要的是优先于普通股分得股利。与负债利息的支付不同，优先股的股利不能在税前扣除，因而在计算优先股成本时无需经过所得税的调整。优先股成本的计算公式为

$$k_p=\frac{D}{P_p(1-f_p)} \tag{2-1}$$

式中，k_p——优先股成本率；

D——年支付优先股股利；

P_p——优先股筹资额；

f_p——优先股融资费用率，即手续费率。

由于优先股的股息在税后支付，而债券利息在税前支付，且当公司破产清算时，优先股持有人的求偿权在债券持有人之后，因此，风险要大，其成本也高于债券成本。

2）普通股成本

普通股成本属权益资金成本。权益资金的资金占用费是向股东分派的股利，而股利是以扣除所得税后的净利支付的，不能抵减所得税。计算公式为

$$k_s=\frac{D_c}{P_c(1-F_c)}+G \tag{2-2}$$

式中，k_s——普通股成本；

D_c——预期年股利额；

P_c——普通股融资额；

F_c——普通股融资费用率；

G——普通股年增长率。

3）债务融资的资金成本

发行债券的成本主要是债券利息和融资费用。债券利息应按税后成本计算。债券的融资费用一般比较高，不可在计算资金成本时省略。计算公式为

$$k_b=\frac{I_b(1-T)}{B(1-F_1)} \tag{2-3}$$

式中，k_b——债券资金成本；

I_b——债券年利息；

T——所得税税率；

B——债券融资额；

F_1——债券融投资费率。

或

$$k_b=\frac{R_b(1-T)}{1-f_b} \tag{2-4}$$

式中，R_b——债券利率；

T——所得税税率；

f_b——债券筹资费率。

4）综合资金成本

为了反映整个融资方案的资金成本情况，在计算各种融资公式的个别资金成本的基础上，还要计算综合资本成本，它是企业比较各融资组合方案、进行资本结构决策的重要依据。

综合资金成本一般是以各种资金占全部资金的比重为权数，对个别资金成本进行加权平均确定的，计算公式为

$$K_w=\sum_{j=1}^{n}K_jW_j \tag{2-5}$$

式中，K_w——综合资金成本；

K_j ——第 j 种单项筹资方式的资本成本；

W_j ——第 j 种个别筹资金额占全部资金总额的比重(权数)；

n ——筹资方式的种类。

从以上公式可以看出，在个别资本成本一定的情况下，企业加权平均资本成本的高低取决于资本结构。

个别资金占全部资金比重的确定，还可以按市场价值或目标价值确定，分别成为市场价值权数和目标价值权数。市场价值权数指债券、股票的市场价格；目标价值权数指债券、股票以未来预计的目标市场价值确定权数。这种权数能体现期望的资本结构，而不是像账面价值权数和市场价值权数那样只反映过去和现在的资本结构。使用按目标价值权数计算的加权平均资金成本更符合项目的发展前景，也更适用于筹措新资金。

3. 影响资金成本的因素及降低资金成本的对策

1) 影响资金成本的因素

(1) 融资期限。融资期限越长，未来的不确定因素越多，风险也越大，投资者要求的报酬率也越高，从而其成本也越高。权益资本是无期限的(除非企业破产)，因而其成本比负债基金成本要高。

(2) 市场利率。市场利率是资金市场供求关系变动的结果。它是资金“商品”的价格。作为各类融资方式的基准利率，市场利率提高时，会相应提高各融资方式的成本；反之，当市场利率下降时，会相应降低各融资方式的成本。

(3) 企业信用等级。企业的信用等级决定了企业在资本市场中的地位，从而对各种方式产生重大影响。一般认为，企业的信用等级越高，信誉越好，投资者投资于企业的风险越小，其要求风险报酬越小，从而融资成本也越低。

(4) 抵押担保能力。如果企业能够为债务资金提供足够的抵押或担保，则债权人投资的安全性也大大提高，从而要求的报酬率相对降低，资本成本也相应降低。

(5) 融资工作效率。工作效率决定融资费用的大小。融资效率越高，则花费的资金筹集费用越低，资金成本也相应降低。

(6) 通货膨胀率。从投资者的角度看，通货膨胀率实质上是名义收益率与实际收益率之间的差异，是对因货币购买力风险而进行的一种价值补偿。因此，它作为系统性风险，对所有的收益项目都产生影响。一般情况下，通货膨胀率越高，则融资成本也越高。

(7) 政策因素。能够获得国家支持的产业，该产业内的企业能够获得优惠贷款利率，从而降低融资成本，这部分优惠越来越少。

(8) 资本结构。在融资总量一定的情况下，各种融资方式的组合比例不同，即资本结构不同，其加权平均成本也不同。

2) 降低资金成本的对策

企业降低成本，既取决于企业自身的融资决策，如融资期限安排是否合理，融资效率的高低，企业信用等级，资产抵押或担保情况，同时取决于市场环境，特别是通货膨胀状况，市场利率变动趋势等。

(1) 合理安排融资期限。资金的筹集主要是用于长期投资，融资期限要服从于项目的建设年限，服从于资金需求量预算，按照投资的进度合理安排筹资期限，以降低资金成本，减少资金不必要的闲置。

（2）合理预期未来利率。根据未来利率预测情况，合理安排负债融资期限，节约资金成本。

（3）提高企业信誉，重视信用评级工作。

（4）善于利用负债经营。在投资收益率大于债务成本率的前提下，积极利用负债经营，取得财务杠杆效益，可降低资本成本，提高投资收益。

（5）提高投资效率。包括正确制订融资计划，从总体上对项目在一定时期内的融资数量、资金需要的数量和时间等进行周密安排；充分掌握各种融资方式的基本程序，理顺融资程序中各步骤之间关系，并制订具体的实施步骤，以便于各步骤之间衔接与协调，节约时间与费用；在人员组织安排上，组织人员负责融资计划的具体实施，保证融资工作的顺利开展。

（6）积极利用股票增值机制，降低股票融资成本。主要是通过提高企业经营实力、竞争能力和扩大市场份额等措施，转移投资者对股利的注意力，降低股票分红压力，使投资者转向市场实现其投资价值，通过股票增值机制来降低项目实际融资成本。

2.3 工程项目投资计划与投资规划

2.3.1 工程项目投资计划

建设项目投资控制主要由投资计划与投资控制两个并行、各有侧重又相互联系和相互重叠的工作过程构成。在建设项目的建设前期，以投资计划为主；在建设项目实施的中后期，投资控制占主导地位。

投资计划，主要就是指确定或计算建设项目的投资费用，以及制订建设项目实施期间投资控制工作方案的工程管理活动。在建设项目管理的不同阶段，投资计划工作主要内容及作用也不相同，如图 2.5 所示。

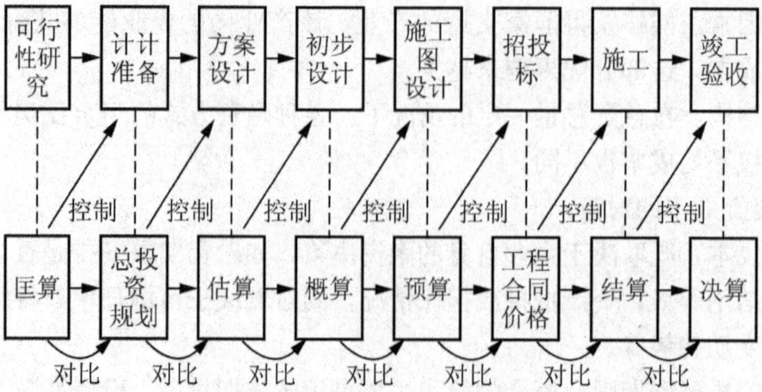

图 2.5 建设项目各阶段投资计划

投资决策阶段，通过对投资目标的风险分析、项目功能与使用要求的分析和确定，编制建设项目的投资计划，用以指导设计阶段的设计工作以及相应的投资控制工作。

工程设计阶段，以投资计划控制方案设计和初步设计工作，编制设计概算；以投资规划和设计概算控制施工图设计、编制施工图预算、确定工程承包合同价格等。

工程施工阶段，以投资规划、施工图预算和工程承包合同价格等控制工程施工阶段的工作，编制投资阶段计划和资金使用计划，以作为施工过程中进行工程结算和工程价款支付的计划目标。

2.3.2 工程项目投资规划

1. 投资规划的含义

工程项目投资规划是在项目实施前期，依据项目投资计划及工程项目的性质、特点和要求等，对可行性研究阶段所提出的投资目标进行论证和必要的调整，将工程项目投资总费用依据拟定的项目组织、项目组成及项目实施阶段进行合理的分配，进而进行投资目标的分解。

投资规划在工程项目的建设和投资控制中有重要作用，用以控制和指导初步设计、施工图设计、施工招标和发包、施工，使初步设计概算、施工图设计预算和实际投资不至于偏离论证后的总投资目标。

投资规划的编制依据是形成项目投资规划文件所必需的基础资料，主要包括：工程技术资料、市场价格信息、建设环境条件、建设实施的组织和技术策划方案、相关的法规和政策等。

2. 投资规划的内容

投资规划的内容包括：投资目标的分析与论证、投资目标的分解、制订投资控制的工作流程、投资目标的风险分析和制定投资控制工作制度等。

1）投资目标的分析与论证

在建设项目实施前期，通过投资规划对项目投资目标作进一步的分析和论证，确认投资目标实现的可行性。投资目标的分析和论证主要包括如下几个方面的工作，其过程如图 2.6 所示。

(1) 投资规划编制准备工作。

了解投资的背景和投资方的需求，尽可能全面的搜集项目相关的技术、经济、法律、市场等多方面的资料和信息。

(2) 编制项目投资规划总体构思和描述报告。

做好投资目标的分析和论证，首先要编制好项目的总体构思和描述报告。资规划总体构思和描述报告应该包含投资项目的概括、投资活动的类型、建设项目的功能要求、使用要求、确定的建设标准、对投资目标精确程度要求、编制依据及技术经济分析等内容。

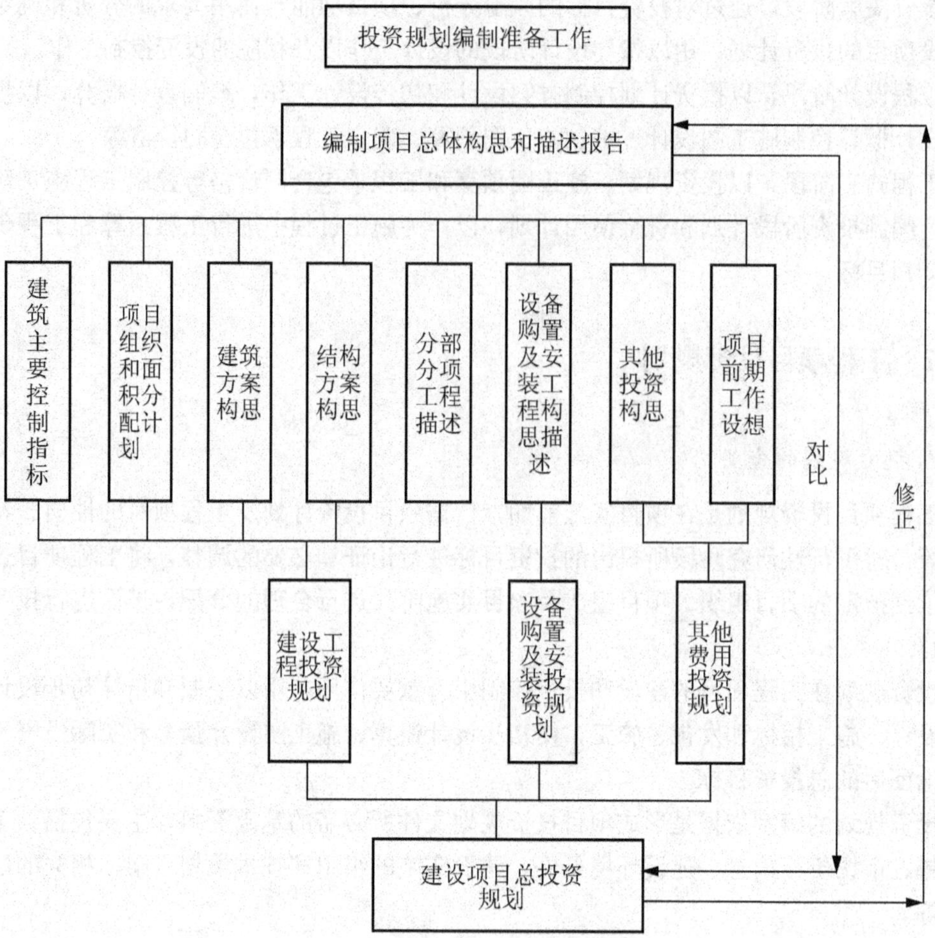

图 2.6　项目总投资规划的编制流程

(3) 确定各项具体活动的投资。

应用概算方法进行建筑工程投资费用的计算，主要采用分项工程量指标估算的方法，得到项目各组成部分的投资费用。将各项具体活动的投资进行整理汇总，最后得到基于活动的整个项目的总投资规划。

(4) 投资费用的分析和论证。

对项目各组成部分的投资费用、汇总的总体投资费用进行分析，进而结合总体构思和描述报告中建设项目的功能要求、使用要求和确定的建设标准等，对拟定的投资费用合理性进行分析和论证。

(5) 投资方案的调整。

根据投资费用分析和论证的结果，对项目总体构思方案和项目功能要求等作合理的修正或对项目投资目标作适当的调整。

2) 投资目标的合理分解

通过投资规划，将投资目标进行合理的分解，给出和确定建设项目各个组成内容和各个专业工程的投资目标。

3）控制方案的制订

投资规划的目的之一是制订投资控制的实施方案、确定相关的控制工作流程、进行风险分析、制订控制的工作制度等，用以指导建设项目的实施。

2.4 工程项目投资控制的步骤、任务和流程

2.4.1 工程项目投资控制步骤

投资控制工作的核心工作包括两个循环，即全过程的控制与持续改善循环和具体活动过程的控制与持续改善循环。其中具体活动过程的控制与持续改善循环(具体活动过程的投资控制过程)，即运用动态控制原理，对某一具体建设活动过程定期、不定期地将实际发生的投资数与相应的计划投资目标值进行比较，若发现建设项目实际投资值偏离目标值，则分析偏差产生的原因，采取适当的纠偏措施，包括组织措施、经济措施、技术措施、合同措施和信息措施等，纠正投资偏差，以保证建设项目投资总目标尽可能地实现。工程项目投资动态控制的步骤如下：

1. 比较

即按照某种确定方式将投资实际值与计划值逐项进行比较，找出偏差。

(1) 项目前期及设计阶段的比较主要包括：工程概算与投资规划的比较、工程预算与概算的比较。

(2) 施工、竣工验收阶段计划值和实际值的比较主要包括：施工合同价和初步设计概算的比较，招标标底和初步设计概算的比较，施工合同价和招标标底的比较，工程结算价和施工合同价的比较，工程结算价和资金使用计划的比较，资金使用计划和初步设计概算的比较，工程竣工决算价和初步设计概算的比较等。

2. 分析

对计划值与实际值比较的结果进行进一步分析，找出偏差所在及其产生的原因。

3. 预测

进一步分析这些影响因素的诱因及结果，根据分析结论，预测其发生的后果及概率。

4. 纠偏

根据工程具体情况，采取适当纠偏措施，使超额投资尽可能小。常用的纠偏措施有组织措施、管理(合同)措施、经济措施及技术措施等。

1）组织措施

(1) 从投资控制角度落实进行设计跟踪的人员、具体任务及管理职能分工，具体包括：设计挖潜，设计审核，概、预算审核，付款复核(设计费复核)，计划值与实际值比较

及投资控制报表数据处理等。

(2) 聘请专家作技术经济比较、设计挖潜。

(3) 在项目管理班子中落实从投资控制角度施工跟踪的人员、具体任务及管理职能分工。

2) 管理(合同)措施

(1) 向设计单位说明在给定的投资范围内进行设计的要求，参与设计合同谈判。

(2) 以合同措施鼓励设计单位在广泛调研和科学论证的基础上优化设计。

(3) 加强索赔管理。

(4) 及时进行合同修改和补充工作，着重考虑它对投资控制的影响。

3) 经济措施

(1) 对设计的进展进行投资跟踪。

(2) 编制设计阶段详细的费用支出计划，并控制其执行。

(3) 进行工程计量(已完成的实物工程量)复核。

(4) 复核工程付款账单。

(5) 编制施工阶段详细的费用支出计划，并控制其执行。

4) 技术措施

(1) 进行技术经济比较，通过比较寻求设计挖潜(节约投资)的可能。

(2) 必要时组织专家论证，进行科学试验，对设计变更进行反复论证和比较等。

5. 检查

对工程进展进行跟踪、检查、及时了解工程进展情况和纠偏措施执行情况及效果。

2.4.2 项目各阶段投资控制的主要任务

在工程项目建设过程的不同阶段，投资控制的主要任务不尽相同，主要体现在以下几个方面。

1. 前期决策阶段投资控制的主要任务

前期决策阶段投资控制的主要任务是依据投资计划、项目构思和要求编制投资估算，进行投资目标的分析、论证和分解，并以此作为后续工程项目投资控制的重要依据。

2. 设计阶段投资控制的主要任务

1) 设计方案优化阶段

设计方案优化阶段投资控制的主要任务包括：

(1) 编制设计方案优化要求文件中有关投资控制的内容。

(2) 对设计单位方案优化提出投资评价建议。

(3) 根据优化设计方案编制项目总投资修正估算。

(4) 编制设计方案优化阶段资金使用计划并控制其执行。

(5) 比较设计概算与修正投资估算，编制各种投资控制报表和报告。

2）初步设计阶段

初步设计阶段投资控制的主要任务包括：

（1）编制、审核初步设计要求文件中有关投资控制的内容。

（2）审核项目设计总概算，并控制在总投资计划范围内。

（3）采用价值工程方法，挖掘节约投资的可能性。

（4）编制本阶段资金使用计划并控制其执行。

3）施工图设计阶段

施工图设计设计阶段投资控制的主要任务包括：

（1）根据批准的总投资概算，修正总投资规划，提出施工图设计的投资控制目标。

（2）编制施工图设计阶段资金使用计划并控制其执行，必要时对上述计划提出调整建议。

（3）跟踪审核施工图设计成果，对设计从施工、材料、设备等多方面作必要的市场调查和技术经济论证，并提出咨询报告，如发现设计可能会突破投资目标，则协助设计人员提出解决办法。

（4）审核施工图预算，如有必要调整总投资计划，采用价值工程的方法，在充分考虑满足项目功能的条件下进一步挖掘节约投资的可能性。

（5）比较施工图预算与投资概算，提交各种投资控制报表和报告。

（6）比较各种特殊专业设计的概算和预算，提交投资控制报表和报告。

（7）控制设计变更，注意审核设计变更的结构安全性、经济性等。

（8）编制施工图设计阶段投资控制总结报告。

（9）审核、分析各投标单位的投标报价。

（10）审核和处理设计过程中出现的索赔和与资金有关的事宜。

（11）审核招标文件和合同文件中有关投资控制的条款。

3. 施工阶段投资控制的主要任务

施工阶段投资控制的主要任务包括：

（1）编制资金使用计划，合理确定实际投资费用的支出；

（2）严格控制工程变更，合理确定工程变更价款；

（3）以施工图预算或工程合同价格为目标，通过工程计量，合理确定工程结算价款，控制工程进度款的支付；

（4）审核其他付款申请单；

（5）对施工方案进行技术经济比较论证；

（6）审核及处理各项施工索赔中与资金有关的事宜。

4. 竣工验收阶段投资控制的主要任务

竣工验收阶段投资控制的主要任务包括：

（1）编制本阶段资金使用计划，并控制其执行，必要时调整计划；

（2）进行投资计划值与实际值的比较，提交各种投资控制报告；

(3) 审核本阶段各类付款；
(4) 审核及处理施工综合索赔事宜；
(5) 参与讨论工程决算中的一些问题；
(6) 编制投资控制总结报告；
(7) 办理验收手续之前，对财产和物资进行清理，编好竣工决算；
(8) 项目投产或投入使用后，要对项目投资效果进行考核与评价。

2.4.3 工程项目投资控制的主要流程

工程项目全过程投资控制流程图如图 2.7 所示。

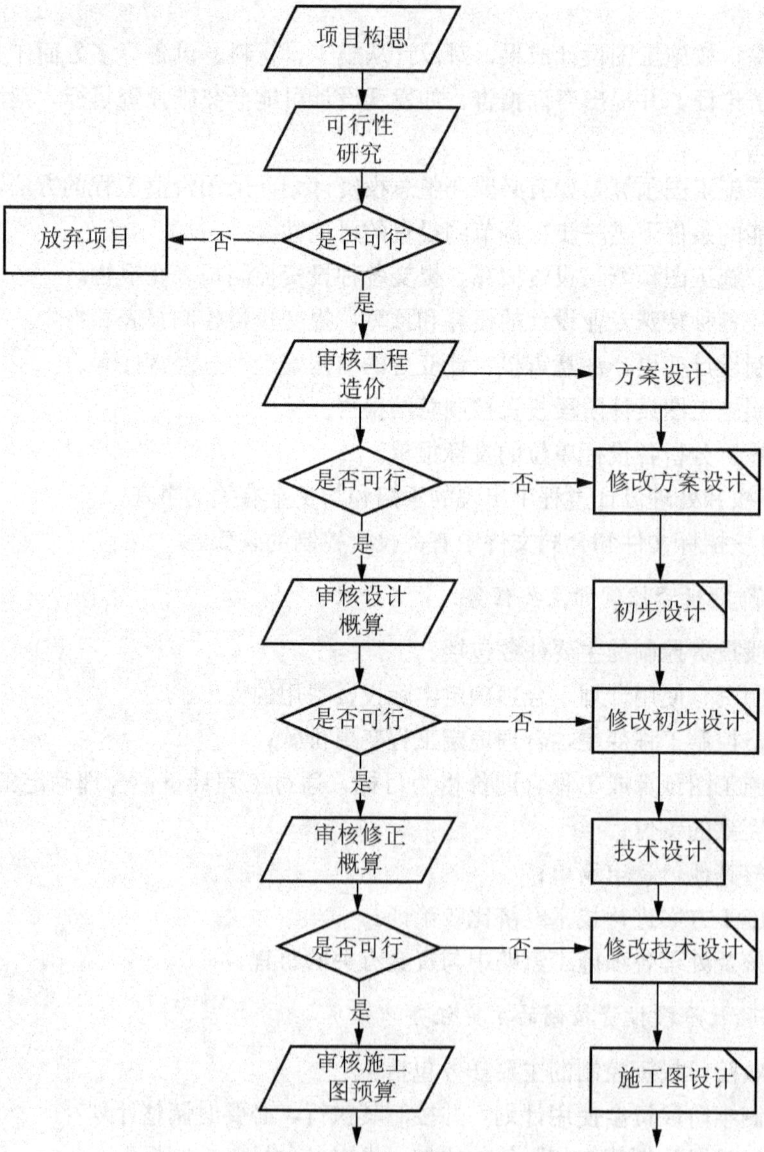

图 2.7　全过程投资控制流程图

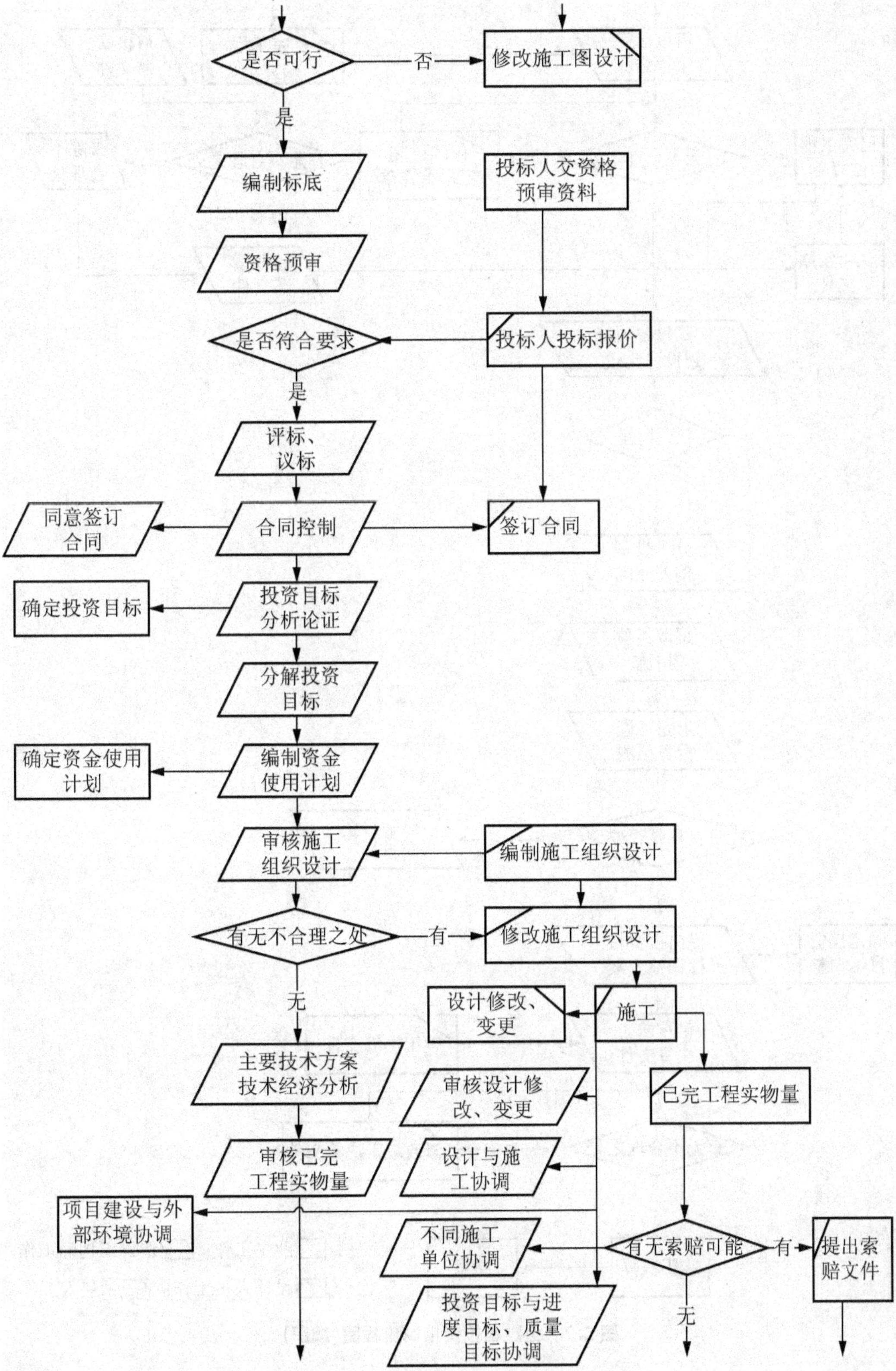

图 2.7 全过程投资控制流程图(续图)

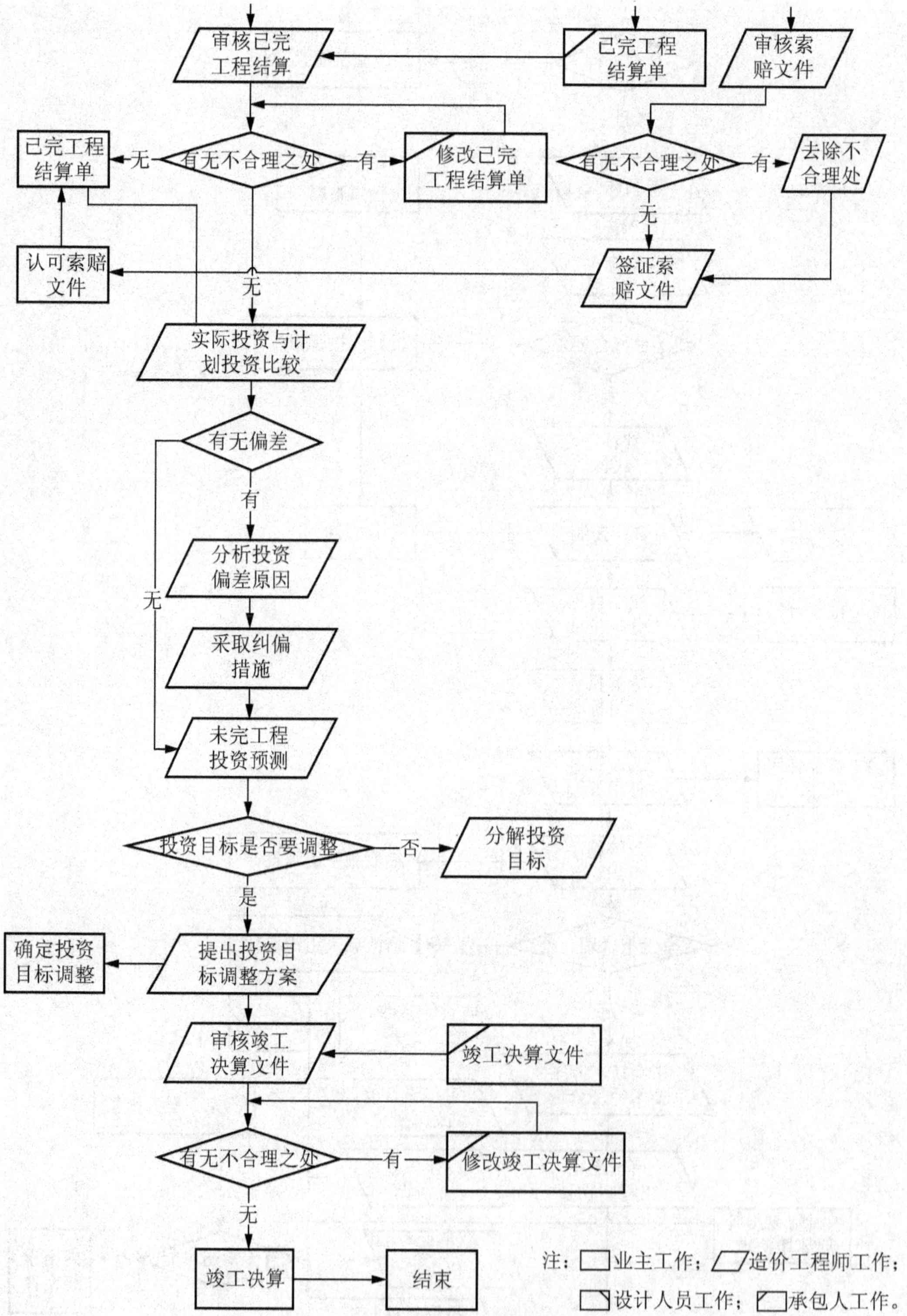

图 2.7　全过程投资控制流程图(续图)

案例分析

某体育中心总建筑面积14万平方米，投资规模6.5亿元人民币，能容纳1 000名运动员训练、生活与学习。中心内有国际标准的室内外网球场馆、乒乓球羽毛球馆、篮排球馆、体操馆、武术馆、游泳跳水及现代五项训练馆、室内外田径场馆及集教学、科研、办公于一体的综合楼、运动员活动中心、运动员公寓等设施，是该省建成的规模最大、功能最完备的综合性体育设施。

项目建设目标定位为“三个统筹”：即建设规划统筹、建设标准统筹、项目功能统筹。指导思想确定为：坚持科学管理，实行全过程追踪决策和投资控制管理；坚持市场化运作，引入竞争机制，提高项目管理运行效率和水平；坚持统筹协调，注重行政管理与项目管理的相互衔接、相互促进、相互监督。

采取的措施有：

(1) 采用国际公开征集的方式，邀请参与过悉尼奥运会、北京奥运会场馆设计的澳大利亚PTW建筑师事务所、中建国际和上海现代建筑设计院参与规划设计竞赛。由权威专家评审，选出最优方案，达到控制投资的目的；

(2) 组建扁平型管理协调机构。领导小组组长、副组长，负责工程跟踪决策和重大问题的协调处理。基建办公室由综合管理组、工程管理组、工程联络组、财务管理组组成，直接联系设计和施工单位。这种扁平型管理结构，有利于及时决策，及时协调，及时处理，提高了决策、协调和执行效率，特别是财务管理组可以及时提供财务数据及报表。

(3) 主动引进外部监督机制。委托省审计厅派驻审计事务所开展全过程跟踪审计。并邀请质检站、建管站等专门机构定期、不定期对工程质量、施工安全进行检查。同时，还邀请使用方派人不定期对现场体育工艺进行监督、检查，以确保高质量、不返工、零事故，从而节省了投资；

(4) 引入竞争机制，提高项目运行效率。所有设计、施工承包单位均通过公开招投标产生，具有本行业特级资质。这些单位资金、技术力量雄厚、经验丰富、业绩显著，从而大大提高了项目运作效率，降低了管理费，有效地控制了项目投资总额。

本章小结

本章主要讲述了工程项目投资及其构成，从工程项目总投资的构成出发，分析了各项投资所包含的具体内容，并讨论了资金来源与渠道，介绍资本成本计算的方法；论述了影响资金成本的因素及降低资金成本对策；介绍了工程项目投资计划的含义，投资规划的内容、编制依据及编制程序；阐述了工程项目投资控制的步骤、不同阶段投资控制的任务和措施，最后从全生命周期分析了建设项目投资控制的流程。

习　题

1. 试述我国工程项目投资构成。
2. 我国现行建筑安装工程费是如何构成?
3. 设备及工器具购置费是如何构成的?
4. 工程建设其他投资由哪些项目组成?
5. 何谓资本成本?影响资金成本的因素及降低资金成本对策有哪些?
6. 简述工程项目实施不同阶段投资控制的任务和措施。
7. 何谓投资计划、投资规划?二者有何区别和联系?
8. 试从全生命周期分析建设项目投资控制的流程。

第3章 工程项目投资决策阶段的投资控制

教学目标

本章主要讲述工程项目投资决策阶段投资控制的理论与方法。通过本章学习，应达到以下目标：

(1) 了解投资决策阶段的工作程序、掌握决策阶段投资控制的含义及流程。

(2) 熟悉影响工程项目投资规模的要素，掌握工程项目投资规模确定的方法。

(3) 了解项目建议书的概念及审批权限，掌握可行性研究阶段的划分以及可行性研究报告的内容和编制方法。

(4) 熟悉投资估算的用途，掌握工程项目投资估算的方法。

(5) 熟悉建设项目的经济评价方法。

教学要求

知识要点	能力要求	相关知识
工程项目决策阶段的投资控制概述	(1) 了解项目投资决策的工作程序； (2) 掌握决策阶段投资控制的含义及流程	(1) 投资决策阶段的工作程序； (2) 决策阶段投资控制的含义及流程

续表

知识要点	能力要求	相关知识
建设项目投资规模的确定	(1) 熟悉影响工程项目投资规模的要素； (2) 掌握工程项目投资规模确定的方法	(1) 影响建设工程项目投资规模的要素：项目建设规模、建设地区及建设地点(厂址)的选择、技术方案、设备方案、工程方案、环境保护措施等； (2) 工程项目投资规模确定的方法：市场分析、技术分析、经济分析和风险分析
项目建议书 可行性研究	(1) 了解项目建议书与可行性研究报告的区别，熟悉可行性研究阶段的划分； (2) 熟悉可行性研究报告的编制要求、依据和内容； (3) 了解可研阶段投资控制的方法	(1) 可行性研究阶段的划分； (2) 可行性研究报告的编制要求、依据和内容； (3) 可行性研究阶段投资控制的方法
投资估算	掌握项目投资估算编制的方法和控制方法	(1) 静态投资的估算； (2) 动态投资的估算； (3) 铺底流动资金的估算
建设项目的经济评价	(1) 熟悉工程项目的财务评价； (2) 了解工程项目的国民经济评价； (3) 掌握不确定性分析	(1) 财务评价的作用、程序及财务报表的编制； (2) 国民经济评价的参数及指标的计算； (3) 敏感性分析、盈亏平衡分析、风险分析

基本概念

投资决策　项目建议书　可行性研究　投资估算　经济评价　财务评价　国民经济评价　不确定性分析　敏感性分析　盈亏平衡分析　风险分析

引例

根据中国建设银行对20世纪90年代期间建成的870个大中型工程项目的调查，由于投资决策不周、勘察设计不详细等原因，导致损耗资金237亿元人民币，占870项工程总投资额的37%。这些问题多源于在项目前期的决策阶段未采取行之有效的投资控制。

长期以来，我国建设项目普遍存在着“三超”现象，即“概算超过估算、预算超过概算，决算超过预算”。要克服这些现象，使“经批准的投资估算作为建设工程造价的最高限额”，对以后的设计概算、施工图预算和工程竣工结算都起到控制作用，需要通过多方面、多环节的共同努力，其中提高项目投资估算的相对准确性，是工程造价管理者的首要责任。尤其是在投资决策阶段，项目投资人是工程造价控制的主体，应从拟建项目的建设目的、项目建成后的预测功能(或设计功能)和对项目建设周期内可预测的各种因素，进行周密、细致的调研和考察，做出在项目投资决策阶段控制工程造价的具体目标和决策，并依此要求工程造价管理人员做出较为准确的投资估算。只有决策工作做得及时正确，才能保证以后的资金运用与建设实施、投产运营与收回投资等诸阶段工作的顺利进行。

3.1 概　　述

3.1.1 工程项目投资决策的基本要素

投资决策是指投资者为了实现预期目标，在面临多种机会方案选择时，借助一定的科学方法对若干可行性方案进行论证和选择，从中筛选出相对效益最大的方案的过程。项目的投资决策是指从项目投资主体的利益出发，根据客观条件和投资项目的特点，在掌握有关信息的基础上，运用科学的决策手段和方法，按一定的程序和标准，对投资项目作出选择或决定的过程。建设项目投资决策体系的构成要素涉及众多的内外部因素，主要有以下基本要素。

1. 决策主体

决策主体是由个体或群体组成的具有智能性和能动性的主体系统，其形式可以是个人，也可以是个人组成的集体、组织、机构等。建设工程项目投资决策主体是建设项目投资主体即投资人，投资人可以聘请具有相应资质的项目管理公司代为负责前期策划、编制项目建议书及可行性研究报告等工作。

2. 决策目标

决策目标是投资项目决策所要达到的目的。目标明确，决策行为才能方向明确；目标划分合理，目标的制定才具针对性。确定决策目标，即确定投资预期目标，决定了投资方向，投资规模、投资结构以及未来投资成本效益的评估标准，为投资决策奠定良好的基础。

3. 决策信息

决策信息指有关决策对象规律、性能及所处环境等各方面的知识、消息。决策的任何阶段都离不开信息，在决策目标的引导下，信息对决策具有重要的影响，正确而充分的信息是科学决策的前提和保障。决策的信息主要源自两方面。

(1) 决策客体信息。决策客体是指项目决策主体选择行动方案的决策对象，通常包括人、财、物、时间、空间等几个方面。

(2) 决策环境信息。决策环境是影响决策主体决策的所有决策系统外部、内部环境的总称，包括自然环境、社会环境、经济环境等。在不同决策环境下，所作出的项目决策是不同的。即使是同一个项目，决策环境的不断变化会导致决策及决策执行不断调整，因此随时密切跟踪这一状态变量的变化趋势，理清其中的复杂关系对决策成败有着重大意义。

4. 决策理论和方法

决策理论和方法是指导和帮助决策主体处理决策信息，任何决策实践都少不了正确的决策理论和方法作指导。

5. 决策程序

投资决策程序就是在投资决策过程中，各工作环节中遵循的符合其自身运动规律的先后顺序，它是人们在项目决策实践中，不断总结经验部队对客观事物规律时是深化的基础上制定出来的，这样才能避免出现决策的主观性和盲目性，从而达到理想的决策效果。

对于一般项目而言，决策过程分为投资机会研究阶段、编制项目建议书阶段、可行性研究阶段、项目评价阶段和项目决策审批阶段。对于重大项目决策，在决策程序中可以考虑适当增加必要性评价和决策审查等环节，以提高项目决策的科学性，为科学决策提供充分的依据，投资决策各阶段主要内容如图 3.1 所示。例如，影响国计民生的重大工程项目——三峡工程的决策过程，在项目立项前国家发展和改革委员会(原中华人民共和国国家计划委员会)组织了由 350 名专家参加的必要性评价，在项目审批前由国务院组织了另外的 163 名专家进行决策前审查，从而提高了项目决策的科学性，避免了行政主管部门审批的局限性。

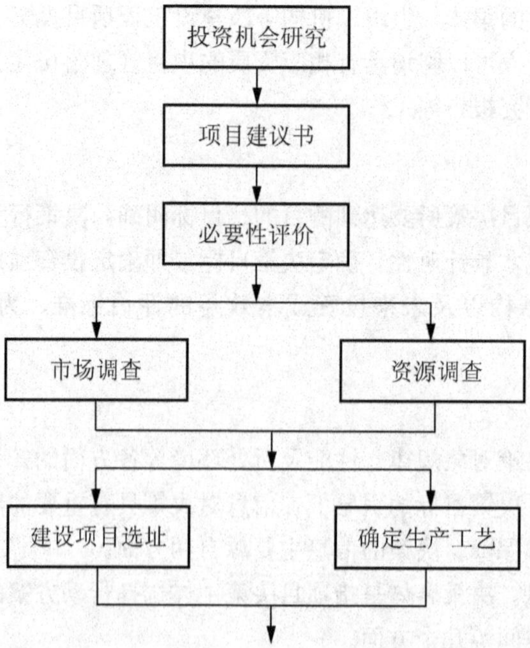

图 3.1 建设项目投资决策阶段工作程序

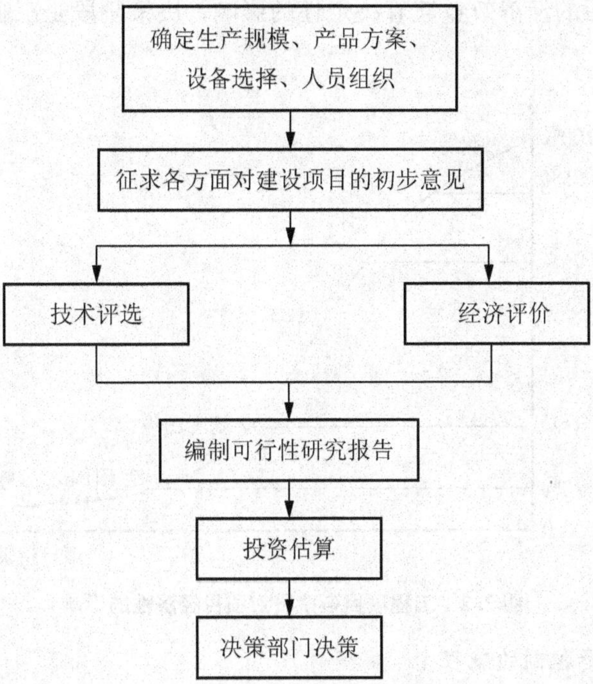

图 3.1 建设项目投资决策阶段工作程序（续图）

投资机会研究是项目的起源，是在市场调查、分析和信息捕捉的基础上完成的初步构想，合理的投资规模的确定是该阶段最重要的工作；项目可行性研究是前期决策的核心工作，其主要工作内容是论证和评估，它主要是在对市场以及项目特性考查的基础上，对项目投资可行性进行技术分析和财务分析，评估项目的经济效益、社会效益和环境效益；投资估算的编制和审查工作是前期决策的关键环节。

3.1.2 工程项目决策阶段投资控制的含义和流程

1. 决策阶段投资控制的含义

决策阶段的投资控制包括两层含义：一是指对决策阶段本身发生成本的控制。对于这一部分用于实地调查、科学研究、决策咨询等方面的费用要本着对科学决策有利的原则，舍得投入；二是指对项目建设前期所确定的工程投资规模的控制。工程投资规模是由建设方案、建设标准、对建设期宏观经济环境的预测等综合因素决定的，是按照工程项目建设目标进行整体优化的结果，本书主要是指第二层含义。

在工程的前期决策阶段，投资方或其委托机构运用科学的方法对项目进行全面的分析和论证，按照可持续发展和全生命周期费用最低的原则，合理确定投资规模，做好多方案比选和定量研究，提供详细的技术、经济、环境、社会及财务等多方面指标，为科学决策和控制投资提供可靠依据。如果决策失误，后续的投资控制目标本身就有问题，控制得再好也只是实现了一个错误的目标。决策阶段项目决策的内容是决定工程投资的基础，对工程投资及工程建成后的经济效益起着决定性的影响，决策阶段是工程投资控制的重要阶段，如图3.2所示。

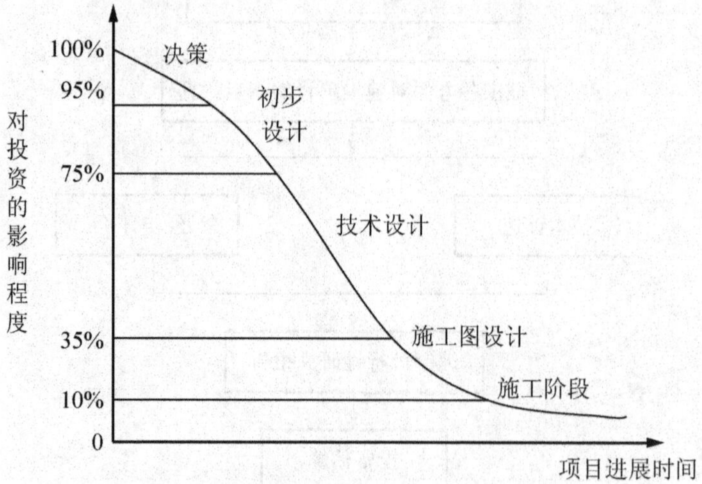

图3.2　工程项目各阶段对项目经济性的影响

2. 决策阶段投资控制的流程

根据重大工程项目决策的主要步骤绘制决策阶段投资控制的流程图，如图3.3所示。对于大中型项目而言，在决策过程中可适当增设反馈环节，分别聘请有资质的咨询机构或专家进行独立评审，有利于提高重大工程项目决策的科学性。

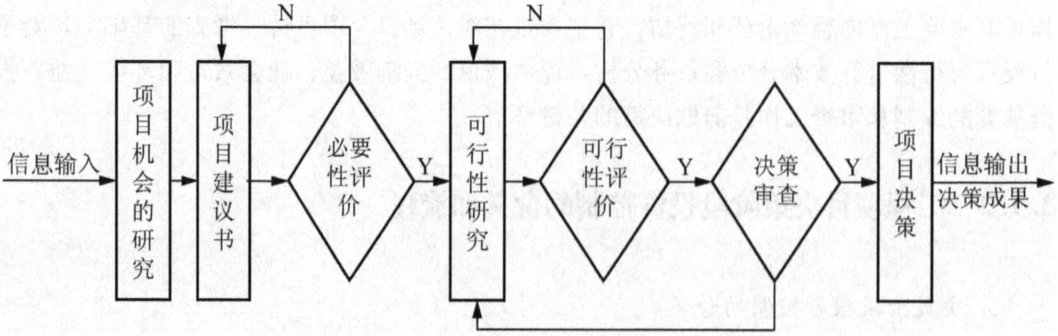

图3.3　决策阶段投资决策流程图

3.2 决策阶段影响工程项目投资的关键要素

3.2.1 决策阶段影响建设工程项目投资关键要素的确定

决策阶段影响工程项目投资额的主要因素包括项目建设规模、建设地区及建设地点(厂址)的选择、技术方案、设备方案、工程方案、环境保护措施等。

1. 项目建设规模

1）规模效益

当项目单位产品的报酬为一定时，项目的经济效益与生产规模成正比。效益规模的客观存在对项目规模的合理选择意义重大而深远，可以充分利用规模效益来合理确定和有效控制工程造价，提高项目的经济效益。但同时也须注意，规模扩大所产生的效益不是无限的，它受技术进步、管理水平、项目经济技术环境等多种因素的制约。超过一定的限度，规模效益将不再出现，甚至可能出现规模报酬递减。

2）制约项目规模合理化的因素

(1) 市场因素。市场因素是项目规模决定中需考虑的首要因素。其中，项目产品的市场需求状况是确定项目生产规模的前提。

(2) 技术因素。先进的生产技术及技术装备是项目规模效益赖以存在的基础，而相应的管理技术水平则是实现规模的保证。若与经济规模生产相适应的先进技术及其装备的来源没有保障，或获取技术的成本过高，管理水平跟不上，则不仅预期的规模效益难以实现，还会给项目的生存和发展带来危机，导致项目投资效益低下，工程造价支出严重浪费。

(3) 环境因素。项目的建设、生产和经营离不开一定的社会经济环境，项目规模确定中需的主要环境因素有：政策因素，燃料动力供应，协作及土地条件，运输及通信条件等。

2. 建设标准

工艺装备、建筑标准、配套工程、劳动定员等方面的标准或指标。建设标准的编制、评估、审批是项目可行性研究的重要依据，是衡量工程造价是否合理及监督检查项目建设的客观尺度。建设标准能否起到控制工程造价、指导建设的作用，关键在于标准水平订得是否合理。因此，建设标准水平应从我国目前的经济发展水平出发，区别不同地区、不同规模、不同等级、不同功能，合理确定。在建筑方面，应坚持适用、经济安全、朴实的原则。建设项目标准中的各项规定，能定量的应尽量给出指标，不能规定指标的要有定性的原则要求。

3. 建设地区及建设地点(厂址)

建设地区的选择要遵循两个基本原则。

(1) 靠近原料、燃料提供地和产品消费地的原则。满足了这一要求，在项目建成后，可避免原料、燃料和产品的长期运输，减小费用，降低生产成本，并且缩短流通时间，加快流动资金的周转速度。

(2) 工业项目适当聚集的原则。在工业布局中，通常是一系列相关的项目形成适当规模的工业基地和城镇，从而有利发挥“集聚效益”。集聚效益形成的客观基础有三方面：第一，现代化生产是一个复杂的分工合作体系，只有相关企业集中配置，对各种资源和生产要素充分利用，才能便于形成综合生产能力，尤其对那些具有密切投入产出链环关系的项目，集聚效益尤为明显；第二，现代产业需要有相应的生产性和社会性基础设施相配合，其能力和效率才能充分发挥，企业布点适当集中，才可能统一建设比较齐全的基础结构设施，避免重复建设，节约投资，提高这些设施的效益；第三，企业布点适当集中，才能为不同类型的劳动者提供多种就业机会。

另外，厂址的选择还应满足以下的要求：①节约用地。项目的建设应尽可能节约土地，尽量把厂址放在荒地和不可耕种的地点，避免大量占用耕地，节约土地的补偿费用；②应尽量选在工程地质、水文地质条件好的地段；③厂区土地面积与外形能满足厂房与各构筑物的需要，并适合于按科学的工艺流程布置厂房与构筑物；④应靠近铁路、公路、水路，以缩短运输距离，减少建设投资；⑤应便于供电和其他协作条件的取得；⑥应尽量减少对环境的污染。

以上条件不仅关系到建设投资的高低和建设期限，对项目投产后的运营状况也有很大影响。因此，在确定厂址时，也应进行方案的技术经济分析、比较，选择最佳厂址。

4. 生产工艺

评价及确定采用的工艺是否可行，主要有两项标准：先进适用和经济合理。这是评定工艺的最基本的标准。先进与适用，是对立统一的。保证工艺的先进性是首先要满足的，它能够带来产品质量、生产成品的优势，但是不能单独强调先进而忽视适用。还要考察工艺是否符合我国国情和国力，是否符合我国的技术发展政策；经济合理是指，在可靠性研究中可能提出几个不同的工艺方案，各方案的劳动需要量、能源消耗量、投资数量等可能不同，在产品的质量和产品成本等方面也有差异，因而应反复进行比较，从中挑选最经济合理的工艺。

5. 设备造型

在设备的选用中，处理好以下问题，能降低产品成本，从而降低工程造价。

(1) 要尽量选用国产设备。凡国内能够制造，并能保证质量、数量和按期供货的设备，或者进口一些技术资料就能仿制的设备，原则上必须国内生产，不必从国外进口。

(2) 要注意进口设备之间以及国内设备之间的行业配套问题。

(3) 要注意进口设备与原有国产设备、厂户之间的配套问题。

(4) 要注意进口设备与原材料、部品部件及维修能力之间的配套问题。

(5) 引进技术资料的注意事项。

3.2.2 工程项目投资规模确定的方法

1. 市场分析研究

市场分析研究主要从地方经济发展的需要和企业发展的战略角度，研究项目是否必要、适时，并研究项目的合理投资时机。在市场调查的基础上，对项目产品在寿命期内的需求发展趋势、市场结构的变化方向和特征，以及价格变化情况进行全面系统的研究，制定市场营销策略，预测项目产品的有效需求量和可能销售量。以此为依据，结合项目所用技术和外部条件，研究确定项目的合理规模。

2. 工程技术分析研究

工程技术分析研究主要研究项目各种可用的生产技术及其经济特征，结合项目的实际情况选择最佳的技术方案。同时研究各种可能的技术来源及获得方式，寻求最佳方案。

3. 经济分析研究

经济分析研究主要运用各种估算技术和经验，全面、科学的估算项目的全部投资，包括固定资产投资、无形资产投资和流动资产投资等。

1）资金筹措

研究各种可能的资金来源，如资本金、银行贷款、发行债券等，分析各种来源的资金的使用成本，按照投资者认为比较合适的资金结构，选择各种来源的资金数量——资金筹措方案。

2）项目计划与资金规划

根据项目的组成、工程量、实施难度等实际情况，安排项目的实施计划，以及为保证项目实施的资金规划。

3）财务分析与国民经济分析

财务分析从企业微观经济的角度，用现行价格，对项目运营后可能的财务状况以及项目的财务效果进行科学的分析、测算和评价，判断项目投资在财务上的可行性。

国民经济分析是从国民经济宏观角度，用影子价格、影子汇率、影子工资和社会折现率等经济参数，计算、分析项目需要国家付出的经济代价和对国家的经济贡献，判断项目投资的经济合理性和宏观可行性。

3.3 项目建议书和可行性研究报告

3.3.1 项目建议书

1. 项目建议书概念

项目建议书是项目单位就新建、扩建事项向发改局项目管理部门申报的书面申请文件，是项目建设筹建单位或项目法人，根据国民经济的发展、国家和地方中长期规划、产业政策、生产力布局、国内外市场、所在地的内外部条件，提出的某一具体项目的建议文件，是对拟建项目提出的框架性的总体设想。往往是在项目早期，由于项目条件还不够成熟，仅有规划意见书，对项目的具体建设方案还不明晰，市政、环保、交通等专业咨询意见尚未办理。项目建议书主要论证项目建设的必要性，建设方案和投资估算也比较粗，投资误差为±30%。

2. 项目建议书审批的权限

为了保证项目顺利通过地区或者国家发改委批准完成立项备案，项目建议书的编制必须由专业有经验的咨询机构协助完成。

目前，项目建议书要按现行的管理体制、隶属关系，分级审批。原则上，按隶属关系，经主管部门提出意见，再由主管部门上报，或与综合部门联合上报，或分别上报。

(1) 大中型基本建设项目、限额以上更新改造项目，委托有资格的工程咨询、设计单位初评后，经省、自治区、直辖市、计划单位市发改委及行业归口主管部门初审后，报国家发改委审批，其中特大型项目(总投资4亿元人民币以上的交通、能源、原材料项目，2亿元以上的其他项目)，由国家发改委审核后报国务院审批。总投资在限额以上的外商投资项目，项目建议书分别由省发改委、行业主管部门初审后，报国家发改委会同外经贸部等有关部门审批；超过1亿美元的重大项目，上报国务院审批。

(2) 小型基本建设项目，限额以下更新改造项目由地方或国务院有关部门审批。小型项目中总投资1 000万元人民币以上的内资项目、总投资500万美元以上的生产性外资项目、总投资300万美元以上的非生产性利用外资项目，项目建议书由地方或国务院有关部门审批；总投资1 000万元人民币以下的内资项目、总投资500万美元以下的非生产性利用外资项目，本着简化程序的原则，若项目建设内容比较简单，也可直接编报可行性研究报告。

3. 项目建议书和可行性研究报告的区别

项目建议书的批复是可行性研究报告的重要依据之一，可行性研究报告是项目建议书的后续文件之一。此外，在可行性研究阶段，项目至少有方案设计，市政、交通和环境等专业咨询意见也必不可少了。对于房地产项目，一般还要有详规或修建性详规的批复。此阶段投资估算要求较细，原则上误差在±10%；相应地，融资方案也要详细，每年的建设投资要落到实处，有银行贷款的项目，要有银行出具的资信证明。

很多项目在报立项时，条件已比较成熟，土地、规划、环评、专业咨询意见等基本具备，特别是项目资金来源完全是项目法人自筹，没有财政资金且不享受特殊政策，这类项目常常是项目建议书与可行性研究报告合为一体。

一个项目要获得政府有关扶持，首先必须先有项目建议书，项目建议书通过筛选通过后，再进行项目的可行性研究，可行性研究报告经专家论证后，才最后审定。这实际上也是一种常见的审批程序，是列入备选项目和建设前期工作计划决策的依据。项目建议书和初步可行性研究报告经批准后，才可进行以可行性研究为中心的各项工作。

3.3.2 可行性研究及其阶段划分

1. 可行性研究的概念

建设项目的可行性研究是在投资决策前，对与拟建项目有关的社会、经济、技术等各方面进行深入细致的调查研究，对各种可能采用的技术方案和建设方案进行认真的技术经济分析和比较论证，对项目建成后的经济效益进行科学的预测和评价。在此基础上，对拟建项目的技术先进性和适用性、经济合理性和有效性，以及建设必要性和可行性进行全面分析、系统论证、多方案比较和综合评价，由此得出该项目是否应该投资和如何投资等结论性意见，为项目投资决策提供可靠的科学依据。

2. 可行性研究的作用

可行性研究主要有以下几方面的作用：①可行性研究是建设项目投资决策的依据；②可行性研究是编制设计文件的依据；③可行性研究是向银行贷款的依据；④可行性研究是建设单位与各协作单位签订合同和有关协议的依据；⑤可行性研究是环保部门、地方政府和规划部门审批项目的依据；⑥可行性研究是施工组织、工程进度安排及竣工验收的依据；⑦可行性研究是项目后评估的依据。

3. 可行性研究阶段的划分

可行性研究(feasibility study)又称为可行性分析(feasibility analysis)，是在投资项目拟建之前，通过对项目的主要内容和配套条件，如市场需求、资源供应、建设规模、设备选型、资金筹措等，从技术、经济、工程等方面进行全面分析、论证和评价，并对项目建成以后可能取得的财务、经济效益及社会环境影响进行预测，从而确定项目是否可能或者选择最佳实施方案，为项目决策提供依据的一种综合性的系统分析方法。可行性研究应具有预见性、公开性、可靠性、科学性的特点。

可行性研究按其工作进展程序和内容的深浅一般划分为四个阶段，即投资机会研究、初步可行性研究、详细可行性研究和项目评价。

1) 投资机会研究阶段

投资机会研究又称为投资鉴定，即寻求最佳投资机会的活动。其主要任务是提出建设项目投资方向的建议。投资机会研究可分为一般机会研究和具体机会研究。其中一般机会研究又可分为三种：一是地区研究，旨在通过研究某一地区自然地理状况、其在国民经济体系中的地位以及自身的优劣势而寻求投资机会；二是部门(或行业)研究，旨在分析部门(或行业)由于技术进步、国内外市场变化而出现的新的发展和投资机会；三是以资源为基础的研究，旨在分析由于自然资源的开发和综合利用而出现的投资机会。根据一般机会研究的结论，当项目具有投资条件时，就可进行具体机会研究，将项目设想转变为投资建议。

投资机会研究的依据是国策的中、长期计划和发展规划。对于大中型项目的机会研究，所需时间一般为1～3个月。机会研究是比较粗略的，投资费用和生产(或营业)成本一般根据同类项目加以推算，精确度允许误差在±30%，研究费用一般约占总投资额的0.2%～1.0%。

2) 初步可行性研究阶段

初步可行性研究又称为预可行性研究。它是在机会研究的基础上进行的，是对拟建项目的可行与否所作的较为详细的分析论证。其主要任务是弄清在机会研究阶段提出的项目设想能否成立。初步可行性研究主要包括以下几方面：①拟建项目是否确有投资的吸引力；②是否具有通过可行性研究在详细分析、研究后作出投资决策的可能；③确定是否应该进行下一步的市场调查、各种试验辅助研究和详细的可行性研究等工作；④是否值得进行工程、水文、地质勘察等代价高的下一步工作。

初步可行性研究时介于机会研究与详细可行性研究之间的一个阶段，起着承上启下的作用，对于大型复杂项目而言，是一个不可缺少的阶段。初步可行性研究的深度比机会研究深，比详细可行性研究浅，投资估算精确度一般要求达到±20％，研究费用约占项目总投资的0.25％～1.5％，所需时间为4～6个月。

3）详细可行性研究阶段

详细可行性研究又称为最终可行性研究，它是项目投资决策的重要阶段。它是经过技术上的先进性、经济上的合理性和财务上的盈利性论证之后，对工程项目做出投资的结论。在该阶段，要全面分析项目的全部组成部分和可能遇到的各种问题，并最终形成可行性研究的书面成果——可行性研究报告。其可能的误差一般应为±10％，所需费用，中小型项目约为总投资的1.0％～3.0％，大型项目约为0.2％～1.0％，时间约需要8～10个月或者更长。

4）项目评价与决策阶段

评价和决策是由投资决策部门组织和授权有关咨询公司或有关专家，代表项目业主和出资人对建设项目可行性研究报告进行全面的审核和再评价。其主要任务是对拟建项目的可行性研究报告提出评价意见，最终决策该项目投资是否可行，确定最佳投资方案。项目评价与决策是在可行性研究报告基础上进行的，其内容包括以下几方面：①全面审核可行性研究报告中反映的各项情况是否属实；②分析项目可行性研究报告中各项指标计算是否正确，包括各种参数、基础数据、定额费率的选择；③从企业、国家和社会等方面综合分析和判断工程项目的经济效益和社会效益；④分析判断项目可行性研究的可靠性、真实性和客观性，对项目作出最终的投资决策；⑤最后写出项目评估报告。

3.3.3 可行性研究报告的编制

1. 可行性研究报告的编制程序

根据我国现行的工程项目建设程序和国家颁布的《关于建设项目进行可行性研究试行管理办法》，可行性研究的工作程序如下：①建设单位提出项目建议书和初步可行性研究报告；②项目业主、承办单位委托有资格的单位进行可行性研究；③设计或咨询单位进行可行性研究工作，编制完整的可行性研究报告。

设计单位与委托单位签订合同后，即可开展可行性研究工作。一般按以下五个步骤开展工作：①了解有关部门与委托单位对建设项目的意图，并组建工作小组，制定工作计划；②调查研究与收集资料；③方案设计和优选；④经济分析和评价；⑤编写可行性研究报告。

2. 可行性研究报告的内容

一般工业建设项目的可行性研究应包含以下几个方面内容：①总论；②市场预测；

③资源条件评价；④建设规模与产品方案；⑤建厂条件和厂址选择；⑥技术设备工程方案；⑦原材料、燃料供应；⑧总图运输与公用辅助工程；⑨节能措施；⑩节水措施；⑪环境影响评价；⑫劳动安全卫生与消防；⑬组织机构与人力资源配置；⑭项目实施进度；⑮投资估算；⑯资金筹措；⑰经济效益和社会效益；⑱研究结论与建议。

可以看出，建设项目可行性研究报告的内容可概括为三大部分：首先是市场研究，包括产品的市场调查和预测研究，这是项目可行性研究的前提和基础，其主要任务是要解决项目的“必要性”问题；第二是技术研究，即技术方案和建设条件研究，这是项目可行性研究的技术基础，它要解决项目在技术上的“可行性”问题；第三是效益研究，即经济效益的分析和评价，这是项目可行性研究的核心部分，主要解决项目在经济上的“合理性”问题。市场研究、技术研究和效益研究共同构成项目可行性研究的三大支柱。

3. 可行性研究报告的编制依据

一个拟建项目的可行性研究，必须在国家有关的规划、政策、法规的指导下完成，同时，还必须要有相应的各种技术资料。进行可行性研究工作的依据主要包括以下几方面。

（1）国家经济和社会发展的长期规划，部门与地区规划，经济建设的指导方针、任务、产业政策、投资政策和技术经济政策以及国家和地方法规等。

（2）项目建议书和委托单位的要求。

（3）由国家批准的资源报告，国土开发整治规划、区域规划和工业基地规划。对于交通运输项目建设要有有关的江河流域规划与路网规划等。

（4）国家进出口贸易政策和关税政策。

（5）当地的拟建厂址的自然、经济、社会等基础资料。

（6）有关工程技术经济方面的规范、标准、定额等，以及国家正式颁布的技术法规和技术标准。它们都是考察项目技术方案的基本依据。

（7）由国家或有关主管部门颁布的有关项目评价的基本参数和指标。例如，基准收益率、社会折现率、折旧率、影子工资等。

（8）包含各种市场信息的市场调研报告。

4. 可行性研究报告的编制要求

可行性研究报告的编制要求主要有以下几方面。

（1）要能反映可行性研究工作的成果，内容齐全、结论明确、数据准确、论据充分，满足决策者确定方案与项目的要求。

（2）选用的技术设备满足相应的要求。

（3）报告中的重大技术、经济方案要求有两个以上的方案比选。

（4）确定主要的技术数据，能满足初步设计要求。

（5）融资方案应能满足银行等金融部门信贷决策的需要。

（6）反映在可行性研究中出现的某些方案的重大分歧及未被采纳的理由，以供委托单位与投资者权衡利弊进行决策。

（7）应附有评估、决策(审批)所需要的合同、协议、意向书、政府批件等。

5. 可行性研究的质量要求

可行性研究工作对于整个项目建设过程乃至整个国民经济都有非常重要的意义，为了保证可行性研究工作的科学性、客观性和公正性，有效地防止错误和遗漏，在可行性研究中，应按照以下要求进行编制。

(1) 必须站在客观公正的立场进行调查研究，做好基础资料的收集工作。对于收集的基础资料，要按照客观实际情况进行论证评价，如实地反映客观经济规律，从客观数据出发，通过科学分析，得出项目是否可行的结论。

(2) 可行性研究报告的内容深度必须达到国家规定的标准，报告内容要完整，应尽可能多地运用数据资料，能突出项目重点，前后表述无抵触，杜绝由于可行性研究报告的不足，而造成项目不能立项的情况发生。

(3) 为保证可行性研究工作质量，应保证咨询设计单位有足够的工作周期，防止因各种原因的不负责任草率行事。

3.3.4 可行性研究阶段投资控制的方法

1. 做好基础资料的收集，保证翔实、准确

要做好项目的投资预测，需要很多资料，如工程所在地的水电路状况、地质情况、主要材料设备的价格资料、大宗材料的采购地以及现有已建类似工程资料，对于做经济评价的项目还要收集更多资料。造价人员要对资料的准确性、可靠性认真分析，保证投资预测、经济分析的准确性。

2. 认真做好市场研究

市场研究就是对拟建项目所提供的产品或服务的市场占有可能性分析。包括国内外市场在项目计算期内对拟建产品的需求状况；类似项目的建设情况；国家对该产业的政策和今后发展趋势等。要做好市场研究，技术经济人员就需要掌握大量的统计数据和信息资料，并进行综合分析和处理，论证项目建设的必要性。

3. 合理确定评价价格和基准参数

财务评价是在国家现行财税制度和价格体系下，计算项目范围内的效益和费用，分析项目的盈利能力、清偿能力，以考察项目在财务上的可行性。在财务评价中，评价价格的选用是项目经济评价的关键，直接影响评价的质量。目前在经济评价报告中，产品销售价格按市场价格计算，不考虑计算期内价格相对变动，这样，若产品销售价格逐年下降，那么就夸大了项目的效益，如果产品的价格是逐年上升的，就缩小了项目的效益。显然，经济评价仅用当时的市场价格来编制是不够的，这就要求评价人员针对不同项目的特点，结合市场分析、竞争力分析、不确定性分析等因素选取多种价格方案并加以分析，以使投资者对项目未来的效益有充分的了解和减少项目投资风险。

3.3.5 价值工程在可行性研究中的应用

1. 价值工程在可行性研究中应用的意义

在项目可行性研究阶段引入价值工程的基本原理和方法对项目进行管理的思想，可以起到以下作用。

(1) 有助于创造一个让项目的参与各方、利益相关各方进行沟通和交流的平台，充分了解、理解业主的意图和需求，使得业主的价值、项目的价值、项目其他的利益相关的价值最大限度的统一起来。

(2) 有助于消除目前可行性研究报告编制中研究深度不够、质量水平不高的弊端，从而实现工程项目价值的最大化。

(3) 有助于形成多个满足项目功能要求的实施方案，应用价值工程的思想进行全面的优化。

(4) 有助于从功能和成本两个方面综合考虑优先项目的实施方案，消除目前可行性研究报告编制中人为因素的影响。

(5) 有助于将全寿命周期成本管理的思想贯穿于工程项目的全生命周期内，实现工程项目价值的最大化的目标。

2. 可行性研究中价值管理的对象

在工程项目的可行性研究中，运用价值管理的基本原理和方法来优化方案设计，提高项目的价值，除了运用价值工程的管理思想对项目进行价值分析外，还要将以下的内容作为价值管理的主要对象。

(1) 对工程项目的资源开发条件，可运用价值管理的思想，从资源的可利用量、品质、储存条件、开发价值等方面对资源开发利用的可能性、合理性和可靠性进行综合评价，从而为确定项目的开发方案和建设规模提供依据。

(2) 对拟建项目的建设规模和产品方案，可运用价值管理的思想，从单位产品生产能力(或者使用效益)投资、投资效益、多产品项目资源综合利用方案与效益等方面进行综合评价和优先，从而为确定项目技术方案、设备方案、工程方案、原材料燃料供应方案及投资估算提供可靠地依据。

(3) 对多个场址方案，可运用价值管理的思想，从场址的工程条件和经济性条件两个方面选择可使项目价值最大化的具体坐落位置。

(4) 对工程项目的技术方案，可运用价值管理的思想，从技术的先进程度和可靠程度、技术对产品质量性能的保证程度、技术对原材料的适应性、工艺流程的合理性、自动化控制水平、技术获得的难易程度、购买技术或是专利费用等方面选择使项目价值最大化的技术方案。

(5) 对工程项目的主要设备方案，可运用价值管理的思想，从各设备方案对项目建设规模的满意程度、对产品质量和生产工艺要求的保证程度、设备使用寿命、物料消耗指标、备品备件保证程度、安装试车技术服务、设备投资等方面选择可使工程项目价值最大化的主要设备方案。

(6) 对工程项目的工程方案，由于项目的类型不同，研究的内容也就有所区别。例如，对于一般的工业厂房、工业窑炉、生产装置等建筑物，建筑物的工程方案，可运用价值管理的思想，从建筑物高度、建筑物层数、建筑物构筑物结构形式、建筑防火防腐、隔音隔热等方面选择可使工程项目价值最大化的工程方案。又如，对房地产开发项目的住宅设计方案，可运用价值管理的思想，从配套设施性能、环境协调性、居住适用性等方面选择可使住宅开发项目价值最大化的设计方案。

(7) 对工程项目的主要原材料燃料供应方案，可运用价值管理的思想，从满足生产要求的程度、采购来源地可靠程度及价格和运输费用等方面选择可使工程项目价值最大化的主要原材料燃料供应方案。

(8) 对工程项目的总图布置方案，可运用价值管理的思想，从技术经济指标和功能方面进行综合评价，从而获得可使工程项目价值最大化的总平面图布置方案。

(9) 对工程项目的场内外运输方案，可运用价值管理的思想，从运输路线、运输量、运输方式、运输设备等方面选择可使工程项目价值最大化的场内外运输方案。

(10) 对工程项目环境保护治理措施的各局部方案和总体方案，可运用价值管理的思想，从技术水平对比、治理效果对比、管理及监测方式对比、环境效益对比等方面选择可使工程项目价值最大化的环境保护治理措施方案。

(11) 对工程项目的安全措施方案，可运用价值管理的思想，从安全防护措施、满足劳动安全规范的生产工艺、防护和卫生保健措施等方面选择可使工程项目价值最大化的安全措施方案。

(12) 对工程项目组织机构的设置方案，可运用价值管理的思想，从组织机构模式、管理层次、管理跨度、人员的构成等方面选择可使工程项目价值最大化的组织机构的设置方案。

(13) 对工程项目的融资方案，可运用价值管理的思想，从资金来源、融资结构、融资成本、融资风险等方面选择可使工程项目价值最大化的融资方案。

(14) 在工程项目的社会评价中，可运用价值管理的思想，对项目的可行性研究拟定的建设地点、技术方案和工程方案中涉及的主要社会因素进行定性和定量分析，比选出对社会正面影响大、负面影响小的方案。

3.4 工程项目投资估算的编制与控制

3.4.1 投资估算的内容和作用

1. 投资估算的概念和作用

1) 投资估算的概念

在进行拟建项目的前期工作中，对项目的全部建设所需资金的计算过程，称为投资估算。投资估算是拟建项目前期工作阶段编制项目建议书、可行性研究报告的重要组成部分，是拟建项目决策的重要依据之一。其主要内容有拟建项目投资总额、资金筹措和资金的使用计划，同时还包括了投资预测、投资效益分析和返本时间等。另外，投资估算一经批准，即为建设项目的投资最高限额，一般情况不得随意突破。所以投资估算的准确度应达到规定的深度，否则，不仅影响到拟建项目前期的投资决策，而且还会影响到下一阶段的初步设计概算、施工图预算的编制及项目建设期的造价管理和控制。

2）投资估算的作用

投资估算的作用有以下几方面。

（1）投资估算是项目建议书、可行性研究报告的重要组成部分，是保证投资决策正确的关键环节。

（2）投资估算是实施全过程工程造价管理的开端，其准确与否直接影响到项目的决策、工程规模、投资经济效果，并影响到工程建设的顺利进行。

（3）投资估算在拟建项目的前期各阶段工作中，作为论证拟建项目的重要经济文件，有着极其重要的作用。

2. 投资估算的编制原则和依据

1）投资估算的编制原则

投资估算是拟建项目建议书、可行性研究报告的重要组成部分，是经济效益评价的基础，是项目决策的重要依据。因此，在编制投资估算时应符合以下原则。

（1）事实求是的原则。从实际出发，深入开展调查研究，掌握第一手资料，不能弄虚作假。

（2）合理利用资源、效益最高的原则。在市场经济环境中，应利用有限的资源，尽可能满足需要。

（3）尽量做到快、准的原则。一般投资估算误差都比较大。经过艰苦细致的工作，加强研究，积累资料，尽量做到又快又准地拿出项目的投资估算。

（4）适应高科技发展的原则，从编制投资估算的角度出发，在资料收集，信息存储、处理、使用以及编制方法的选择和编制过程应逐步实现计算机化、网络化。

2）投资估算的编制依据

投资估算的编制依据主要有以下几方面。

（1）项目建议书、可行性研究报告、方案设计。

（2）投资估算指标、概算指标、技术经济指标。

（3）单项工程和单位工程造价指标等。

（4）类似工程的概预算。

（5）设计参数，包括建筑面积指标、能源消耗指标等。

（6）概预算定额及其单价。

（7）当地人工、材料、机械台班、设备价格。

（8）当地建筑工程取费标准，如其他直接费、现场经费、间接费、利润、税金及建设有关的其他费用等。

(9) 当地建设要素市场价格情况及变化趋势。

(10) 现场情况，如地理位置、地质、交通、供水供电等情况。

(11) 其他经验参考数据，如材料、设备运杂费率、设备安装费率、零星工程及铺材的比率等。

3.4.2 投资估算的方法

1. 静态投资的估算

工程项目静态投资由建筑工程费、设备工器具购置费、安装工程费及工程建设其他费构成，静态投资估算有分部估算法及简单估算两大类。

1) 分部估算法

分部估算法就是分别估算建筑工程费、设备工器具购置费、安装工程费及工程建设其他费，汇总得到静态投资。

(1) 建筑工程费的估算。建筑工程投资估算一般有以下几种方法。

① 单位建筑工程投资估算法。

单位建筑工程投资估算法，以单位建筑工程量投资乘以建筑工程总量计算。一般工业与民用建筑以单位建筑面积(m^2)的投资、工业窑炉砌筑以单位容积(m^3)的投资、水库以水坝单位长度(m)的投资、铁路路基以单位长度(km)的投资、矿山掘进以单位长度(m)的投资乘以相应的建筑工程总量计算建筑工程费。

② 单位实物工程量投资估算法。

单位实物工程量投资估算法，以单位实物工程量投资乘以实物工程总量计算。土石方工程按每立方米投资、矿井港道衬砌工程按每延长米投资、路面铺设工程按每平方米投资乘以相应的实物工程总量计算建筑工程费。

③ 概算指标投资估算法。

对于建筑工程费占总投资较大的项目，且没有上述指标的可采用概算指标投资估算法。采用这种方法，需要有详细的工程资料、建筑材料的价格和工程费用指标，投入的时间和工作量较大。

应编制建筑工程费的估算表，见表3-1。

表3-1 建筑工程费的估算表

序号	建(构)筑物名称	单位	工程量	单价(元)	费用合计(万元)
	A				
	B				
	…				

(2) 设备及工器具购置费估算。设备及工器具购置费，包括设备购置费、工器具购置费、现场制作非标准设备费(按其占设备总费用比例估算)、生产用家具购置费及相应的运

杂费。设备购置费的估算是根据主要设备表及价格、费用资料编制的，工器具购置费的估算一般按其占设备购置费的一定的比例计算的。另外，国内的设备和进口设备购置费应分别估算。

国内设备购置费由设备原价(出厂价)和运杂费组成，编制国内设备购置费估算表，见表3-2。

表3-2 国内设备购置费估算表

序号	设备名称	规格	单位	数量	设备购置费		
1	A				出厂价(元)	运杂费(元)	总价(元)
2	B						
…	…						
	合计						

进口设备购置费包括设备原价、国外运费、国外运输保险费、进口关税、消费税、增值税、外贸手续费、银行财务费和海关监管手续费以及国内的运杂费。编制进口设备购置费估算表，见表3-3。

表3-3 进口设备购置费估算表

序号	设备名称	台/套数	离岸价	国外运费	国外运输保险费	到岸价	进口关税	消费税	增值税	外贸手续费	银行财务费	海关监管手续费	国内的运杂费	总价
1	A													
2	B													
3	C													
	…													

(3) 安装工程费估算。安装工程费估算就是对需要安装的工程进行估算，安装工程费通常按照行业或是专业的机构发布的安装工程定额、取费标准、指标估算投资。具体可按以下公式计算：

安装工程费＝设备原价×安装费率

安装工程费＝设备吨位×每吨安装费

安装工程费＝安装工程实物量×安装费用指标

编制安装工程费估算表，见表3-4。

(4) 工程建设其他费用估算。工程建设其他费用估算是按照各项费用的费率或取费标准计算的。编制工程建设其他费用估算表，见表3-5。

表 3-4 安装工程费估价表

序号	安装工程名称	单位	数量	指标(费率)	安装费用(万元)
1	设备				
	A				
	…				
2	管线工程				
	A				
	…				
	合计				

表 3-5 工程建设其他费用表

序号	费用名称	计算依据	费率或标准	总价(万元)
1	建设管理费			
2	可行性研究费			
3	研究实验费			
4	勘察设计费			
5	工程保险费			
6	联合试运转费			
7	建设用地费			
8	专有技术使用费			
9	环境影响评价费			
10	生产准备及开办费			
…	…			
	合计			

上述费用汇总得到建筑工程静态投资。

2）简单估算法

除此以外，还有几种简单的静态投资粗估方法：生产能力估算法、生产能力指数法、系数估计法等。

(1) 单位生产能力估算法。单位生产能力估算法是指根据已建成的性质类似项目的投资额或是生产能力，以及拟建项目的生产能力做适当的调整估算出拟建项目的投资费用。计算模型如下：

$$C_2=\left(\frac{C_2}{Q_2}\right)Q_2 f \quad (3-1)$$

式(3-1)中，C_1——已建类似项目的投资额；

Q_1——已建类似项目的生产能力；

C_2——拟建项目的投资额；

Q_2——拟建项目的生产能力；

f——不同时期、地点的定额、单价、费率等的综合调整系数。

采用这种估算方法时要注意拟建项目与已建类似项目的可比性，否则误差相差会很大。

(2) 生产能力指数法。生产能力指数法是在单位生产能力估算法的基础上将生产能力和造价之间的关系考虑为一种非线性的指数关系，在一定的程度上提高了估算的精度，计算模型如下：

$$C_2=C_1\left(\frac{Q_2}{Q_1}\right)^n f \tag{3-2}$$

式(3-2)中，n——生产能力指数，$0\leqslant n\leqslant 1$，其他符号含义同上。

运用这种估算方法要求估算资料可靠，条件基本相同且有合理的生产能力指数。当已建类似项目和拟建项目的生产规模相差不大，比值关系在0.5～2时，n的取值近似为1；当已建类似项目和拟建项目的生产规模相差小于50倍，并且拟建项目的生产规模扩大仅靠增大设备规模来达到时，n取0.6～0.7；若靠增加相同规模设备的数量达到时，n取0.8～0.9。

(3) 系数估算法。系数估算法，它是以拟建项目的主体工程费或主要的设备费为基数，以其他的工程费占主体工程费或主要的设备费的百分比为系数来估算项目总投资的方法。代表方法有：设备或主体专业系数法、朗格系数法等。

① 设备或主体专业系数法。

设备或主体专业系数法，就是根据已建的类似项目中建筑安装工程费和其他工程费等占设备价值的百分数，以拟建项目的设备价值为计算基数，求得拟建项目的建筑安装工程费和其他工程费，进而求出总投资。计算公式为

$$C=E(1+f_1P_1+f_2P_2+f_3P_3+\cdots+f_iP_i)+I \tag{3-3}$$

式(3-3)中，C——拟建项目投资额；

E——拟建项目设备费；

P_i——已建项目中建筑安装工程费和其他工程费等占设备价值的百分数；

f_i——时间、空间变化的综合调整系数；

I——拟建项目的其他费用。

② 朗格系数法。

朗格系数法是以拟建项目的主要设备费乘以适当的系数来推算项目的建设费用的。计算公式为

$$C+E(1+\sum K_i)K_c \tag{3-4}$$

式(3-4)中，C——拟建项目投资额；

E——拟建项目的主要设备费；

K_i——管线、仪表、建筑物等项费用的估算系数；

K_c——管理费、合同费、应急费等项的总估算系数。

我们把 $(1+\sum K_i)K_c$ 称为朗格系数，不同的项目，朗格系数也不一样。

(4) 比例估算法。比例估算法，是指根据统计资料先求出已建项目主要设备占全部总投资的百分数，估算拟建项目主要设备费，即可按比例求出拟建项目的投资额。计算公式为

$$I=\frac{1}{K}\sum_{i=1}^{n}Q_iP_i \tag{3-5}$$

式(3-5)中，I——拟建项目的建设投资；

K——主要设备投资占项目总投资的比例；

Q_i——第 i 种主要设备的数量；

P_i——第 i 种主要设备的单价；

n——主要设备的种类数。

(5) 指标估算法。指标估算法是编制和确定项目可行性研究只能够投资估算的基础和依据，它以独立的建设项目、单项工程或单位工程为对象，综合项目投资和建设过程中的各种费用，反映其扩大技术经济指标，具有很强的综合性和概述性。

投资估算指标分为建设工程项目综合指标、单项工程指标和单位工程指标三种。

3) 以现代数学为理论基础的投资估算方法

随着计算机应用的全面普及，出现了许多以现代数学方法为理论基础的投资估算方法。其代表主要有指数平滑法、模糊数学估算法和基于人工神经网络的估算方法。

(1) 指数平滑法。

投资估算可以看做是对拟建工程的造价进行预测，因此，可以运用预测技术中的指数平滑法原理推导投资估算公式。根据指数平滑法预测原理，可选择若干个与拟建工程类似的已建典型工程，用这些工程的造价来估算拟建工程的价值。

(2) 模糊数学估算法。

模糊数学估算法是从系统角度出发，首先将投资估算系数划分为若干个子系统，并且确定每个子系统对总体的贡献程度，即权重。然后将各个子系统分别进行特征量化工作，完成定性分析到定量分析的转变。最后，将拟建工程和已建工程资料的特征值进行对比，找出与拟建工程相似程度最高的已建工程，进而得出估算结果。

(3) 基于人工神经网络的估算方法。

基于人工神经网络的估算方法是在模糊数学估算法的基础上提出的，这种方法可以克服模糊数学估算法中主观因素干扰过大的缺点，特别适合对于不精确和模糊信息的处理。目前应用最广、最具代表的是反向(back propagation，BP)反馈网络中的多层前向神经网络。BP 算法是一种由教师示教的训练算法，它通过对 n 对输入输出样本(该样本需刻画出工程特征并实行归一化处理)$(X_1，Y_1)(X_2，Y_2)\cdots(X_n，Y_n)$的自我学习训练，得到神经元之间的连接权 W_{ij}，W_{jk} 和阈值 θ_j，$\theta_k\cdots$，使 n 维空间对 m 维空间的非线形映射获得成功。利用该过程训练后得到的连接权和阈值，输入新的具体样本对应特征的 X_x，则可以得到满足已训练好的成功映射的 Y_x，即为我们所需要的估算结果。

2. 动态投资的估算

建设投资动态部分主要包括价格变动可能增加的投资额、建设期利息两部分内容，如果是涉外项目，还应计算汇率的影响。动态部分的估算应以基准年静态投资的资金使用计划为基础来计算，而不是以编制的年静态投资为基础计算。

1) 涨价预备费的估算

涨价预备费的估算可按国家或部门(行业)的具体规定执行，一般按式(3-6)计算：

$$PF=\sum_{t=2}^{n} I_t[(1+f)^t-1] \tag{3-6}$$

式(3-6)中，PF——涨价预备费；

I_t——第 t 年投资计划；

F——年均投资价格上涨率；

n——建设期年份数。

式(3-6)中的年度投资用计划额 I_t 可由建设项目资金使用计划表中得出，年价格变动率可根据工程造价指数信息的累计分析得出。

2) 汇率变化对涉外建设项目动态投资的影响

汇率是两种不同货币之间的兑换比率，或者说是以一种货币表示的另一种货币的价格。汇率的变化意味着一种货币相对于另一种货币的升值或贬值。在我国，人民币与外币之间的汇率采取以人民币表示外币价格的形式给出，如1美元≈6.3元人民币(2012年2月14日)。由于引进世界银行贷款项目的投资中包含人民币以外的币种，需要按照相应的汇率把外币投资额换算成人民币投资额，所以汇率变化会对涉外项目的投资额产生影响。

3) 建设期利息的计算

建设期利息是指项目借款在建设期内发生并计入固定资产利息。计算期利息时，为了简化计算，通常假定当年借款按半年计息，以上年度借款按全年计息，计算公式为

各年应计利息＝(年初借款本息累计＋本年借款额/2)×年利率 (3-7)

年初借款本息累计＝上一年年初借款本息累计＋上年借款＋上年应计利息 (3-8)

本年借款＝本年度固定资产投资－本年自有资金投入 (3-9)

对于有多种借款资金来源，每笔借款的年利率各不相同的项目，既可分别计算每笔借款的利息，也可先计算出各笔借款加权平均的年利率，并以此利率计算全部借款的利息。

3. 铺底流动资金的估算

铺底流动资金是保证项目投产后，正常生产经营所需要的最基本的周转资金数额。铺底流动资金是项目总投资中流动资金的一部分，在项目决策阶段就要落实这部分资金，一般按流动资金的30%估算。流动资金的估算又分分项详细估算法和扩大指标估算法两大类。

1) 分项详细估算法

流动资金的显著特点是在生产过程中不断周转，其周转额的大小与生产规模及周转速度直接相关。分项详细估算法是根据周转额与周转速度之间的关系，对构成流动资金的各

项流动资产和流动负债分别进行估算。在可行性研究中，为简化计算，仅对存货、现金、应收账款和应付账款四项内容进行估算，计算公式为

$$流动资金=流动资产+流动负债 \quad (3-10)$$

$$流动资产=应收账款+存货+现金 \quad (3-11)$$

$$流动负债=应付账款 \quad (3-12)$$

$$流动资金本年增加额=本年流动资金-上年流动资金 \quad (3-13)$$

构成流动资产和流动负债的各项费用估算公式如下。

（1）现金估算。项目流动资金中的现金是指货币资金，即企业生产运营活动中停留于货币形态的那部分资金，包括企业库存现金和银行存款。

$$现金=\frac{年工资及福利费+年其他费用}{现金周转次数} \quad (3-14)$$

$$\begin{aligned}年其他费用=&制造费用+管理费用+财务费用-(以上三项费用中所含的\\&工资及福利费、折旧费、维简费、摊销费、修理费)\end{aligned} \quad (3-15)$$

$$现金周转次数=\frac{360\ 天}{最低周转天数} \quad (3-16)$$

（2）应收账款估算。应收账款是指企业对外赊销商品、劳务而占用的资金。应收账款的周转额应为全年赊销销售收入。在可行性研究时，用销售收入代替赊销收入。

$$应收账款=\frac{销售收入}{应收账款周转次数} \quad (3-17)$$

（3）存货估算。存货是企业为销售或生产而储备的各种物资，主要有原材料、辅助材料、燃料、低值易耗品、维修备件、包装物、在产品、自制半成品和产成品等。为简化计算，仅考虑外购原材料、外购燃料、在产品和产成品，并分项进行计算。

$$存货=外购原材料+外购燃料+在产品+产成品 \quad (3-18)$$

$$外购原材料=\frac{年外购原料总成本}{原材料周转次数} \quad (3-19)$$

$$外购燃料=\frac{年外购燃料}{按种类分项周转次数} \quad (3-20)$$

$$在产品=\frac{年外购原材料、燃料+年工资及福利+年修理费+年其他制造费}{在产品周转次数} \quad (3-21)$$

$$产成品=\frac{年经营成本}{产成品周转次数} \quad (3-22)$$

（4）流动负债估算。流动负债是指在一年或超过一年的一个营业周期内，需要偿还的各种债务。在可行性研究中，流动负债的估算仅考虑应付账款一项。

$$应付账款=\frac{年外购原材料+年外购燃料}{应付账款周转次数} \quad (3-23)$$

2）扩大指标估算法

扩大指标估算法是根据现有同类企业的实际资料，求得各种流动资金率指标，亦可依据行业或部门给定的参考值或经验确定比率。

① 按建设投资的一定比例估算：

流动资金额＝固定资产投资×固定资产投资资金率 (3-24)

② 按经营成本的一定比例估算：

流动资金额＝年经营成本(年总成本)×经营成本资金率(总成本资金率) (3-25)

③ 按年销售收入的一定比例估算：

流动资金额＝年产值(年销售收入额)×产值(销售收入)资金率 (3-26)

④ 按单位产量占用流动资金的比例估算：

流动资金额＝年生产能力×单位产量资金率 (3-27)

3.5 工程项目经济评价

3.5.1 工程项目财务评价

1. 财务评价的概念

财务评价是根据国家现行财税制度和价格体系，分析、计算项目直接发生的财务效益和费用，编制财务报表，计算评价指标，考察项目盈利能力、清偿能力以及外汇平衡等财务状况，据以判别项目的财务可行性。

2. 财务评价的作用

财务评价的作用主要有以下几方面。

(1) 考察项目的财务盈利能力。

(2) 用于制定适宜的资金规划。

(3) 为协调企业利益与国家利益提供依据。

3. 财务评价的程序

财务评价包括如下几个步骤：①估算现金流量；②编制基本财务报表；③计算与评价财务评价指标；④进行不确定性分析；⑤风险分析；⑥得出评价结论。

4. 基础财务报表的编制

为了进行投资项目的经济效果分析，需编制的财务报表主要有：财务现金流量表、损益表、资金来源与运用表和资产负债表。对于大量使用外汇的项目，还要编制外汇平衡表。

1) 现金流量表的编制

(1) 现金流量及现金流量表的概念。在商品货币经济中，任何建设项目的效益和费用都可以抽象为现金流量系统。从项目财务评价角度看，在某一时点上流出项目的资金称为现金流出，记为CO；流入项目的资金称为现金流入，记为CI。现金流入与现金流出统称为现金流量，现金流入为正现金流量，现金流出为负现金流量。同一时点上的现金流入量与现金流出量的代数和(CI－CO)称为净现金流量，记为NCF。

(2) 全部投资现金流量表的编制。全部投资现金流量表是站在项目全部投资的角度，或者说不分投资资金来源，是在设定项目全部投资均为自有资金条件下的项目现金流量系统的表格式反映。表中计算期的年序为1，2，…，n，建设开始年作为计算期的第一年，年序为1。当项目建设期以前所发生的费用占总费用的比例不大时，为简化计算，这部分费用可列入年序1。若需单独列出，可在年序1之前另加一栏“建设起点”，年序填0，将建设期以前发生的现金流出填入该栏。

① 现金流入为产品销售(营业)收入、回收固定资产余值、回收流动资金三项之和。

② 现金流出包含固定资产投资、流动资金、经营成本及税金。固定资产投资和流动资金的数额分别取自固定资产投资估算表及流动资金估算表。

③ 项目计算期各年的净现金流量为各年现金流入量减对应年份的现金流出量，各年累计净现金流量为本年及以前各年净现金流量之和。

④ 所得税前净现金流量为上述净现金流量加所得税之和，也即在现金流出中不计入所得税时的净现金流量。

(3) 自有资金现金流量表的编制。自有资金现金流量表是站在项目投资主体角度考察项目的现金流入流出情况，其报表格式见表3-6。从项目投资主体的角度看，建设项目投资借款是现金流入，但又同时将借款用于项目投资则构成同一时点、相同数额的现金流出，二者相抵，对净现金流量的计算无影响。因此表中投资只计自有资金。另一方面，现金流入又是因项目全部投资所获得，故应将借款本金的偿还及利息支付计入现金流出。

表3-6 财务现金流量表(自有资金)

序号	项目 \ 年份	1	2	3	4	5	6	…	n	合计
	生产负荷(%)									
1	现金流入									
1.1	产品销售收入									
1.2	回收固定资产余值									
1.3	回收流动资金									
1.4	其他收入									
2	现金流出									
2.1	自由资金									
2.2	借款本金偿还									
2.3	借款利息支出									
2.4	经营成本									
2.5	销售税金及附加									
3	净现金流量									

计算指标：
财务内部收益率：
财务净现值：

① 现金流入各项的数据来源与全部投资现金流量表相同。

② 现金流出项目包括自有资金、借款本金偿还、借款利息支出、经营成本及税金。借款本金偿还由两部分组成：一部分为借款还本付息计算表中本年还本额；一部分为流动资金借款本金偿还，一般发生在计算期最后一年。借款利息支付数额来自总成本费用估算表中的利息支出项。现金流出中其他各项与全部投资现金流量表中相同。

③ 项目计算期各年的净现金流量为各年现金流入量减对应年份的现金流出量。

2）损益表的编制

损益表编制反映项目计算期内各年的利润总额、所得税及税后利润的分配情况。损益表的编制以利润总额的计算过程为基础。利润总额的计算公式为

$$利润总额=营业利润+投资净收益+营业外收支净额 \tag{3-28}$$

其中，
$$营业利润=主营业务利润+其他业务利润-管理费-财务费 \tag{3-29}$$

$$主营业务利润=主营业务收入-主营业务成本-销售费用-销售税金及附加 \tag{3-30}$$

$$营业外收支净额=营业外收入-营业外支出 \tag{3-31}$$

在测算项目利润时，投资净收益一般属于项目建成投产后的对外再投资收益，这类活动在项目评价时难以估算，因此可以暂不计入。营业外收支净额，除非已有明确的来源和开支项目需单独列出，否则也暂不计入。损益表参见表3-7。

表3-7 损益表

项目名称： 单位：万元

序号	项目 \ 年份	1	2	3	…	n
1	销售收入					
2	总成本费用					
3	增值税					
4	教育费附加					
5	城市维护建设税					
6	利润总额					
7	所得税					
8	税后利润					
9	盈余公积金/10%					
10	可供分配利润					
10.1	股利分配					
10.2	未为分配利润					
投资利润率						
投资利税率						
资本金利润率						

编制单位： 编制人： 年 月 日

(1) 产品销售(营业)收入、销售税金及附加、总成本费用的各年度数据分别取自相应的辅助报表。

(2) 利润总额等于产品销售(营业)收入减销售税金及附加减总成本费用。

(3) 所得税＝应纳税所得额×所得税税率。应纳税所得额为利润总额根据国家有关规定进行调整后的数额。在建设项目财务评价中，主要是按减免所得税及用税前利润弥补上年度亏损的有关规定进行的调整。按现行《工业企业财务制度》规定，企业发生的年度亏损，可以用下一年度的税前利润等弥补，下一年度利润不足弥补的，可以在5年内延续弥补，5年内不足弥补的，用税后利润弥补。

(4) 税后利润＝利润总额－所得税。

(5) 弥补损失主要是指支付被没收的财物损失，支付各项税收的滞纳金及罚款，弥补以前年度亏损。

(6) 税后利润按法定盈余公积金、公益金、应付利润及未分配利润等项进行分配。

①表中法定盈余公积金按照税后利润扣除用于弥补损失的金额后的10%提取，盈余公积金已达注册资金50%时可以不再提取。公益金主要用于企业的职工集体福利设施支出；②应付利润为向投资者分配的利润；③未分配利润主要指向投资者分配完利润后剩余的利润，可用于偿还固定资产投资借款及弥补以前年度亏损。

3) 资金来源与资金运用表的编制

资金来源与运用表能全面反映项目资金活动全貌。编制该表时，首先要计算项目计算期内各年的资金来源与资金运用，然后通过资金来源与资金运用的差额反映项目各年的资金盈余或短缺情况。项目资金来源包括利润、折旧、摊销、长期借款、短期借款、自有资金、其他资金、回收固定资产余值、回收流动资金等；项目资金运用包括固定资产投资、建设期利息、流动资金投资、所得税、应付利润、长期借款还本、短期借款还本等。项目的资金筹措方案和借款及偿还计划应能使表中各年度的累计盈余资金额始终大于或等于零，否则，项目将因资金短缺而不能按计划顺利运行。

资金来源与运用表反映项目计算期内各年的资金盈余或短缺情况，用于选择资金筹措方案，制定适宜的借款及偿还计划，并为编制资产负债表提供依据。报表格式见表3-8。

表3-8　资金来源与运用表

项目名称：　　　　　　　　　　　　　　　　　　　　　　　　　　单位：万元

序　号	年份 项目	1	2	3	…	*n*
	生产负荷					
1	资金来源					
1.1	利润总额					
1.2	折旧费					
1.3	摊销费					
1.4	新增长期借款					
1.5	新增流动资金借款					

续表

序号	项目 \ 年份	1	2	3	…	n
1.6	新增短期借款					
1.7	自有资金					
1.8	其他					
1.9	回收固定资产余值					
1.10	回收流动资产余值					
2	资产运用					
2.1	固定资产投资					
2.2	建设期利息					
2.3	流动资金					
2.4	所得税					
2.5	应付利润					
2.6	长期借款本金偿还					
2.7	流资借款本金偿还					
2.8	短期借款本金偿还					
3	盈余资金					
4	累计盈余资金					

编制单位：　　　　　　　　　　　　编制人：　　　　　　　　　　　　年　月　日

(1) 利润总额、折旧费、摊销费数据分别取自损益表、固定资产折旧费估算表、无形及递延资产摊销估算表。

(2) 长期借款、流动资金借款、其他短期借款、自有资金及“其他”项的数据均取自投资计划与资金筹措表。

(3) 回收固定资产余值及回收流动资金见全部投资现金流量表编制中的有关说明。

(4) 固定资产投资、建设期利息及流动资金数据取自投资计划与资金筹措表。

(5) 所得税及应付利润数据取自损益表。

(6) 长期借款本金偿还额为借款还本付息计算表中本年还本数；流动资金借款本金一般在项目计算期末一次偿还；其他短期借款本金偿还额为上年度其他短期借款额。

(7) 盈余资金等于资金来源减去资金运用。

(8) 累计盈余资金各年数额为当年及以前各年盈余资金之和。

4) 资产负债表的编制

资产负债表综合反映项目计算期内各年末资产、负债和所有者权益的增减变化及对应关系，用以考察项目资产、负债、所有者权益的结构是否合理，进行清偿能力分析。资产负债表的编制依据是“资产＝负债＋所有者权益”。报表格式见表3-9。

表 3-9 资产负债表

项目名称： 单位：万元

序 号	项目 \ 年份	1	2	3	…	n
1	资产					
1.1	流动资产总额					
1.1.1	货币资金					
1.1.2	应收账款					
1.1.3	预付账款					
1.1.4	存货					
1.1.5	其他					
1.2	在建工程					
1.3	固定资产净值					
1.4	无形及递延资产净值					
2	负债及所有者权益					
2.1	流动负债总额					
2.1.1	应付账款					
2.1.2	短期借款					
2.1.3	预收账款					
2.1.4	其他					
2.2	建设投资借款					
2.3	流动资金借款					
2.4	负债小计					
2.5	所有者权益					
2.5.1	资本金					
2.5.2	资本公积金					
2.5.3	累计盈余公积金					
2.5.4	累计未分配利润					
资产负债表(%)						
流动比率(%)						
速动比率(%)						

编制单位： 编制人： 年 月 日

(1) 资产由流动资产、在建工程、固定资产净值、无形及递延资产净值四项组成。

流动资产总额为应收账款、存货、现金、累计盈余资金之和。前三项数据来自流动资金估算表；累计盈余资金数额则取自资金来源与运用表，但应扣除其中包含的回收固定资产余值及自有流动资金。

在建工程是指投资计划与资金筹措表中的年固定资产投资额，其中包括固定资产投资方向调节税和建设期利息。

固定资产净值和无形及递延资产净值分别从固定资产折旧费估算表和无形及递延资产摊销估算表取得。

(2) 负债包括流动负债和长期负债。流动负债中的应付账款数据可由流动资金估算表直接取得。流动资金借款和其他短期借款两项流动负债及长期借款均指借款余额，需根据资金来源与运用表中的对应项及相应的本金偿还项进行计算。

① 长期借款及其他短期借款余额的计算按下式进行：

$$第\ t\ 年借款余额 = \sum_{t=1}^{T}(借款 - 本金偿还) \tag{3-32}$$

式(3-32)中，(借款－本金偿还)为资金来源与运用表中第 t 年借款与同一年度本金偿还之差。

② 按照流动资金借款本金在项目计算期末用回收流动资金一次偿还的一般假设，流动资金借款余额的计算按下式进行：

$$第\ t\ 年借款余额 = \sum_{t=1}^{T}(借款)_t \tag{3-33}$$

式(3-33)中，(借款)t 为资金来源与运用表中第 t 年流动资金借款额。若为其他情况，可参照长期借款的计算方法计算。

(3) 所有者权益包括资本金、资本公积金、累计盈余公积金及累计未分配利润。其中，累计未分配利润可直接得自损益表；累计盈余公积金也可由损益表中盈余公积金项计算各年份的累计值，但应根据有无用盈余公积金弥补亏损或转增资本金的情况进行相应调整。资本金为项目投资中累计自有资金(扣除资本溢价)，当存在由资本公积金或盈余公积金转增资本金的情况时应进行相应调整。资本公积金为累计资本溢价及赠款，转增资本金时进行相应调整资产负债表，使其满足等式：资产＝负债＋所有者权益。

5) 财务外汇平衡表的编制

财务外汇平衡表主要适用于有外汇收支的项目，用以反映项目计算期内各年外汇余缺程度，进行外汇平衡分析。

财务外汇平衡表格式见表 3-10。“外汇余缺”可由表中其他各项数据按照外汇来源等于外汇运用的等式直接推算。其他各项数据分别来自与收入、投资、资金筹措、成本费用、借款偿还等相关的估算报表或估算资料。

5. 财务评价指标体系与方法

建设项目财务评价方法是与财务评价的目的和内容相联系的。财务评价的主要内容包括盈利能力评价和清偿能力评价。财务评价的方法：以现金流量表为基础的动态获利性评价和静态获利性评价、以资产负债表为基础的财务比率分析和考虑项目风险的不确定性分析等。

表 3-10 经济外汇流量表

序号	年份 项目	1	2	3	…	*n*	合计
	生产负荷/%						
	年产量						
	外销产量/万吨						
	平均外销比例/%						
1	外汇流入						
1.1	产品销售外汇收入						
1.2	外汇借款						
1.3	其他外汇收入						
2	外汇流出						
2.1	固定资产投资中外汇支出						
2.2	进口原料						
2.3	偿还外汇借款利息						
2.4	支付外汇借款利息						
3	净外汇流量(1—2)						
4	产品替代进口收入						
5	净外汇效果(3—4)						

计算指标：

经济外汇流量净现值：

经济外汇效果净现值：

经济换汇(含节汇)成本：

编制单位： 编制人： 年 月 日

1) 建设项目财务评价指标体系

建设项目财务评价指标体系根据不同的标准，可作不同的分类形式。

(1) 根据是否考虑时间价值分类。可分为静态经济评价指标和动态经济评价指标。

(2) 根据指标的性质分类。可以分为时间性指标、价值性指标、比率性指标。

2) 建设项目财务评价方法

建设项目财务评价方法主要有以下几种。

(1) 财务盈利能力评价。财务盈利能力评价主要考察投资项目投资的盈利水平。为此目的，需编制全部投资现金流量表、自有资金现金流量表和损益表三个基本财务报表。计算财务内部收益率、财务净现值、投资回收期、投资收益率等指标。

① 财务净现值(financial net present value，FNPV)。FNPV 是指把项目计算期内各年的财务净现金流量，按照一个给定的标准折现率(基准收益率)折算到建设期初(项目计算

期第一年年初)的现值之和。FNPV 是考察项目在其计算期内盈利能力的主要动态评价指标。其表达式为

$$FNPV=\sum_{t=0}^{n}(CI_t-CO_t)(1+i_c)^{-t} \tag{3-34}$$

式(3-34)中，FNPV——财务净现值；

(CI_t-CO_t)——第 t 年的净现金流量；

n——项目计算期；

i_c——标准折现率。

该指标在用于投资方案的经济评价时，财务净现值大于等于零，项目可行。

② 财务内部收益率(financial internal rate of return，FIRR)。FIRR 是指项目在整个计算期内各年财务净现金流量的现值之和等于零时的折现率，也就是使项目的财务净现值等于零时的折现率，其表达式为

$$\sum_{t=0}^{n}(CI_t-CO_t)(1+FIRR)^{-t}=0 \tag{3-35}$$

式(3-35)展开是一个高次方程，很难求解，我们通常采用试算内插法来求得 FIRR 的近似值，给出 i_1 和 i_2 两个折现率，计算出对应的净现值，并且 $FNPV(i_1)>0$，$FNPV(i_2)<0$，然后用线性内插法计算 FIRR 的近似值。

FIRR 计算步骤如下：

a. 先列出 FNPV 的表达式；

b. 根据给出的折现率计算对应的 FIRR，不断地试算，使得其中一个净现值大于零，另一个净现值小于零，且值的大小都接近零；

c. 给出的两个折现率的差值不能太大，要求两者差的绝对值小于 5%，目的是减少内插的误差；

d. 将以上取得的数据代入以下式中：

$$FIRR=i_1+(i_2-i_1)\frac{FNPV_1}{FNPV_1+|FNPV_2|} \tag{3-36}$$

FIRR 是反映项目实际收益率的一个动态指标，该指标越大越好。一般情况下，FIRR 大于等于基准收益率时，项目可行。

③ 投资回收期。投资回收期按照是否考虑资金时间价值可以分为静态投资回收期和动态投资回收期。

a. 静态投资回收期。静态投资回收期是指以项目每年的净收益回收项目全部投资所需要的时间，是考察项目财务上投资回收能力的重要指标。这里所说的全部投资既包括固定资产投资，又包括流动资金投资。项目每年的净收益是指税后利润加折旧。静态投资回收期的表达式如下：

$$\sum_{t=1}^{P_t}(CI_t-CO_t)=0 \tag{3-37}$$

式(3-37)中，P_t——静态投资回收期；其他符号含义同上。

静态投资回收期一般以“年”为单位，自项目建设开始年算起。当然也可以计算自项目建成投产年算起的静态投资回收期，但对于这种情况，需要加以说明，以防止两种情况

的混淆。

判断准则：当静态投资回收期小于等于基准投资回收期时，项目可行。

b. 动态投资回收期。动态投资回收期是指在考虑了资金时间价值的情况下，以项目每年的净收益回收项目全部投资所需要的时间。这个指标主要是为了克服静态投资回收期指标没有考虑资金时间价值的缺点而提出的。动态投资回收期的表达式如下：

$$\sum_{t=1}^{P_t}(CI_t-CO_t)(1+i_c)^{-t}=0 \tag{3-38}$$

式(3-38)中，P_t——动态投资回收期；其他符号含义同上，其中，

$$P_t=(\text{累计净现金流量现值开始出现正值的年份}-1)+\frac{\text{上一年度累计现金流量的绝对值}}{\text{当年净现金流量}} \tag{3-39}$$

动态投资回收期是在考虑了项目合理收益的基础上收回投资的时间，只要在项目寿命期结束之前能够收回投资，就表示项目已经获得了合理的收益。因此，只要动态投资回收期不大于项目寿命期，项目就可行。

④ 投资收益率。投资收益率又称投资效果系数，是指在项目达到设计能力后，其每年的净收益与项目全部投资的比率，是考察项目单位投资盈利能力的静态指标。其表达式为

$$\text{投资收益率}=\frac{\text{年净收益}}{\text{项目全部受益}}\times100\%$$

当项目在正常生产年份内各年的收益情况变化幅度较大时，可用年平均净收益替代年净收益，计算投资收益率。在采用投资收益率对项目进行经济评价时，投资收益率不小于行业平均的投资收益率(或投资者要求的最低收益率)，项目即可行。投资收益率指标由于计算口径不同，又可分为投资利润率、投资利税率、资本金利润率等指标。

$$\text{投资利润率}=\frac{\text{利润总额}}{\text{投资总额}} \tag{3-40}$$

$$\text{投资利税率}=\frac{\text{利润总额}+\text{销售税金及附加}}{\text{投资总额}} \tag{3-41}$$

$$\text{资本金利润率}=\frac{\text{税后利润}}{\text{资本金}} \tag{3-42}$$

(2) 清偿能力评价。投资项目的资金构成一般可分为借入资金和自有资金。自有资金可长期使用，而借入资金必须按期偿还。项目的投资者自然要关心项目偿债能力；借入资金的所有者——债权人也非常关心贷出资金能否按期收回本息。因此，偿债分析是财务分析中的一项重要内容。

① 贷款偿还期分析。项目偿债能力分析可在编制贷款偿还表的基础上进行。为了表明项目的偿债能力，可按尽早还款的方法计算。在计算中，贷款利息一般作如下假设：长期借款，当年贷款按半年计息，当年还款按全年计息。假设在建设期借入资金，生产期逐期归还，则

$$\text{建设期年利息}=(\text{年初借款累计}+\text{本年借款}/2)\times\text{年利率} \tag{3-43}$$

$$\text{生产期年利息}=\text{年初借款累计}\times\text{年利率} \tag{3-44}$$

流动资金借款及其他短期借款按全年计息。贷款偿还期的计算公式与投资回收期公式相似，公式为

$$贷款偿还期=偿清债务年分数-1+\frac{偿清债务当年应付的本息}{当年可用于偿清的资金总额} \tag{3-45}$$

贷款偿还期小于等于借款合同规定的期限时，项目可行。

② 资产负债率。

$$资产负债率=负债总额/资产总额 \tag{3-46}$$

资产负债率反映项目总体偿债能力。这一比率越低，则偿债能力越强。但是资产负债率的高低还反映了项目利用负债资金的程度，因此该指标水平应适当。

③ 流动比率。

$$流动比率=流动资产总额/流动负债总额 \tag{3-47}$$

该指标反映企业偿还短期债务的能力。该比率越高，单位流动负债将有更多的流动资产作保障，短期偿债能力就越强。但是可能会导致流动资产利用效率低下，影响项目效益，因此，流动比率一般为2∶1较好。

④ 速动比率。

$$速动比率=速动资产总额/流动负债总额 \tag{3-48}$$

该指标反映了企业在很短时间内偿还短期债务的能力。速动资产=流动资产-存货，是流动资产中变现最快的部分，速动比率越高，短期偿债能力越强。同样，速动比率过高也会影响资产利用效率，进而影响企业经济效益。因此，速动比率一般为1左右较好。

3.5.2 工程项目国民经济评价

1. 国民经济评价概念

国民经济评价是指按合理配置资源的原则，采用影子价格、影子汇率、社会折现率等国民经济评价参数，从国家整体角度考察项目的效益和费用，分析计算项目对国民经济的贡献，评价项目的经济合理性。其主要作用体现在以下几个方面。

(1) 从宏观上优化配置国家的有限资源。

(2) 可以真实反映工程项目对国民经济的净贡献。

(3) 可以使投资决策科学化，通过国民经济评价，合理运用经济净现值。

2. 国民经济评价的基本原理

国民经济评价的基本原理主要有以下几方面。

(1) 基本的经济评价理论，采用费用—效益分析方法。费用与效益比较，以最小投入(费用)获取最大产出(效益)。

(2) 采用“有无对比”方法识别项目的费用和效益。

(3) 遵循费用和效益的计算范围对应一致的基本原则。

(4) 采用影子价格理论方法估算各项费用和效益。

(5) 采用现金流量分析方法，使用报表分析，采用内部收益率净现值等经济盈利性指

标进行定量的经济效益分析。

(6) 遵循基本的经济分析法则，主要工作：①识别国民经济得费用与效益；②测算和选取影子价格；③编制国民经济报表；④计算国民经济评价指标并进行方案比选。

3. 费用与效益的识别

1) 识别和划分费用和效益的基本原则

凡项目对国民经济所作的贡献，均计为项目的效益；凡国民经济为项目所付出的代价均计为项目的费用。

2) 识别和划分费用和效益的方法

使用“有—无”对比的方法，即将“有”项目(项目实施)与“无”项目(项目不实施)的情况加以对比，以确定某项效益和费用的存在。

3) 费用和效益的类别

(1) 直接效益与直接费用。直接效益是指项目产出物生产并在项目计算范围内的经济效益，一般表现为项目为社会生产提供的物质产品、科技文化成果和各种各样的服务所产生的效益。表现为以下几方面。

① 项目产出物满足国内新增加的需求时，表现为国内新增需求的支付意愿。

② 项目产出物替代效益较差的其他厂商产品或服务时，使被替代厂商减产或停产，从而使国家有用资源得到节省，这种效益表现为资源的节省。

③ 产出物使国家增加出口或减少出口，外汇收入增加或支出减少。

(2) 间接效益与间接费用。

间接效益是指由项目引起而在直接效益中没有得到反映的效益。主要包括以下几方面：

① 项目使用劳动力，使劳动力熟练化，由没有特别技术的非熟练劳动力经训练而转变为熟练劳动力；

② 技术扩散的效益，建设一个具有先进技术的项目，由于人才流动、技术推广和扩散等原因，使得整个社会都受益；城市地下铁道的建设，使沿线房地产升值。

间接费用是指由项目引起而在项目的直接费用中又没有得到反映的费用，主要包括：

① 项目对自然环境造成的损害；

② 项目产品大量出口从而引起我国这种产品出口价格下降。

(3) 项目的间接效益和间接费用又统称为外部效果，通常考察以下几方面。

① 环境影响：水、气、噪声、放射性污染，临时性或永久性交通阻塞、航道阻塞，对自然生态造成破坏。

② 技术扩散效果：技术人员流动，技术在社会上扩散和推广，整个社会受益。

③“上、下游”企业相邻效果。

a. 项目的“上游”企业指为项目提供原材料或半成品的企业，刺激这些企业增加新生产能力。

b. 项目的“下游”企业指使用项目的产出物作原材料或半成品的企业，使其闲置生产能力充分利用，节约成本。

c. 大多数情况下，项目对“上、下游”企业的相邻效果可以在项目的投入和产出物的影子价格中得到反映，不应再计算间接效果。

d. 有些间接影响难于反映在影子价格中，需要作为项目的外部效果计算。

④ 乘数效果。

a. 项目的实施使原来闲置的资源得到利用，从而产生一系列的连锁反应，刺激某一地区或全国的经济发展。

b. 在对经济落后地区的项目进行国民经济评价时可能会需要考虑这种乘数效果。

c. 一般情况下，只计算一次相关效果，不连续扩展计算乘数效果。

⑤ 价格影响。

a. 有些项目的产品大量出口，从而导致我国此类产品出口价格的下降，减少了国家总体的创汇收益，成为项目的外部费用。

b. 如果项目的产品增加了国内市场供应量，导致产品市场价格下降，可以使用户和消费者得到产品降价的好处，但这种好处一般不应计作项目的间接效益。

(4) 考察外部效果时应注意：①在计算项目的外部效果时须注意不能重复计算；②由于项目外部效果计算上的困难，有时可采用调整项目范围的办法，将项目的外部效果变为项目以内的影响。

(5) 转移支付。项目的有些财务收入和支出，从国民经济看，并没有造成资源的实际增加或减少，而是国民经济内部的转移支付。包括项目向政府缴纳的税费、政府给予项目的补贴、项目向国内银行等金融机构支付的贷款利息和获得的存款利息。

4. 国民经济评价参数

国民经济评价参数，一般分两类：一类是通用参数，包括社会折现率、影子汇率、影子工资，这些通用参数由专门机构组织测算和发布；另一类是各种货物、服务、土地、自然资源等影子价格，需要由项目评价人员根据项目具体情况自行测算。

(1) 社会折现率是从国民经济的角度考察工程项目投资所应达到的最低收益水平。用作项目经济内部收益率的判别标准，同时也用作计算经济净现值的折现率，用以衡量资金时间价值的重要参数，代表资金占用所应获得的最低动态收益率，并且用作不同年份之间资金价值换算的折现率。其作用体现为以下两方面。

① 间接调控宏观投资规模。可作为国家建设投资总规模的间接调控参数，需要缩小投资规模，就提高社会折现率；需扩大投资规模，可降低社会折现率。

② 影响项目的选优和方案比选。折现率高，不利于初始投资大而后期费用节省或收益增大的方案和项目。

(2) 影子汇率及影子汇率换算系数。影子汇率是指将外汇换算成为本国货币的系数。影子汇率通过影子汇率换算系数计算，影子汇率换算系数是影子汇率与国家外汇牌价的比值。影子汇率的取值对于项目的决策有着重要的影响。影子汇率根据我国外贸货物比价、加权平均关税率、外贸逆差收入比率及出口换汇成本等指标分析和测算。

① 产出物是外贸货物的建设项目，包括产品是出口或替代进口的项目，影子汇率影响对项目可研的评价结论。

② 项目要引进国外技术、设备或要使用进口原材料、零部件时，影子汇率影响引进方案的经济效益评价。外汇的影子价格较高时，引进方案的费用较高，评价结论会较不利于引进方案。

(3) 影子工资换算系数。影子工资是指工程项目使用劳动力而使国民经济所付出的真实代价，由劳动力的机会成本和劳动力转移而引起的新增资源耗费两部分。影子工资一般是通过影子工资换算系数计算，技术性工作的劳动力的影子工资换算系数可大于1，非技术性工作的劳动力的影子工资换算系数可小于1。根据劳动力结构、素质和熟练程度及项目所在地的劳动力市场供求状况，进行适当调整选用。

5. 费用与效益的估算——影子价格

1) 影子价格的概念

影子价格是指进行项目国民经济评价专用的价格。进行项目的经济评价时，项目的主要投入物和产出物，原则上应采用影子价格。影子价格从“有无对比“的角度研究确定。项目使用了投入物，造成两种影响：对国民经济造成资源消耗或挤占其他用户。项目生产的产品及提供的服务，也造成两种影响：用户使用得到效益或挤占其他供应者的市场份额。

2) 影子价格的确定

(1) 市场定价的货物的影子价格。

① 外贸货物影子价格。

直接进口投入物的影子价格(到厂价)＝到岸价×影子汇率＋贸易费用＋国内运杂费 (3-49)

直接出口产出物的影子价格(出厂价)＝离岸价×影子汇率－贸易费用－国内运杂费 (3-50)

贸易费用是物资系统、外贸公司和各级商业批发零售等部门经销物资货物的用影子价格计算的流通费用，但不包括长途运输费用。

② 市场定价的非外贸货物的影子价格。

投入物影子价格(到厂价)＝市场价格＋国内运杂费 (3-51)

产入物影子价格(出厂价)＝市场价格－国内运杂费 (3-52)

(2) 特殊投入物影子价格。

对劳动力、土地、自然资源的影子价格需要采用特定的方法。

① 劳动力的影子价格——影子工资。

影子工资是指项目使用劳动力，社会为此付出的代价，包括劳动力的机会成本和劳动力转移而引起的新增资源消耗。劳动力的机会成本是指项目所用的劳动力如果不用于所评价的项目而在其他生产经营活动中所能创造的最大效益。与劳动力的技术熟练程度和供求状况有关。技术熟练程度要求高的，稀缺的劳动力机会成本高。劳动力的机会成本是影子工资的重要组成部分。劳动力由原来的岗位转移到项目中来，要发生一些搬迁费，也会引起新增的城市交通、城市基础设施配套等相关投资和费用的增加，这些也构成影子工资的一部分。

② 土地费用。

a. 城镇的土地：市区内的土地、城市郊区的土地可以采取市场价格测定影子价格。

b. 农村的土地：土地的影子费用＝土地机会成本＋新增资源消耗。

其中，土地机会成本按照项目占用土地而使国家为此损失的该土地最好可行代替用途的净效益计算；新增资源耗费主要包括拆迁费和人口安置费用。

实际征地费可以划分为三部分：属于机会成本性质的费用，如土地补偿费、青苗补偿，按照机会成本计算方法调整计算；属于新增资源消耗费用，如拆迁费剩余劳动力安置费、养老保险费等，按影子价格调整；属于转移支付的，如粮食开发基金、耕地占用税等，应予剔除。

6. 国民经济评价指标

1）经济内部收益率（economic interal rate of return，EIRR）

EIRR是反映工程项目对国民经济净贡献的相对指标，是项目在计算期内各年经济效益流量的现值累计等于零时的折现率，公式如下：

$$\sum_{t=1}^{n}(B-C)_t(1+\mathrm{EIRR})^{-t}=0 \tag{3-53}$$

式(3-53)中，B——项目的效益流入量；

C——项目的费用流出量；

$(B-C)_t$——第t年的净现金流量；

t——项目的计算期。

判断准则：项目的经济内部收益率等于或大于社会折现率时，表明项目对国民经济的净贡献达到或者超过了预定要求，可以接受，反之不能接受。

2）经济净现值（economic net present value，ENPV）

ENPV是反映工程项目对国民经济净贡献的绝对指标，是用社会折现率将项目计算期内各年净效益流量折算到项目建设期初的现值之和。公式如下：

$$\mathrm{ENPV}=\sum_{t=1}^{n}(B-C)_t(1+i_s)^{-t} \tag{3-54}$$

式(3-54)中，i_s——社会折现率，其他符号含义同上。

判断准则：项目的经济净现值等于或大于零，表示国家为拟建项目付出代价后，可以得到符合社会折现率所要求的社会盈余，或者还可以得到超额的社会盈余，并且以现值表示这种超额社会盈余的量值。经济净现值大于或者等于零，表示项目的盈利性超过或达到了基本要求，可以接受，反之不能接受。

3）经济外汇效果分析指标

经济外汇效果分析指标是分析项目投资期内各年份的经济外汇流入和流出情况，考察和分析项目的创汇能力，并以此来评价项目对国民经济的影响，主要分析指标有经济外汇净现值（economic net present value of foreign exchange，ENPVF）、经济换汇成本和经济节汇成本等。

ENPVF 是指项目在计算期内各年的经济净外汇流量，用社会折现率折算到建设期基点的现值之和，计算公式为

$$ENPVF = \sum_{t=1}^{n} (FI - FO)_t \times (1 + i_s)^{-t} \quad (3-55)$$

式(3-55)中，FI——外汇流入量；

FO——外汇流出量；

$(FI-FO)_t$——第 t 年的净外汇流量；

t——计算期。

ENPVF 是衡量项目对国家外汇的净贡献或净消耗的动态指标，从外汇收支平衡的角度来看，当 ENPVF>0 时，项目可行性高；当 ENPVF=0 时，项目能够维持自身的外汇平衡，项目依然可行。在不同项目对比中，经济外汇净现值高的方案为首选方案。

除了 ENPVF 指标外还有经济换汇成本和经济节汇成本这两个指标，这些指标都从不同的方面考察了项目对国民经济的贡献，它们与企业经济效益考察指标基本对应，评价的依据是项目的宏观经济效益与微观经济效益的一致性。项目可行性决策，首先要符合国家整体经济利益，要有利于国民经济总体发展目标的实现。

7. 国民经济效益-费用流量表

国民经济效益-费用流量表有两种：项目国民经济效益-费用流量表和国内投资国民经济效益-费用流量表，报表格式见表 3-11 和表 3-12。

表 3-11　项目国民经济效益-费用流量表

序号	项目＼年份	合　计	建设期		投产期		达到生产能力期			
			1	2	3	4	5	6	7	8
	生产负荷(%)									
1	效益流量									
1.1	销售收入									
1.2	回收固定资产余值									
1.3	回收流动资金									
2	费用流量									
2.1	固定资产投资									
2.2	流动资金									
2.3	经营费用									
3	净效益流量									

计算指标：

经济内部收益率：

经济净现值：

编制单位：　　　　　　编制人：　　　　　　年　　月　　日

表 3-12 国内投资国民经济效益-费用流量表

序号	项目	计算期								
		1	2	3	4	5	6	7	8	9
1	效益流量									
1.1	销售收入									
1.2	回收固定资产余值									
1.3	回收流动资金									
1.4	项目间接效益									
2	费用流量									
2.1	建设投资									
2.2	流动资金									
2.3	经营费用									
2.4	项目间接费用									
3	净效益流量									

上述表格一般在项目财务评价基础上进行调整编制，有些项目也可以直接编制。

3.5.3 工程项目的不确定性分析

在投资的前期工作中，所用的数据，如投资、寿命、固定资产残值等，都是建立在对工程项目未来情况预测的基础上，并假定在整个项目的全寿命周期内数值不变的情况下得出方案的评价结论，这种分析方法属于确定性分析方法。

事实并非如此，确定性存在的情况是极其少见的，因为每个项目都会受到许多因素的影响：一方面，影响方案经济效果的各种经济要素(如完全不确定型和风险型)的未来变化带有不确定性；另一方面，各种经济要素在测算过程中由于信息的不对称或是方法上的误差等，都会对方案的经济效果的评价结果带来不确定性，从而在一定的程度上给投资者带来投资风险。为了减少各种不确定的因素对项目投资决策的影响程度，需采取一定的技术方法，根据项目现有的信息情况，估计项目未来可能承担的风险，确定项目在经济上的可靠性和合理性，即对项目的评价结论进行不确定性分析。投资项目的不确定性分析包括敏感性分析、盈亏平衡分析及风险分析等。

1. 敏感性分析

1) 敏感性分析的概念

敏感性分析又叫灵敏度分析，它通过分析项目主要的不确定性因素的变化对项目经济或财务评价指标的影响，从中找出敏感性因素，确定其影响程度，以便制定相应的对策，防范和降低风险对项目投资的影响，确保项目达到预期的目标。

2）敏感性分析的方法

敏感性分析的方法包括单因素敏感性分析和多因素敏感性分析。

（1）单因素敏感性分析常用单因素敏感性分析图来表示，单因素敏感性分析图是通过建立坐标轴，在坐标图上绘制各不确定因素的敏感性曲线，从而确定各不确定因素敏感程度大小的一种图解方法。其作图步骤：①建立坐标系，以横轴表示各个变量的变化幅度(常以百分数表示)，以纵轴表示项目的经济效益评价指标(即项目敏感分析的对象)；②根据分析计算的结果绘制各个变量的变化曲线，与横坐标相交角度最大的曲线所对应的因素就是敏感因素；③绘制项目经济效益评价指标的临界曲线，则临界曲线与各个变量因素的变化曲线交点的横坐标值就是项目由盈变亏的极限变化值。

（2）相对多因素敏感性分析，单因素敏感性分析显得比较简单些，但其也有不足之处，它忽略了各因素之间的相关性，多因素敏感性分析刚好弥补了这一点，它就能够反映出多因素变动时对项目经济效益产生的综合影响。常见的多因素敏感性分析方法有双因素敏感性分析和三因素敏感性分析。双因素敏感性分析就是在敏感性分析中每次只考虑两个因素变动，其他因素固定不变时对项目经济效益指标的影响，一般采用作图法进行分析；三因素敏感性分析是指在敏感性分析中考虑三个因素变动，其他因素固定不变时对项目经济效益指标的影响，一般采用解析法进行分析。

不论是单因素敏感性分析还是多因素敏感性分析都在一定的程度上就各不确定因素的变动对项目经济效益的影响进行了定量的描述，这有助于投资者了解方案存在的风险情况，能够在做决策过程中重点研究和控制这些因素，但是敏感性分析也有它的局限性，它没有考虑各不确定因素在未来发生的概率，所以往往会影响分析结论的准确性和实用性，因此需要借助其他的分析方法，如盈亏平衡分析、风险分析来描述方案的风险和不确定程度。

2. 盈亏平衡分析

1）盈亏平衡分析的概念

盈亏平衡分析是通过盈亏平衡点分析项目成本与收益的平衡关系的一种方法。各种不确定因素(如投资、成本、销售量、产品价格等)的变化会影响投资方案的经济效果，当这些因素的变化达到某一临界值时，就会影响方案的取舍。盈亏平衡分析的目的就是找出这种临界值，即盈亏平衡点，判断投资方案对不确定因素变化的承受能力，为投资决策提供依据。

2）盈亏平衡分析的方法

盈亏平衡分析的方法主要有以下几种。

（1）按采用的分析方法的不同分为图解法和方程式法。

（2）按分析要素间的函数关系不同分为线性和非线性盈亏平衡分析。

（3）按分析的产品品种数目多少，可以分为单一产品和多产品盈亏平衡分析。

（4）按是否考虑货币的时间价值分为静态和动态的盈亏平衡分析。

以下主要介绍线性和非线性盈亏平衡分析。

① 线性盈亏平衡分析。

a. 基本假设。在线性盈亏平衡分析中有五项基本假设：销售量等于产量；固定成本不变；单位可变成本随产量按比例变化；销售单价相对固定；生产单一产品或是生产很多产品但是可以转化为单一产品进行计算。

b. 盈亏平衡分析图和平衡点。盈亏平衡分析可以借助图示方法来表示，如图 3.4 所示。

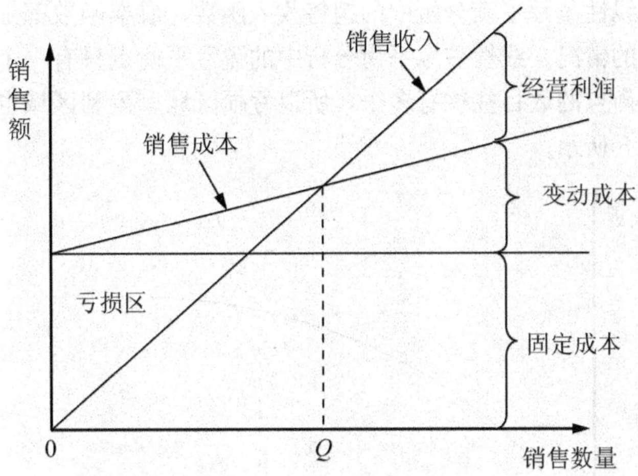

图 3.4 线性盈亏平衡图

基于上面的五个假设，固定成本曲线是恒定不变的，图像为水平直线；销售收入可表示为销售数量的线性函数。项目的总成本由项目的可变成本和固定成本叠加而成，其函数图像与销售收入函数图像的交点即为盈亏平衡点，该点对应的销售数量就是该项目的保本产销量，即在该点，项目既不亏损也不盈利；在该点的左侧，项目的总成本大于销售收入，项目亏损；在该点的右侧，项目的销售收入大于总成本，项目盈利。

c. 盈亏平衡方程的建立和平衡点的求解。

总收入 $S=P\times Q$，总成本 $C=F+V\times Q$，

盈亏平衡方程 $C=S$，则由 $P\times Q=F+V\times Q$ 方程求得

盈亏平衡点的公式为

$$Q=F/(P-V) \tag{3-56}$$

式(3-56)中，S——产品销售收入；

C——产品总成本；

P——产品单价；

Q——年产量；

F——年固定总成本；

V——每单位产品的变动成本。

上式是在项目无目标利润情况下建立的方程，假如项目规定要有一定的利润 R，则平衡方程为 $P\times Q=F+V\times Q+R$，求得盈亏平衡点：$Q=(F+R)/(P-V)$。

d. 线性盈亏平衡分析结论。

通过盈亏平衡方程求得盈亏平衡点，我们就可以对各种方案发生亏损的可能性以及其

对项目的风险程度进行判断了。假定项目的盈亏平衡点的产量为 Q_1，从盈亏平衡分析图中可以看出：Q_1的数值越小，其左侧总对应的亏损面积就越小，项目盈利的机会也就越大；反之，项目的风险就越大。因此，项目在进行投资控制时要根据项目的实际生产经营情况选择合适的方案，加强项目抗风险能力。

② 非线性盈亏平衡分析。非线性盈亏平衡分析的原理与线性盈亏平衡分析的原理大致相同，只不过非线性盈亏平衡分析中的销售收入函数、成本函数都是非线性的，这个其实更加符合现实中的情况。线性盈亏平衡分析中的盈亏平衡点只有一个，而非线性盈亏平衡分析中的盈亏平衡点的数目往往有多个，所以亏损区域、盈利区域也有可能有多个，用示意图表示如图 3.5 所示。

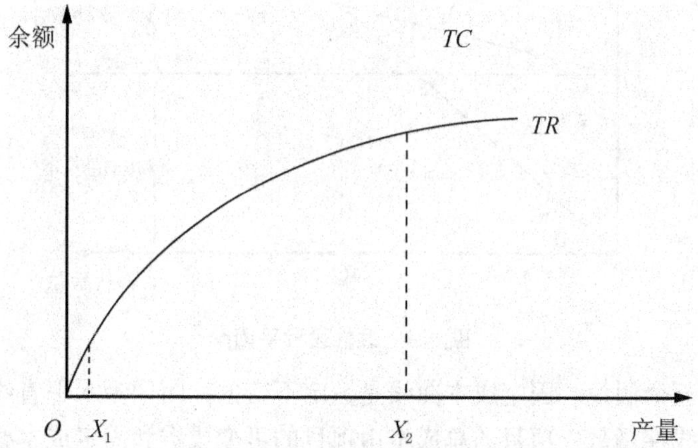

图 3.5　非线性盈亏平衡图

在图 3.5 所示的非线性问题中就有两个盈亏平衡点，这两个平衡点将销售收入(TR)和总成本(TC)分成三个区域，在产量 X_1左侧销售收入低于总成本，项目亏损；在产量 X_1与 X_2之间，项目的销售收入高于总成本，项目盈利；在产量 X_2的右侧，项目的总成本高于销售收入，项目再次出现亏损。

这里的销售收入、总成本都是产量的非线性函数(二次函数)，可以设定为

$$TR(X)=a+a_1x+a_2x^2 \tag{3-57}$$

$$TC(X)=F+b_1x+b_2x^2 \tag{3-58}$$

式(3-57)、式(3-58)中，a_1、a_2、b_1、b_2——均为常数，主要来源于市场预测或是经验值；

F——固定成本；

x——产量。

根据盈亏平衡条件可知：$TR(X)=TC(X)$即 $a+a_1x+a_2x^2=F+b_1x+b_2x^2$

化简整理之后可以得到两个解 x_1 和 x_2，即为图 3.5 所对应的两个盈亏平衡点。

利润函数 $W(X)=TR(X)-TC(X)$，将(3-57)和式(3-58)式代入化简之后，对 $W(X)$求导可得到项目的最大盈利点。

盈亏平衡分析的优点是简单实用，可以直接根据求得的盈亏平衡点的高低来判断项目抗风险的能力，但是其也存在局限性。首先，盈亏平衡方程是在五个基本假设都成立的前

提下建立的，五个基本假设中特别是产销平衡的假定过于理想化，生产单一产品或是生产很多产品但是可以转化为单一产品的计算假定也不太切合实际；其次，现实环境中的经济在不断的变化着，进行盈亏平衡分析中所采用的数据是正常年份的数据也缺乏准确性；再次，盈亏平衡分析法也没有考虑资金的时间价值，只能用于短期项目的不确定性分析。

3. 风险分析

1）风险分析的含义

风险分析也叫概率分析，是使用概率研究预测各种不确定因素对项目经济指标的影响，从而对项目的风险情况做出比较准确分析的一种定量分析方法。

2）风险分析的基本方法

（1）专家调查法。

专家调查法或称专家评估法，是以专家作为索取信息的对象，依靠专家的知识和经验，由专家通过调查研究，对问题作出判断、评估和预测的一种方法。

（2）层次分析法。

层次分析法(analytic hierarchy process，AHP)是一种多准则决策分析方法，在风险分析中，一是将项目的风险因素逐层分解识别，直到最基本的风险因素；二是一个层次上的风险因素两两进行比较，确定其重要程度，列出该层风险因素的判断矩阵，求出判断矩阵的特征根，这个根就是该层各风险因素概率分布的组合，求得上层风险因素的概率分布，进而求出总目标的概率分布。

（3）CIM法。

CIM模型是控制区域和记忆模型，也称概率分布的叠加模型。CIM模型包括串联响应模型和并联响应模型，它们分别是以随机变量的概率分布形式进行串联、并联叠加的有效方法。

（4）概率树法。

概率树分析是假定风险变量之间是项目独立的，在构建概率树的基础上将每个风险变量的各种状态取值组合计算，分别计算每种组合下的评价指标及相应的概率，求得评价指标取值的概率分布，并计算评价指标期望值、方差或标准差和离散系数，表明项目的风险程度。

案例分析

某公司拟建设一个工业生产性项目，以生产国内急需的一种工业产品，该项目的建设期为1年，运营期为10年。这一建设项目的基础数据如下。

（1）建设期投资(不含建设期利息)800万元，全部形成固定资产。运营期期末残值为50万元，按照直线法折旧。

（2）项目第二年投产，投入流动资金200万元。

（3）该公司投入的资本金总额为600万元。

(4) 运营期中，正常年份每年的销售收入为600万元，经营成本为250万元，产品销售税金及附加税率为6%，所得税税率为33%，年总成本费用为325万元，行业基准收益率为10%。

(5) 投产的第1年生产能力仅为设计生产能力的60%，所以这一年的销售收入与经营成本都按照正常年份的60%计算。这一年的总成本费用为225万元。投产的第2年及以后各年均达到设计生产能力。

问题：

① 在表3-13中填入基础数据并计算所得税。

② 计算项目的财务净现值。

③ 计算项目的内部收益率。

④ 从财务评价的角度，分析拟建项目的可行性。

表3-13 某拟建项目的全部投资现金流量表 单位：万元

序号	项目	合计	建设期	运营期									
			1	2	3	4	5	6	7	8	9	10	11
	生产负荷(%)			60	100	100	100	100	100	100	100	100	100
1	现金流入												
1.1	产品销售收入												
1.2	回收固定资产余值												
1.3	回收流动资金												
2	现金流出												
2.1	建设投资(不含建设期利息)												
2.2	流动资金												
2.3	经营成本												
2.4	销售税金及附加												
2.5	所得税												
3	净现金流量												
4	折现系数(i_c=10%)		0.909	0.827	0.751	0.683	0.621	0.565	0.513	0.467	0.424	0.386	0.351
5	折现净现金流量												
6	累计折现净现金流量												

问题①

解：根据给出的基础数据和以下计算得到的数据，填写表3-13，得到数据见表3-14。表中：

$$销售税金及附加=销售收入\times销售税金及附加税率$$

$$所得税=(销售收入-销售税金及附加-总成本费用)\times所得税税率$$

表 3-14 某拟建项目的全部投资现金流量表 单位：万元

序号	项目	合计	建设期	运营期									
			1	2	3	4	5	6	7	8	9	10	11
	生产负荷(%)			60	100	100	100	100	100	100	100	100	100
1	现金流入	6010		360	600	600	600	600	600	600	600	600	850
1.1	产品销售收入	5760		360	600	600	600	600	600	600	600	600	600
1.2	回收固定资产余值	50											50
1.3	回收流动资金	200											200
2	现金流出	4492.85	800	409.02	364.87	364.87	364.87	364.87	364.87	364.87	364.87	364.87	364.87
2.1	建设投资(不含建设期利息)	800	800										
2.2	流动资金	200		200									
2.3	经营成本	2400		150	250	250	250	250	250	250	250	250	250
2.4	销售税金及附加	345.6		21.6	36	36	36	36	36	36	36	36	36
2.5	所得税	747.25		37.42	78.87	78.87	78.87	78.87	78.87	78.87	78.87	78.87	78.87
3	净现金流量	1517.15	−800	−49.02	235.13	235.13	235.13	235.13	235.13	235.13	235.13	235.13	485.13
4	累计净现金流量		−800	−849.02	−613.89	−378.76	−143.63	91.5	326.63	561.76	796.89	1032.02	1517.15
5	折现系数(i_c=10%)		0.909	0.827	0.751	0.683	0.621	0.565	0.513	0.467	0.424	0.386	0.351
6	折现净现金流量		−727.28	−40.52	176.65	160.59	145.99	132.73	120.67	109.69	99.72	90.64	170.04
7	累计折现净现金流量	438.92	−727.28	−767.80	−591.15	−430.56	−284.57	−151.84	−31.17	78.52	178.24	268.88	438.92
8	折现系数(r_1=19%)		0.840	0.706	0.593	0.499	0.419	0.352	0.296	0.249	0.209	0.176	0.148
9	折现净现金流量		−672.24	−34.62	139.53	117.26	98.52	82.79	69.57	58.48	49.14	41.29	71.61
10	累计折现净现金流量	21.33	−672.24	−706.86	−567.33	−450.07	−351.55	−268.76	−199.19	−140.71	−91.57	−50.28	21.33
11	折现系数(r_2=20%)		0.833	0.694	0.579	0.482	0.402	0.335	0.279	0.233	0.194	0.162	0.135
12	折现净现金流量		−666.64	−34.04	136.07	113.40	94.50	78.75	65.62	54.69	45.57	37.97	65.30
13	累计折现净现金流量	−8.81	−666.64	−700.68	−564.61	−451.21	−356.71	−277.96	−212.34	−157.65	−112.08	−74.11	−8.81

问题②

解：根据表 2 中的数据，可求出项目的净现值=438.92 万元。

问题③

解：采用试算法求出拟建项目的内部收益率，计算过程如下：

① 分别以 $r_1=19\%$，$r_2=20\%$作为设定的折现率，计算各年的净现值和累计净现值，从而求得 NPV_1和 NPV_2，见表 2。

② 如果试算结果满足试算条件，则可以采用内插法计算拟建项目的内部收益率 IRR。即

$$IRR=r_1+(r_2-r_1)NPV_1/(NPV_1+|NPV_2|)$$
$$=19\%+1\%\times21.33/(21.33+|-8.81|)=19.71\%$$

问题④

解：因为，项目的净现值=438.82 万元>0；该项目的内部收益率=19.71%>行业基准收益率 10%；所以，从财务评价的角度，分析和评价该项目是可行的。

本章小结

通过本章学习，可以加深对工程项目建设前期投资控制的理解，了解投资决策阶段的工作程序及决策阶段影响项目投资的关键因素，熟悉项目建议书审批的权限、可行性研究报告编制及投资估算的方法。

项目投资决策阶段是项目建设投资控制的重要阶段，该阶段的主要工作是投资策划和可行性研究，投资估算的合理确定是该阶段投资控制的重要环节。

可行性研究是在调查研究、统计、预测基础上，对拟建项目的技术先进性和适用性、经济合理性和有效性，以及建设必要性和可行性进行全面分析、系统论证、多方案比较和综合评价，由此得出该项目是否应该投资和如何投资等结论性意见。

投资估算是项目投资决策的重要依据。投资估算的方法主要有单位生产能力估算法、生产能力指数法、系数估算法、比例估算法等。

经济评价是可行性研究报告的核心内容，是决定项目可行性的关键。本章介绍了财务评价、国民经济评价的概念、方法、指标和计算等，最后介绍了不确定性分析的三种方法和计算。

习　题

1. 思考题

(1) 工程项目投资决策阶段工作程序有哪些?

(2) 什么是决策阶段投资控制? 它的基本流程是什么?

(3) 影响投资控制的要素有哪些? 试论述这些要素确定的原则。

(4) 项目建议书审批的权限?

(5) 可行性研究可以划分为哪些阶段?

(6) 可行性研究报告的编制依据、要求和内容是什么?

(7) 静态投资估算编制的方法有哪些?

(8) 谈谈你对项目决策阶段投资风险的认识及应对的方法。

(9) 财务效益分析的报表有哪些?

(10) 国民经济评价指标有哪些? 如何运用这些指标来判断项目是否可行?

(11) 什么是不确定性分析? 它和风险有什么区别?

(12) 什么是盈亏平衡分析? 试探讨它的局限性。

2. 练习题

(1) 具有同样功能的设备 A、B，有关资料如表 3－15 所示。不计设备残值，若两台设备的使用年限均为 8 年，贴现率为 13%。

表 3－15 设备 A、B 的有关资料

设　　备	初始投资	产品加工费
A	20 万元	8 元/件
B	30 万元	6 元/件

① 年产量是多少时，设备 A 有利？

② 若产量为 13 000 件/年，贴现率 i 在什么范围时，A 设备有利？

③ 若产量为 15 000 件/年，贴现率为 13%，使用年限为多长时，A 设备有利？

(2) 某工业建设项目投资构成中，设备及工器具购置费为 500 万元，建筑安装工程费为 1 500 万元，建设工程其他费用为 200 万元。本项目预计建设期为 3 年，初步估算假定，建筑安装工程费在建设期内每年等额投入，设备及工器具购置费和建设工程其他费用在第三年投入，基本预备费率为 10%，建设期内预计年平均价格总水平上涨率为 6%，贷款利息为 135 万元，试估算该项目的建设投资。

(3) 某公司年固定成本 6.5 万元，每件产品变动成本 25 元，原材料批量购买可降低单位材料费用为购买量的 0.1%，每件售价 55 元，随销售量的增加市场单位产品价格下降 0.25%，试计算盈亏平衡点、利润最大时产量和成本最低时的产量。

第4章

工程项目设计阶段的投资控制

教学目标

主要讲述工程项目设计阶段的投资控制的基本理论和方法。通过本章学习，应达到以下目标：

(1) 了解建设工程设计阶段投资控制的基本概念、工作内容和程序。理解设计阶段投资控制的影响因素和重要意义。

(2) 掌握设计阶段投资控制的措施和方法。

(3) 能够独立编制设计概算。

(4) 掌握设计概算的审核方法。

教学要求

知识要点	能力要求	相关知识
投资控制基本概念	(1) 理解投资控制的概念； (2) 熟悉投资控制的工作内容和程序； (3) 理解投资控制的硬性因素和意义	(1) 设计阶段的划分； (2) 设计工作程序； (3) 造价文件的类型和编制阶段

续表

知识要点	能力要求	相关知识
投资控制的措施和方法	(1) 熟悉设计招投标和设计方案竞赛的基本知识； (2) 掌握限额设计和标准化设计的过程和方法； (3) 掌握价值工程原理，了解其在设计阶段投资控制中的应用； (4) 掌握寿命周期成本理论在优化设备选型中的应用； (5) 理解推广设计监理和改进设计取费方法改革的意义	(1) 设计招投标法规、类型、程序等； (2) 限额设计和标准化设计； (3) 价值工程的理论和方法； (4) 寿命周期理论和方法； (5) 设计监理的现状和问题
设计概算编制与审核方法	(1) 能够独立编制设计概算； (2) 掌握设计概算的审核方法	(1) 设计概算的编制依据、步骤、方法； (2) 设计概算的审核的方式、内容和方法

基本概念

设计阶段投资控制　限额设计　标准化设计　价值工程　寿命周期成本　设计监理　设计概算　设计概算审核

引例

美国1972年对俄亥俄河拦河坝的设计进行了严密的分析，从功能和成本两个角度综合考虑，最后提出了新的改进设计方案。他们把溢水道的闸门增加高度，使闸门的数量从17扇减为12扇，同时改进了闸门施工用的沉箱结构，在不影响水坝功能和可靠性的情况下，筑坝费用节约了1 930万美元，而请人进行价值分析的费用只花了1.29万美元，取得了投入1美元收益近1 500美元的效果。由此可见，在设计阶段高度重视投资控制，对整个工程项目的造价控制具有举足轻重的作用。

4.1 概　述

4.1.1 工程设计和设计阶段投资控制的概念

1. 工程设计的概念和工作程序

工程设计是建设程序的一个重要环节，是指在可行性研究获得批准之后，根据已经批准的设计任务书，为实现拟建项目的技术、经济要求，拟定建筑、安装及设备制造所需的规划、图纸、数据等技术文件的工作。一般的公用与民用建筑设计分两个阶段：即初步设计和施工图设计。对于技术上复杂而又缺乏设计经验的项目，分三个阶段：即初步设计、技术设计和施工图设计。

设计工作程序是指设计工作的所遵循的先后顺序，包括设计准备阶段、初步方案阶段、初步设计阶段、技术设计阶段、施工图设计阶段、设计交底和配合施工阶段。

2. 设计阶段投资控制的概念

设计阶段的投资控制，简而言之就是编制出满足设计任务书要求、造价受控于投资决策的设计。具体是指在设计阶段，工程设计人员和工程经济人员密切配合，运用一系列科学的方法和手段对设计方案进行选择和优化，正确处理好技术与经济的对立统一关系，从而主动地影响工程投资，以达到有效地控制工程投资的目的。

4.1.2 设计阶段投资控制的主要工作内容和程序

建设项目设计各个工作阶段投资控制的内容又有所不同。设计阶段投资控制的主要工作内容和程序如图 4.1 所示。

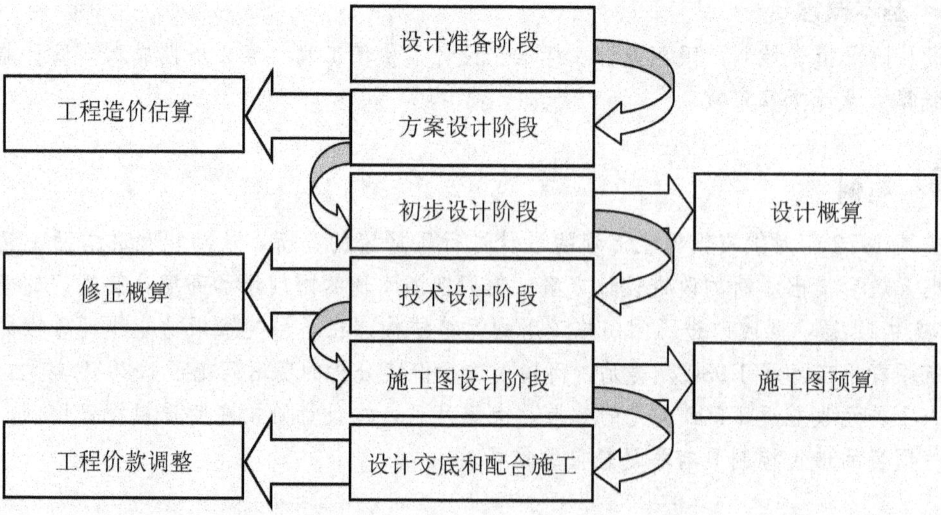

图 4.1　设计阶段造价控制的主要工作内容和程序

1. 设计准备阶段

设计准备阶段的工作内容主要有以下几方面。

(1) 设计人员与造价咨询人员紧密合作，通过对项目建议书和可行性研究报告内容的分析，了解业主方对设计的总体思路并兼顾项目利益相关者的不同要求。

(2) 设计单位或个人在动手设计之前，要充分了解并掌握各种有关的外部条件和客观情况：①地形、气候、地质、自然环境等自然条件；②城市规划对建筑物的要求；③交通、水、电、气、通信等基础设施状况。

(3) 还要考虑工程已具备的各项使用要求：工程经济估算的依据，业主所能够提供的资金、施工材料、施工技术和施工装备等条件以及可能影响工程的其他客观因素等。

2. 方案设计阶段

在初步方案设计阶段，设计单位或者个人和造价咨询人员通过考虑工程与周围环境之间的关系，对工程的主要内容的安排进行布局设想。在这个过程中，设计单位或个人要考虑到项目利益相关者对建设项目不同要求，妥善解决建设项目工程和周围环境的相容性和协调性。工程造价人员应做出各专业详尽的建安工程造价估算书。

3. 初步设计阶段

初步设计阶段是设计阶段中的一个关键性阶段，也是整个设计构思基本形成的阶段。

初步设计阶段需要解决以下问题。

(1) 明确拟建工程和规定期限内进行建设的技术可行性和经济合理性。

(2) 规定主要技术方案、工程总造价和主要技术经济指标，以利于在项目建设和使用过程中最有效地利用人力、物力和财力。

在这一阶段，造价人员应编制设计概算。对于那些对造价影响较大的技术环节，设计人员应提出多套技术方案，造价人员应从技术——经济角度出发参与决策，会同设计人员从中优选技术可行经济合理的最佳方案。

4. 技术设计阶段

技术设计阶段是初步设计的具体化，也是各种技术问题的定案阶段。技术设计较之初步设计阶段，需要更详细的勘察资料和技术经济计算加以补充修正。技术设计的详细程度应能满足确定设计方案中重大技术问题和有关实验、设备选择等方面的要求，应能够保证在建设项目采购过程中确定建设项目建设材料采购清单。在这一阶段，工程造价人员应根据技术设计的图纸和说明书及概算定额编制技术设计修正总概算。

5. 施工图设计阶段

该阶段是设计工作和施工工作的桥梁。具体包括建设项目各部分工程的详图和零部件、结构件明细表以及验收标准、方法等。施工图设计的深度应能满足设备材料的选择与确定、非标准设备的设计与加工制作、施工图预算的编制、建筑工程施工和安装的要求。该阶段，设计人员应会同造价人员从技术——经济的角度，反复比较，反复研讨、论证和反复协调，最终完成施工图设计，编制施工图预算。

6. 设计交底和配合施工

施工图发出后，根据现场需要，设计单位应派人到施工现场，与建设单位、施工单位等共同会审施工图，进行技术交底，介绍设计意图和技术要求，修改不符合实际和有错误的图纸。参加试运转和竣工验收，解决试运转过程中的各种技术问题，并检验设计的正误和完善程度。

对于大、中型工业项目和大型复杂的民用建设工程项目，应派现场设计代表积极配合现场施工并参加隐蔽工程验收。

4.1.3 设计阶段影响工程投资的因素

1. 设计方案直接影响工程造价

工程建设过程包括项目决策、项目设计和项目实施三大阶段。进行投资控制的关键在于决策和设计阶段，而在项目做出投资决策后，其关键就在于设计。单项工程设计中，其总平面设计、工艺设计和建筑设计方案的选择对投资有较大影响。

1）总平面设计部分

总平面设计是指总图运输设计和总平面配置。总平面设计主要包括的内容：厂址方案、占地面积和土地利用情况；总图运输、主要建筑物和构筑物及公用设施的配置；外部运输、水、电、气及其他外部协作条件等。正确合理的总平面设计可以大大减少建筑工程量，节约建筑运行后的使用维护成本，加快建设进度，为城市建设和工业区创造完美的建筑艺术整体。

总平面设计中影响工程造价的因素包括以下几方面。

(1) 现场条件。例如，地质、水文、气象条件对基础型式的选择、基础的埋深(持力层、冻土线)等均会产生影响；地形地貌对于平面及室外标高的确定会产生很大的影响；场地大小、邻近建筑物地上附着物等对平面布置、建筑层数、基础型式及埋深等产生影响。这些都直接关系到建设投资。

(2) 占地面积。在满足建设项目基本使用功能的基础上，应注重对占地面积的控制。一方面运用全过程造价管理的理论，通过控制建设项目占地面积，可以降低征地费用，降低管线布局成本；另一方面，要运用全生命周期造价管理的思想，考虑到占地面积对未来运营成本的影响，如运营阶段的运输成本、占地的使用成本等。

(3) 功能分区。通过对建设项目进行合理的功能分区，既可以使建筑物相互联系、相互制约的功能充分发挥其作用，又可以使总平面布置紧凑、安全。如在建设施工阶段可以避免大挖大填，减少土石方量和节约用地，降低工程造价。在建设项目的运营期阶段，可以使生产工艺流程顺畅，考虑到全生命周期造价的影响，可以使得运输简便，降低项目的运输成本。

(4) 运输方案的选择。针对不同的建设项目可以有不同的运输方式的选择，不同的运输方式其运输效率及成本不同。例如，有轨运输运量大，运输安全，但需一次性投入大量资金；无轨运输无需一次性大规模投资，但是运量小，运输安全性较差。如果仅仅从降低工程造价的角度，则应尽可能选择无轨运输，以减少占地，节约投资。但是如果考虑到项目运营的需要或者运输量较大的情况，则有轨运输往往比无轨运输成本低。

2）工艺设计

影响工程造价的主要因素包括建设规模、标准和产品方案；工艺流程和主要设备的选型；主要原材料、燃料的供应；“三废”治理及环保措施；生产组织及生产过程中的劳动定员情况。

按照建设程序，建设项目的工艺流程在可行性研究阶段已经确定。设计阶段的任务就是严格按照批准的可行性研究报告的内容进行工艺技术方案的设计，确定具体工艺流程和生产技术。

3）建筑设计

建筑设计部分，首先要考虑到业主所要求的建筑标准。建筑标准的确定一般应根据建筑物、构筑物的使用性质、使用功能以及业主的经济实力等因素确定。当然对于重要的或标志性的建筑，建筑标准可适当提高。同时在确定建筑标准的时候要运用全生命周期造价管理的思想，设计人员与造价咨询人员不仅要考虑到一次性建设费用，也要考虑在建设项目全生命周期阶段的维护和运营费用，使之在整体上达到最优。其次，设计单位或个人要在考虑施工过程的合理组织和施工条件的基础上，决定工程的立体平面设计和结构方案的工艺要求。针对建筑物和构筑物及公用辅助设施的设计标准，提出建筑工艺方案、暖气通风、给排水等问题的简要说明。

建筑设计阶段影响工程造价的主要因素包括以下几方面。

(1) 平面形状。一般地说，建筑物平面形状越简单，它的单位面积造价就越低。当一座建筑物的平面又长又窄或外形做得复杂而不规则时，其周长与建筑面积的比率必将增加，导致室外工程、排水工程、砌砖工程及屋面工程等复杂化，伴随而来的是较高的单位造价。

(2) 结构型式。结构型式的选择既要满足力学要求，同时又必须考虑其经济性。对于大跨度结构，选用钢结构明显优于混凝土结构，对于高层或者超高层结构，框架结构和剪体结构比较经济。当然，结构型式的选择不仅与建筑物的特性有关，也与建筑物的地点、环境相关，如对于抗震要求比较多的地区，混合结构由于整体性差，不宜采用。

(3) 流通空间。建筑物的经济平面布置的主要目标之一，是在满足建筑物使用要求的前提下，将流通空间减少到最小。门厅、过道、走廊、楼梯以及电梯井的流通空间都不能为了获利目的而加以使用，但是需要相当多的采暖、采光、清扫和装饰及其他方面的费用。

(4) 建筑物的体量大小。建筑物的体量大小，直接影响着工程造价，因为建筑物尺寸的加大，一般能引起单位造价(即每平方米建筑面积造价)的降低。因为对于同一项目，某些固定费用，如运输费、现场经费和拆除、材料及构件储存场地、现场临时设施等费用，不一定因建筑面积的扩大而有明显变化，而固定费用占建筑总造价的比率却会相应地降低。

(5) 空间组合。组合包括层高、层数、室内外高差的确定等因素。这些因素对工程造价有很大的影响。例如，在建筑面积不变的情况下，建筑层高增加会引起基础、屋面、楼梯间及电梯、卫生设备、上下水管道、粉刷、装饰等工程数量的增加，从而增加建设投资；不同类型、地段的建筑存在不同的经济层数，一般而言，砖混结构 5～6 层是比较经济的层数，多层厂房比单层厂房经济，不宜超过 4～5 层。高差过大，则建设项目的工程造价提高；高差过小又影响使用以及卫生要求。

2. 设计质量间接影响工程造价

据统计，在工程质量事故的众多原因中，设计责任事故占相当大的比例。不少建筑产品由于缺乏优化设计，而出现功能设置不合理，影响正常使用。有的设计图纸质量差，专业设计之间相互矛盾，造成施工返工、停工的现象，有的造成质量缺陷和安全隐患，给国家和人民带来巨大损失，造成投资的极大消费。震惊全国的宁波大桥事故就是这方面的典型例证。

3. 其他影响因素

1）设计单位或个人的知识水平

设计者的知识水平对工程造价的影响是客观存在的。设计单位或个人要能够充分利用现代设计理念，运用科学的设计方法去优化设计成果，而且要善于将技术与经济相结合，运用价值工程理论去优化设计方案，并能够有效兼顾项目利益相关者的不同利益，从而达到通过设计阶段的成果有效降低工程造价的目的。设计单位或个人应及时与造价咨询人员进行沟通，使得造价咨询人员真正参与到设计工作中来，防止只注重技术性，不注重经济效果的情况发生。

2）建筑材料

建筑材料费用一般占项目总投资的比重比较高。在设计中一般应优先考虑采用当地材料以控制工程造价。当地没有的或不生产的材料在不影响质量安全的条件下，应充分考虑其经济性。建筑材料费用不仅所占比重大，而且也是建筑物主要荷载之一。适当采用新材料可以有效降低工程费用，从而进行造价控制。

3）项目利益相关者

在设计过程中，不应仅仅只是注重工程建设项目的造价问题，同时对于诸如业主、承包商、设计单位、建设单位、施工单位、监管机构等利益相关者的利益也要予以考虑，以达到和谐的目的。

设计过程是具体实现技术与经济对立统一的过程，因此，在总平面图设计、建筑空间和平面设计、建筑结构和建材的选择、工艺技术方案以及设备的造型与设计等主要过程中，要加强技术经济分析和多方案的比选，从而实现设计产品技术先进、稳妥可靠、经济合理，进而达到控制工程投资的目的。

4.1.4 设计阶段投资控制的意义

1. 设计阶段的投资控制对控制项目总投资效果最显著

在项目做出投资决策后，控制项目投资的关键就在于设计。建设项目的设计阶段是决定建筑产品价值形成的关键阶段，它对建设项目的建设工期、工程造价、工程质量以及建成后能否产生较好的经济效益和使用效益，起到决定性的作用。从国内外工程实践及造价资料分析表明，在初步设计阶段，影响项目投资的可能性为75%～95%；在技术设计阶段，影响项目投资的可能性为35%～75%；在施工图设计阶段，影响项目投资的可能性为5%～35%。设计方案一旦确定，方案实施阶段对总投资的影响十分有限。因此，重视设计阶段的投资管理，造价人员较早地参与到设计阶段的工作，对有效控制建设项目总投资有极其重要的意义。

2. 设计阶段的投资控制有利于确定科学、合理、明确的控制目标

确定投资控制目标是投资控制的关键。科学合理的投资控制目标是由设计确立的。决策、设计、施工和投产各阶段都要进行投资控制。决策阶段根据国家或地区的发展规划、社会需求或市场调查分析、筹资能力和投资效益要求，选择投资方案和技术方案，通过投资估算和技术经济分析，拟定投资额度作为投资控制目标。由于很多技术和费用因素的明确程度有限，往往精度较差、有的误差达30%以上。逐步深入的设计，充分利用工程技术和经济信息反复进行技术经济比较，优化设计，科学合理地确定建设项目的功能标准、建筑结构组成、材料设备选型和施工组织等，才能决定工程建设所需要的物化劳动和活化劳动，确定工程建设成本和投资控制目标。从初步设计到施工图设计，不够明确的技术因素及其相应的费用因素逐步明确。从投资控制的角度看，设计阶段性逐步深入的过程就是投资控制目标逐步准确的过程，各阶段的设计过程就是阶段性的投资控制过程。前一阶段的设计为后一阶段明确投资控制目标，后续阶段为实现优化前一阶段建立的投资目标进行控制，直到根据设计编制标底，进行评标、决标和谈判签约形成合同价，以法定效力为施工阶段确立投资控制目标。

3. 设计阶段的投资控制有利于发挥主动控制

控制过程就是不断分析、预测、检查和采取措施，防止或纠正实际状况偏离目标的过程。主动控制是指在预先分析各种风险因素及其导致目标偏离的可能性和程度的基础，拟订和采用有针对性的预防措施，从而减少乃至避免目标偏离。主动控制也可以表述为其他不同的控制类型，即事前控制、前馈控制、开环控制。总的来说，主动控制是一种面对未来的控制。但长期以来，人们一直把控制理解为目标值与实际值的比较，以及当实际值偏离目标值时，分析其产生偏离的原因，并确定下一步的对策。我国普遍忽视主动控制投资的必要性，如忽视工程建设项目前期工作阶段的造价控制，而往往把控制工程造价的主要精力被动地放在施工阶段；审核施工图预算、结算建安工程价款、算细账、“亡羊补牢”事倍功半。要有效地控制建设工程造价，就要真正做到主动控制工程造价，如把工作重点转移到前期设计阶段上来，抓住设计这个关键环节，定能取得较好的投资效益和社会效益，达到事半功倍的效果。

4. 在设计阶段的投资控制可以使造价构成更合理，提高资金利用效率

设计阶段，通过设计概预算可以了解工程造价的构成，分析资金分配的合理性，并可以利用价值工程理论分析项目各个组成部分功能与成本的匹配程度，调整项目功能与成本使其更趋于合理。

5. 在设计阶段的投资控制有利于技术与经济相结合

在设计阶段控制工程造价便于技术与经济相结合。我国工程设计领域长期以来没有做

到技术与经济的优化结合。技术人员缺乏经济观念，设计思想保守，使设计成果的经济性得不到充分体现。而概预算人员由于不熟悉工程技术，也较少地了解工程进展中的各种关系，难以有效地控制工程造价。因此，我们现在应该解决的问题是以提高经济效益为目的，在工程建设过程中将组织、技术与经济有机地结合起来。通过经济分析、技术比较及效果评价，正确处理技术先进与经济合理两者之间的对立统一的关系，力求在技术先进条件下的经济合理，在经济合理基础上的技术先进。控制工程造价的关键是在设计阶段。在设计一开始就将控制投资的思想植根于设计人员的头脑中，以保证选择恰当的设计标准和合理的功能水平。

4.2 设计阶段投资控制的措施和方法

设计方案的选择和优化是设计阶段投资控制的首要内容。设计方案的优选主要采用设计招投标、设计方案竞赛等方式，运用价值工程、技术经济相对立统一等原理从众多的设计单位提供的设计方案中选择最佳的设计方案；设计方案的优化是指，通过推行标准化设计和限额设计，运用价值工程理论，认真地作好技术经济分析和评价，对选定的设计方案进行改进。

4.2.1 设计招投标和设计方案竞赛

改革开放以来，建筑行业引进了竞争机制，实行了招标投标制度。将设计单位推向市场，实行工程设计招投标，将会促使设计人员增强风险意识，提高设计水平和控制项目建设投资，从而达到优化设计的目的。

1. 设计招投标的概念

设计招投标是指招标人以公开或邀请书的方式提出招标项目的指标要求、投资限额和指标条件等，由符合要求的潜在投标人按照招标文件的条件和要求，分别报出工程项目的构思方案和实施计划，然后由投标人开标、评标确定中标人的过程。

设计招标投标行为主要遵循《中华人民共和国建筑法》、《中华人民共和国招标投标法》、《建筑工程设计招标投标管理办法》、《工程建设项目招标范围和规模标准规定》、《建筑工程方案设计招标投标管理办法》(于 2008 年 3 月 21 日颁布，自 2008 年 5 月 1 日起实施)等法律法规。

2. 设计招投标应具备的条件

根据设计条件及设计深度，建筑工程方案设计招标类型分为建筑工程概念性方案设计招标和建筑工程实施性方案设计招标两种类型。

(1) 实行建筑方案设计招标的建筑工程项目应当具备下列条件。

① 政府投资的项目具有经过审批机关同意的项目建议书或可行性研究报告批复，企

业(含外资、合资)投资的项目具有经核准或备案的项目确认书。

② 具有规划管理部门确定的项目建设地点、规划控制条件和用地红线图。

③ 有符合要求的地形图，有条件提供建设场地的工程地质、水文地质初勘资料及水、电、燃气、供热、环保、通信、市政道路和交通等方面的基础资料。

④ 有充分体现招标人意愿的设计任务书。

(2) 概念方案设计招标。

概念设计也是一个参考设计，是一个设计意向及设计理念的体现，其方案还有待进一步深化。实行概念方案设计招标的建筑工程项目应当具备下列条件。

① 具有经过审批机关同意的项目建议书批复或招标人已取得土地使用证。

② 具有规划管理部门确定的项目建设地点、规划控制条件和用地红线图。

③ 项目处于可行性研究阶段，需要更多构思方案比选的，招标人可以根据招标项目的特点和条件提出申请并经批准建设项目。

④ 特大型、大型公共建筑工程和有一定社会影响力的建筑工程为选择优质的方案和优良的设计单位，招标人可以对投标人采取资格预审和进行概念方案设计，经初步评审后比选出三家以上合格候选人再进行方案设计招标。

3. 设计招标的优点

设计招标主要有以下几个优点。

(1) 设计招标有利于方案的选择和竞争。投标方案要想在竞争中取胜，就得有自己的独到之处，要安全、实用、技术先进、造型新颖、打破千篇一律的呆板格局。

(2) 设计招标有利于控制项目建设投资。中标项目一般所作出的投资估算能控制或接近在招标文件规定的投资范围内，并可以让建设单位择优选用设计方案优秀、工程造价低的设计单位进行设计，为投资控制奠定坚实的基础。

(3) 设计招标有利缩短设计周期，降低设计费。缩短设计周期是在设计方案投标中很有竞争能力的一环。在设计收费中可以允许按国家目前收费标准上下浮动，但一般向下浮动设计费投标才有吸引力。除非设计方案突出或设计周期明显缩短，才可以适当提高设计收费，而不至于影响中标机会。

4. 设计方案竞赛

设计方案竞赛通过建设单位以设计方案竞赛公告的方式邀请符合要求的参赛人，按照公告的条件和要求，分别报出工程项目的构思方案和实施计划，然后由建设单位组织专家对方案进行评审，优选出最佳方案的过程。

对于参加设计方案竞赛的单位，无论中选或不中选，凡达到规定的设计深度的参赛者，均应给与合理的费用补偿；中标单位使用未中标单位的方案成果须征得该单位的同意，实行有偿转让，转让费用由中标单位承担。

方案设计竞赛的实施能够集思广益，吸取众多设计方案的优点，使设计更完美。同时，这种方法有利于控制投资，因为选中的项目投资概算是符合投资者给定的投资范围的。

4.2.2 限额设计和标准化设计

1. 限额设计

1）限额设计的概念

传统的设计中，投资主体随意扩大工程规模、提高建设标准，导致工期延误、项目功能与项目投资不成比例等问题比较突出。设计阶段的投资控制就要基于动态经济分析和控制，编制出满足设计任务书要求、造价受控于投资决策的设计文件，限额设计就是据此提出的。所谓限额设计就是按照批准的可行性研究报告及投资估算控制初步设计，按照批准的初步设计总概算控制技术设计和施工图设计，同时各专业在保证达到使用功能的前提下，按分配的投资控制设计，严格控制不合理的变更，保证总投资不被突破。限额设计的投资额一般是指静态的建筑安装工程费用，在确定投资限额时，要充分考虑不同时间投资额的可比性，即考虑资金的时间价值。

2）限额设计的意义

限额设计有如下几个意义。

(1) 有利于有效的控制工程造价。设计工作是在限定的投资额度之内进行，通过许多行之有效的措施，层层限额。在设计过程中，进行多方案比较，使其既能满足建设项目的功能要求，又使其造价合理，通过全过程跟踪管理，对设计过程中发生的造价变化迅速做出决断，确定设计限额不被突破，从而达到有效控制工程造价的目的。

(2) 有利于增强建设单位和设计单位的经济意识。长期以来，设计人员普遍重视技术问题，轻视经济问题，缺乏投资控制意识。限额设计贯穿于设计阶段的全过程之中，要求建设单位人员和设计单位人员参与对工程建设项目的投资控制，因而推行限额设计有利于增强建设单位、特别是设计单位人员的经济意识。

(3) 有利于明确各方投资控制的责、权、利。在限额设计条件下，建设单位和设计单位签订设计承包合同，从而以合同的形式，明确双方共同遵守的条款和各自的权利、义务，并相互约束，共同完成对项目投资控制的目的。

(4) 有利于科学合理的节约建设投资。限额设计并不是单纯节约投资，盲目的追求低造价。它是坚持科学，坚持实事求是，采用优化设计，使技术和经济紧密结合，通过技术比较、经济分析和效果评价，力求在技术先进条件下的经济合理，在经济合理条件下的技术先进，以最少的投入创造最大的效益，从而节省工程建设项目的投资。

3）限额设计的目标

(1) 限额设计目标的确定。限额设计目标是在初步设计开始前，根据批准的可行性研究报告及其投资估算确定的。限额设计指标经项目经理或总设计师提出，经主管院长审批下达，其总额度一般只下达直接工程费的90%，以便项目经理或总设计师和室主任留有一定的调节指标，限额指标用完后，必须经批准才能调整。专业之间或专业内部节约下来的单项费用，未经批准，不能相互调用。虽然说限额设计是设计阶段控制造价的有效方法，但工程设计是一个从概念到实施的不断认识的过程，控制限额的提出也难免会产生偏差或错误，因此限额设计应以合理的限额为目标。如果限额设计的目标值缺乏合理性，一方面目标值过低会造成这个目标值被突破，限额设计无法实施；另一方面目标值过高会造成投资浪费现象严重。限额设计目标值的提出绝不是建设单位和领导机关或权力部门随意提出的限额，而是对整个建设项目进行投资分解后，依据各个单项工程、单位工程、分部分项工程的各个技术经济指标提出科学、合理、可行的控制额度。在设计过程中一方面要严格按照限额控制目标，选择合理的设计标准进行设计，另一方面要不断分析限额的合理性，若设计限额确定不合理，必须重新进行投资分解，修改或调整限额设计目标值。

(2) 采用优化设计，确保限额目标的实现。优化设计是以系统工程理论为基础，应用现代数学方法对工程设计方案、设备选型、参数匹配、效益分析等方面进行最优化的设计方法。它是控制投资的重要措施，在进行优化设计时，必须根据问题的性质，选择不同的优化方法。一般来说，对于一些确定性问题，如投资、资源消耗、时间等有关条件已确定的，可采用线性规划、非线性规划、动态规划等理论和方法进行优化；对于一些非确定性问题，可以采用排队论、决策论等方法进行优化；对于设计流量的问题，可以采用图与网络理论进行优化。优化设计通常是通过数学模型进行的。一般工作步骤是，首先，分析设计对象的综合数据，建立设计目标；其次，根据设计对象的数据特征选择合适优化方法，并建立模型；最后，用计算机对问题求解，并分析计算结果的可行性，对模型进行调整，直到得到满意结果为止。

4) 限额设计的过程

在设计阶段推行限额设计程序，就必须合理明确地设置限额设计的投资分配，并按设计程序，分阶段层层控制总投资，形成纵向控制，同时在各设计阶段，按照各专业进行投资分解，分块限额实现横向控制。

(1) 投资分配。投资分配是实行限额设计的有效途径和主要方法。投资分配是指将上一阶段审定的投资额作为投资控制的目标，再将该项总体限额目标层层分解后，确定各专业、各工程或者各分部分项工程的分项目标。设计任务书获批后，设计单位在设计之前应在设计任务书的总框架内将投资先分解到各专业，然后再分解到各单项工程和单位工程，作为初步设计的投资控制目标。通过层层分解，实现了对投资限额的控制与管理，也就同时实现了对设计规模、设计标准、工程量及概预算指标等方面的控制。

(2) 限额设计的纵向控制。通过实施纵向控制，保证限额设计贯穿到各个设计阶段，而在每一阶段中又必须贯穿到各个专业的各个工序，使各个环节相互连接成有机的整体。在每个专业、每道工序中都要把限额设计作为重点工作内容，明确限额目标，实行工序管理。限额设计的纵向控制应注意以下几个环节。

① 初步设计要重视方案选择，按审定的可行性研究阶段的投资估算进一步落实投资可能性。初步设计应该是多方案比较的结果，是项目投资估算的进一步具体化。在初步设计阶段，对关键设备、工艺流程、总图方案、主要建筑和各种费用指标要提出技术经济评价，科学决策，以保证投资限额的实现。如发现重大设计方案或某项费用超出批准的可行性研究报告中的投资限额，应及时反馈，并提出解决办法。在初步设计限额设计中，各专业人员应强化控制工程造价意识，同时引入竞争机制，增强危机感和紧迫感。

② 施工图设计阶段的限额设计。在施工图设计阶段，设计必须严格按照批准的初步设计所确定的原则、范围、内容、项目和投资额进行。当建设规模、产品方案、工艺流程或设计方案发生重大变化时，必须重新编制或修改初步设计及其概算。施工图设计阶段的投资分解和工程量控制的项目划分，应在与概算书要求相一致的前提下，由设计和技术人员协商并经总设计师审定。施工图阶段的限额设计的重点应放在工程量控制上，各专业、各工序实施限额设计，以保证总限额的实现。

③ 加强设计变更管理。在初步设计阶段，由于外部条件的制约和人们主观意识的局限，往往会造成施工图设计阶段，甚至施工过程中的局部修改和变更。这是使设计、建设更趋完善的正常现象，但是由此却会引起对已经确认的概算价值的变化。这种变化在一定范围内是允许的，但必须经过核算和调整。如果施工图设计变化涉及建设规模、产品方案、工艺流程或设计方案的重大变更，使原初步设计失去指导施工图设计的意义时，必须重新编制或修改初步设计文件，并重新报原审查单位审批。对非发生不可的变更，应尽量提前实现，以使损失降到最低。对影响工程造价的重大设计变更，要用先算经济账，后变更的办法解决，使工程造价得到有效控制。

(3) 限额设计的横向控制。限额设计横向控制的主要工作，就是健全和加强设计单位内部的经济责任制，同时要实行限额设计的节奖超罚。应注意以下几个环节。

① 建立内部限额设计责任制，将责任层层分解，落实到个人，要明确总设计师、工程经济师负责人、概预算编制人员、专业负责人和设计人员在限额设计中的岗位职责，确立技术、经济、质量互为一体的观念。在工程设计过程，做到每一笔都对“投资控制”负责；未经总设计师书面同意，不得对施工或业主单位承诺任何设计规模、标准、价格的设计变动；凡需增减设计子项，不论其大小，只有在各专业投资范围内增减。

② 实行限额设计的节奖超罚。设计单位通过采用新设备新工艺或通过优化设计，节约了工程投资，应根据节约投资额的大小，给予设计单位相应的奖励。另外，因设计单位设计错误、漏项、扩大规模和任意提高标准而导致工程静态投资超支，要扣减设计单位的设计费。

5) 限额设计的主要内容

限额设计贯穿项目可行性研究、初步勘察、初步设计、详细勘察、技术设计、施工图设计各个阶段，并且在每一个阶段中贯穿于各个专业的每一道工序。各专业限额设计的实现是限额设计目标得以实现的重要保证。限额设计控制工作包括如下内容。

(1) 重视设计中的方案选择。在初步设计阶段，由于初步设计应为多方案比较选择的结果，是项目投资估算的进一步具体化。在初步设计开始时，项目总设计师应将可行性研究报告的设计原则向设计人员交底，对关键设备、工艺流程、总图方案、主要建筑和各项费用指标提出技术经济比选方案，要研究实现可行性研究报告中投资限额的可能性。特别要注意对投资有较大影响的因素，并将任务和规定的投资额分专业下达到设计人员，促使设计人员进行多方案比选。

(2) 注重新技术、新设备、新工艺的应用。设计理论的落后往往带来工程造价的增加，要促使设计人员进行多方案的比选，尤其要注意运用技术经济比较的方法，使选择的设计方案真正做到技术可行、经济合理。

(3) 确定研究重点，考虑对限额设计有较大影响的因素。设计方案、结构选型、平面布置、空间组合等都是影响工程造价最为敏感的因素，在设计过程中应该重点研究这些因素。

6) 限额设计过程中应注意的问题及改进的措施

在积极推行限额设计的同时，还必须认识到它的不足，从而在推行过程中加以完善和改进。其不足主要表现在以下几个方面。

(1) 限额设计的本质是投资控制的主动性，若是设计完成后发现概算超了，再进行变更满足设计限额的要求，则会使投资控制处于被动地位，也会降低设计的合理性。在这一点上限额设计理论及操作技术有待于进一步探索和发展。

(2) 限额设计中的限额包括投资估算、设计概算、设计预算等，均是指建设项目的一次性投资，而对项目建成后的维护费、项目使用后的报废拆除费用则考虑较少，这样就可能出现限额设计效果好，但项目的全寿命费用不一定经济的现象。

(3) 限额设计由于突出地强调设计限额的重要性，使价值工程中提高价值的两条途径(造价不高，功能提高；造价提高，功能有更大程度提高)在限额设计中不能得以充分运用，往往会使一些新颖别致的设计受设计限额的限制不能得以实现。

在运用限额设计的过程中，针对以上不足应采取相应的预防措施进行改进和完善。

(1) 详细调查并分析研究外部环境条件，确定哪些影响目标实现和计划运行的有利和不利因素；用科学的方法制订计划，预防偏离的发生：加强信息收集、整理和研究工作，为预测工程项目未来发展状况提供全面、及时、可靠的信息。

(2) 在限额设计中，要适当考虑工程运行、维修、管理等过程的费用，降低工程全寿命费用。

(3) 合理分解和使用投资限额。不要死抠限额不放，如确实在投资确定以后发现有更好的设计方案，可适当增加投资，报请主管部门批准后，允许调整或重新确定限额。这是对“限额”的理解和认识上需要求得共识、研究和完善之处。

2. 设计标准规范化和标准化设计

1) 设计标准的概念及意义

设计标准，是国家的重要技术规范，是进行项目建设勘查、设计、施工及检验的重要依据，各类建设项目的设计都必须依据相应的标准规范，它是进行工程建设技术管理的重要组成部分，与项目投资控制密切相连。

设计标准规范来源于工程建设实践经验和科研成果，是项目建设必须遵循的科学依据。大量成熟的、行之有效的实践经验和科技成果纳入标准规范加以实施，特别是优秀设计标准规范，给工程建设项目带来的经济效益意义有①有利于降低投资、缩短工期；②有的设计规范虽不能直接降低项目投资，但能降低项目的全寿命费用；③可能使项目投资增加，但保证了生命财产安全，从宏观上讲，经济效益是好的。

例如，选用《工业与民用建筑灌注桩基础设计与施工规范》标准，既能加快基础工程进度，又能降低投资。同预制桩相比，每平方米建筑可降低投资约 30%，节约钢材 50%，全国每年可节约钢材 6 万吨，并避免了预制桩施工带来的振动、噪音污染，经济和社会效益都十分明显。

2）标准化设计的概念及意义

标准化设计(也称为定型设计、通用设计或复用设计)是工程建设标准化的组成部分，各类工程建设的构件、配件、零配件、通用的建筑物、构筑物、公用设施等，只要有条件的都应使用标准化设计。

推广标准化设计的意义有以下几方面。

(1) 可以节约设计费用，大大加快提供设计图纸的速度(一般可以加快设计速度 1～2 倍)，缩短设计周期，且能较好的执行国家的技术经济政策。

(2) 有利于构件预制厂生产标准件，能使工艺定型，容易提高工人技术，而且容易使生产均衡和提高劳动生产率以及统一配料、节约材料，有利于构配件成本的大幅度降低(如标准构件仅为非标准构件木材消耗的 25%)。

(3) 可以使施工准备工作和定制预制构件等工作提前。模板定型，可重复使用，能使施工速度大大加快，缩短工期，降低成本。

据上海的调查资料表明：采用标准构件的建筑工程可降低费用 10%～15%。标准化设计既经济又实用，一般都能使工程造价低于非标准化的设计造价。标准化设计的推广，能适合我国的自身条件和技术发展水平，也能合理地利用能源、资源、材料和设备，是在设计阶段有效控制和降低工程造价的方法之一。

4.2.3 价值工程在限额设计中的应用

1. 价值工程的概念

价值工程(value engineering，VE)，又称价值分析，是 20 世纪 40 年代发展起来的一门技术和经济结合起来分析的技术。它由单个零件的材料代用和单个作业工序的改进开始，发展到整机设计、整个生产工艺的改进和创造更好的新方案等领域。价值工程发展到 60 年代初已被公认为一种成熟而行之有效的节约资源、降低成本的技术经济方法。它以其实用、灵活和行之有效等特点受各国重视而推广应用。价值工程与工业工程、质量管理和系统工程等方法相结合，取得了更为显著的经济效益。

2. 价值工程的特点

价值工程是通过对产品的功能分析，使之以最低的总成本，可靠地实现产品的必要功能，从而提高产品价值的一套科学的技术经济方法。它是处理工程造价和功能矛盾的一种现代化方法。运用这一种方法，就可以通过功能细化，把多余的功能去掉，对造价高的功能实施重点控制，从而最终降低工程造价，实现建设项目经济效益、社会效益和环境效益的最佳结合。价值工程活动有以下几个特点。

(1) 价值工程的目标是最低的寿命周期成本。所谓寿命周期成本是指产品从设计、制造、使用、直到报废时各环节成本的总和。价值工程是以降低寿命周期成本为目标的，它不仅要考虑降低生产成本，包括设计制造两部分费用，还要考虑尽量降低产品的使用成本。因用户购买产品不仅考虑购置费用，还考虑其寿命期限内的使用费，所以只有寿命周期费用最低的产品才是用户最欢迎的，这时产品的竞争能力才得以提高。

(2) 价值工程的核心是对产品(或作业)进行功能分析。价值工程能在保证产品(或作业)必要功能前提下降低成本，这一方法之所以比其他方法更有效，关键在于对产品进行功能分析。通过功能分析，可以发现哪些功能是必要的，哪些功能是不必要的或过剩的，同时可搞清功能间的关系。在此基础上提出改进方案，去掉不必要的功能，削减过剩功能，补足必要功能，广泛吸收科技新成果，为创造最优方案，使产品的功能结构更为合理，提出了十分有利的条件。

(3) 价值工程是有组织的活动。价值工程活动不是依靠个别人、个别部门就能开展起来的，而是必须有领导有组织地进行才能达到预定目标，取得成效。一种产品的改进方案，从方案提出，进行试验，到最后付诸实施，都是有领导有组织地发挥各部门和有关人员的集体智慧、共同努力、通力合作的结果。根据日本开展VE活动的报导资料，工人提出的改善提案(相当于我国的合理化建议)一般能降低成本5%，技术人员的提案一般能降低成本10%～15%，有组织的VE活动可降低成本30%以上。

3. 价值工程的评价法方法

价值工程作为一种思想，逐渐发展、逐渐成熟，在功能评价方面形成了以下几种具有代表性的方法。

1) 价值标准评价方法——绝对值法

绝对值法是直接用实现这一功能所需的成本来表现该功能，即直接用货币来表现功能的方法。评价功能大小的价值系数是用实现这一功能的最低成本与该功能目前实际成本的比值来表示的，即

$$V=\frac{C_{\min}}{Co} \tag{4-1}$$

式(4-1)中，V——功能的价值系数；

$C_{\min}$——实现功能的最低成本；

Co——该功能的目前成本。

由式(4-1)可知，V值应小于等于1。Co与$C\min$的差值是成本可以降低幅度的最大期望值。价值系数较低的功能就应作为重点改进对象。

2) 功能重要性系数评价方法——相对值法

相对值法是先求出分析对象的功能评价系数(又称功能重要度系数)和成本系数，然后用两个系数相比，求出价值系数(又称价值指数)，再根据价值系数进行分析。即

$$V_i=\frac{F_i}{C_i} \tag{4-2}$$

式(4-2)中，V_i——功能的价值指数；

F_i——功能评价系数；

C_i——成本系数。

综合分析所求得的价值系数有下述三种情况。①价值系数等于或近似等于1，说明该评价对象的功能与成本匹配较合理，可不作重点改进对象；②价值系数小于1，说明该评价对象的功能与成本匹配不合理，成本比重过大，应作为重点改进对象来研究；③价值系数大于1，说明该评价对象的功能与成本匹配不合理，成本比重过小。对此应作具体分析，若这个功能很重要，由于成本比重过小而影响到功能的实现。若有些功能由于本身特点而很重要，但因本身成本低廉，则可不必人为地增加成本。

3) “最合适区域”法

“最合适区域”法是日本东京大学田中教授于1973年在美国价值工程师学会举办的国际学术讨论会上提出的，所以又叫田中法。“最合适区域”法的原理与功能系数评价法是一致的，认为价值系数在1附近是合适的，可不作为改进对象。但田中认为，在考虑价值系数相同或相近的零件时，应根据功能系数与成本系数绝对值的大小区别对待。绝对值大的从严控制(允许的“区域小”)，绝对值小的可适当放宽(允许的“区域大”)。

4. 价值管理在设计阶段的应用

1) 价值管理在项目设计方案优选中的应用

价值管理在建设项目的设计阶段中的应用，重要的是要考虑到项目业主的价值取向和对业主强烈持有的价值观的理解。设计过程中引入价值管理，可以在设计的最初阶段对设计的本质问题进行探察。

在设计阶段进行价值管理采用的是一种开放式的讨论环境，借助这种方式可以使得业主、设计师和用户等项目利益相关者之间达成共识；可以让最重要的价值理念成为设计的方向，并且确保那些重复出现的价值理念不会在不经意中被忽略掉；可以鼓励业主和用户对设计方案建立自己的实践和设计理念，以便使设计师能从这些观点中获益。这是一种在设计过程中使价值问题转化为设计因素的方法。

2) 建设项目设计阶段的价值分析

设计阶段对价值问题的分析，应该首先是对项目的利益相关者的需求进行分析。在设计阶段中，可以通过不断地对项目的目标提出问题，对设计方案提出问题，然后通过寻求这些问题的答案来确定项目的价值。设计过程中的价值管理，就是一个项目利益相关者互相沟通的过程。

目前在设计过程中，很多时候是以合同或专业知识为基础进行设计，设计人员很容易忽略项目其他方面的价值体现，某些设计方案会耗费大量的时间和金钱。而在设计的过程中应用价值管理，能够避免就设计任务进行设计或者是仅以合同规定进行设计带来的一些缺陷。

所以，建设项目的价值应该反映业主、设计人员、使用者以及所有建设工程项目利益相关者的需求和目标。建设工程项目设计过程中不能简单地将价值与功能等同起来，需要在设计中充分考虑项目利益相关者的需求和价值实现，除了重点考虑那些关键利益相关者的利益，对一些潜在的利益相关者的利益也应予以充分考虑。

对项目利益相关者的需求分析，不应仅仅反映在设计过程中，整个项目寿命周期都应该将项目利益相关者的价值实现问题放在重要位置。在项目实施过程中进行价值管理，其实也就为对这些利益相关者的需求分析提供一个互相沟通的平台。

5. 在设计阶段运用价值工程的内容和分析步骤

1）对象选择

在设计阶段应用价值工程控制工程造价，应以对控制工程造价影响较大的项目作为价值工程的研究对象。常用的方法包括ABC法、比较法、经验分析法。

2）功能分析

建筑功能是指建筑产品满足社会需要的各种性能的总和。不同的建筑产品有不同的使用功能，它们通过一系列建筑因素体现出来，反映建筑物的使用要求。

功能分析是价值分析法的核心问题，也是最难以把握的。对于一个要分析的对象怎样把握、表达、明确其功能特性，直接关系到其价值的评价值。功能分析一般包括以下内容。

(1) 功能分类。从不同的角度功能可以划分为使用功能和美学功能，基本功能和辅助功能，正功能和负功能。

(2) 功能定义，即为分析对象的功能下定义，限定其内容，使各项功能具有相对的独立性。功能的定义既要简明准确，又要便于测定和量化。

(3) 功能整理，即将已经定义的功能加以系统化，找出其间的相互逻辑关系，以明确评价对象的功能系统，从而为功能评价和方案构思提供依据。

3）功能评价

功能评价主要是比较各项功能的重要程度，用0～1评分法、0～4评分法、环比评分法等方法，计算出各项功能的功能评价系数，作为该功能的重要度权数。

4）价值分析与改进

根据功能分析的结果，提出各种实现功能的方案。如果是方案的优化选择问题，则功能评价完成后，价值分析也结束；如果是方案的功能成本分析，则还需要对功能评价结果提出改进，即根据其大小进行改进意见分析。

4.2.4 寿命周期成本理论在设备选型中的应用

1. 寿命周期成本的含义

寿命周期成本是指产品从研制、生产到经济寿命期结束整个期间的成本，即从用户提出需要某种产品而开始研制起，到满足用户使用需要为止的整个时期的产品成本。包括以下两方面。

(1) 制造成本。制造成本是指产品在研制和生产阶段上所发生的费用，包括产品的科研、试验、设计、试制及生产的费用。

(2) 使用成本。使用成本是指产品投入使用后所发生的费用，包括产品使用过程中的能源消耗、维修费用和管理费用。

2. 在设计阶段应用寿命周期成本理论的意义

建设项目的使用功能在决策和设计阶段就已基本确定，项目的寿命周期成本也已基本确定，因此，决策和设计阶段就成为寿命周期成本控制潜力最大的阶段，在决策和设计阶段进行寿命周期成本评价有着极其重要的意义。

(1) 寿命周期成本评价能够真正实现技术与经济的有机结合。设计阶段控制成本的一个重要原则是技术与经济的有机结合。

传统的成本控制方法是设计人员从技术角度进行方案设计，然后由经济人员计算相关费用，再从费用角度调整设计方案。或者先制定限额目标，设计人员在设计限额内进行方案设计。这种是方法技术和经济相互割裂的两个过程。而寿命周期成本评价将寿命周期成本作为一个设计参数，与其他功能设计参数一同考虑进行方案设计，真正实现了技术与经济的有机结合。

(2) 寿命周期成本为确定项目合理的功能水平提供了依据。不同类型的建设项目，其功能水平有不同的指标来衡量。人们当然希望项目的功能水平越高越好，但是，较高的功能水平往往需要高额的建设成本，而节约建设成本又会导致项目功能水平降低。这是一种两难的选择，尤其是公共投资项目，由于市场的不完善性，无法通过市场确定其合理的功能水平，导致很多公共投资项目超标准建设。而寿命周期成本评价为设计阶段确定项目的合理功能水平提供了依据，即费用效率尽可能大，并且寿命周期成本尽可能小的功能水平是比较合理的功能水平。

(3) 寿命周期成本评价有助于增强项目的抗风险能力，寿命周期成本评价在设计阶段即对未来的资源需求进行预测，并根据预测结果合理确定项目功能水平及设备选择，并且鉴别潜在问题，使项目对未来的适应性增强，有助于提高项目的经济效益。

(4) 寿命周期成本评价可以使设备选择更科学，在建设项目的运行过程中，还需要对项目的功能不断地进行更新，以适应技术进步和外界经济环境的变化。项目运营过程中功能的更新主要是通过设备更新来实现。因此，在建设项目的设计阶段就综合考虑技术进步、项目寿命及设备投资等因素，可以使设备选择更科学。

3. 在设备选型中应用寿命周期成本评价方法的步骤

寿命周期成本理论在设计阶段设备选型的应用寿命周期成本评价是一种技术与经济有机结合的方案评价方法，它要考虑项目的功能水平与实现功能的寿命周期费用之间的关系。这种方法在设备选型中应用较为广泛，对于设备的功能水平的评价一般可用生产效率、使用寿命、技术寿命、能耗水平、可靠性、操作性、环保性和安全性等指标。在设备选型中应用寿命周期成本评价方法的步骤如下。

(1) 提出各项备选方案，并确定系统效率评价指标。

(2) 明确费用构成项目，并预测各项费用水平。

(3) 计算各方案的经济寿命，作为分析的计算期。

(4) 计算各方案在经济寿命期内寿命周期成本。

(5) 计算各方案可以实现的系统效率水平，与寿命周期成本相除计算费用效率，费用效率较大的方案较优。

4.2.5 推行设计监理制度

设计是工程建设的灵魂，设计方案的优劣，直接关系到工程的功能、投资效益以及安全运行，对勘测设计加强管理，是完善工程项目法人负责制的一项有效措施，因而对设计进行有效的管理和监督是必要的。

1. 设计监理的含义

设计监理就是监理单位受建设单位委托对设计单位进行的勘测设计工作过程及勘测设计成果进行质量、进度以及工作费用实行控制和管理，以使设计单位提交满足勘测设计合同需要的、技术经济指标较优的勘测设计成果，并提供满意的技术服务。通过设计监理达到既保证工程项目安全可靠又最大限度提高其实用性和经济性。

设计监理的重点应放在施工图设计阶段，通过监理检查施工图是否根据已批准的初步设计进行深化，检查工程设计是否符合有关的规定、规范及标准，把好设备选型关，审查设计采用的新材料、新技术、新工艺是否符合规范要求，并研究其可靠性、安全性、经济性，综合协调各专业，避免或减少图纸变更。通过审查与复核验证其限额设计情况，对概算与预算按专业分析做出分析，控制工程设计阶段的投资。

2. 设计监理的工作内容

设计监理的工作内容有以下几方面。

(1) 根据工程立项的预可行性研究报告和有关批文，审查勘测设计单位的“设计大纲”。

(2) 组织工程设计方案投标和评定设计方案。

(3) 协助项目法人选择勘测设计单位，委托勘测设计任务，帮助签订(下一阶段)勘测设计合同。

(4) 督促、检查勘测设计合同的执行，进行设计质量、进度和费用控制。

(5) 进行勘测设计预可研阶段以后各阶段的设计成果审查，使勘测设计单位提交可行性研究成果、招标设计成果和施工详图。

(6) 过程中进行必要的设计方案的研究、核算。

3. 设计监理实施现状

基本建设项目推行了项目法人(业主)负责制、招标投标制、建设项目监理制和合同管理制。基本建设工程的勘察设计项目实行上述“四制”比起工程建设项目工程来还滞后很多。特别是勘察设计项目监理制还未普遍实施。究其原因，主要有以下几方面。

(1) 我国勘测设计单位原来是按行业分属各部门，条块分割管理的。计划经济时期，其勘测设计任务由上级主管部门下达。目前，勘测设计单位正在由事业单位向企业单位转化，但还没有真正脱离部门领导，推向社会。近年来，各个行业的勘测设计企业化的改革力度很大，但发展很不均衡。

(2) 我国基本建设项目大多是由国家投资兴建的公共工程项目，许多项目是项目的可行性研究完成报国家批准后才组建项目业主，由项目业主代表国家管理该项目。许多大型工程项目，勘测设计单位比业主先介入项目，仅由设计单位与业主签订“勘测设计合同”，谈不上业主对设计项目进行招标。

(3) 我国规范勘测设计市场的法律、法规和相应的勘测设计市场管理制度还不健全。尽管我国在2000年颁布了《建设工程勘察设计合同管理条例》，但我国勘测设计市场发育不完善，相应的设计规程规范、勘察设计收费办法、勘测设计资质管理等文件和条例等有很多部分不适宜市场管理体制的需要。

4. 推广设计监理亟待解决的问题

推广设计监理对于更好地控制工程勘测设计质量、设计进度和控制投资有重要意义。在我国全面推广设计监理，有许多工作要做。目前，主要要解决以下几方面的问题。

(1) 国家主管部门要出台相应的设计市场管理文件，健全设计监理行业指导文件，规范设计监理的工作内容和行为，规范设计监理行业的收费标准。以方便勘测设计工作的管理。主要要搞好设计资质管理和咨询资质管理，建立设计和监理单位的资质认证和信誉管理制度，资质认证和市场准入和清出、处罚等要结合起来，以便在设计、咨询领域扶优扶强，优胜劣汰。要求设计监理具备高水平的专家，并且有独立、公正的立场。

(2) 要逐步推行勘测设计招投标制，打破设计垄断的局面，这项工作可以先从中小型工程做起。

(3) 要形成有资质的、拥有大批专家的、有独立法人地位的设计监理单位的群体，从而形成竞争态势，咨询和设计单位都可以从事这方面的业务。另外设计监理单位内部也要强化项目管理，树立服务意识。

4.2.6 设计费方法改革

传统的按投资或者按面积收费的方式都不利于设计阶段的投资控制。推行设计收费与工程设计成本节约相结合的办法，制定设计奖惩制度，对节约成本的设计者给予一定比例分成，从而鼓励设计者寻求最佳设计方案，防止不顾成本，随意加大安全系数现象。充分显示出经济杠杆的力量，使设计和工程投资有机地结合起来。

目前我国的设计投标主要是从功能、技术、美观等角度来评价设计方案的优劣，而较少考虑方案的经济指标，这显然不利于建设项目投资的控制。同时，现行设计费计取方式不甚合理，这是因为目前设计费的多少取决于工程总造价的高低或建筑面积的大小，费用本身只反映了设计的程度，而没有考虑造价的合理性和经济效益的因素。

把设计费计取方法改为，在初步设计阶段和技术设计阶段可以采用如下记取方法：

$$\text{设计费}=\text{估算数额}\times\text{基本费率}+(\text{估算数额}-\text{概算数额})\times\text{奖励费率} \quad (4-3)$$

在施工图设计阶段可采用如下记取方法：

$$\text{设计费}=\text{概算数额}\times\text{基本费率}+(\text{概算数额}-\text{预算数额})\times\text{奖励费率} \quad (4-4)$$

在现有的收费基础上，加入了节约投资提成的数额。当“估算－概算”或“概算－预算”为负值时，则又加入了超出投资扣减设计费的惩罚方式。设计方案越经济，设计单位就能获利更大的经济效益，从而引导设计人员为业主节约资金而进行创造性的工作。推行工程造价和设计方案相结合的设计招标及设计费计取方法，可以促使设计单位和设计人员不仅在建筑造型、使用功能上动脑筋，而且要在如何降低工程造价上下工夫。为此，设计单位需要增加一批，既懂技术、又懂经济的技经专家，技经专家在设计过程中应及时对投资进行分析比较，积极反馈投资信息，能动地影响设计。一个优秀的设计方案，既要建筑造型美观，又要造价合理，从而保证建设单位的经济效益。

4.3 设计概算的编制与审核

4.3.1 设计概算的基本内容

1. 设计概算的概念

设计概算是设计文件的重要组成部分，是在投资估算的控制下，由设计单位根据初步设计(或扩大初步设计)图纸及说明、概算定额(或概算指标)、各项费用定额或取费标准(指标)以及设备、材料预算价格等资料，编制和确定的建设项目从筹建至竣工交付使用所需全部费用的文件。采用两阶段设计的建设项目，初步设计阶段必须编制设计概算，施工图设计阶段编制施工图预算；采用三阶段设计的建设项目，技术设计阶段必须编制修正概算。

2. 设计概算的编制依据

设计概算的编制依据有以下几方面。

(1) 可行性研究报告和批准的计划任务书。

(2) (扩大)初步设计图纸及说明书、设备表、材料表等有关资料。

(3) 建设地区自然条件和技术经济条件资料。

(4) 建设地区的工资标准、材料预算价格和设备价格等资料。

(5) 国家、省、直辖市、自治区现行的概算定额、概算指标或综合预算定额。

(6) 国家、省、直辖市、自治区颁布的现行取费标准和费用定额。

(7) 类似工程的概算、预算和技术经济指标等。

3. 设计概算的编制要求

设计概算的编制要求保证概(预)算编制依据的合法性、时效性、适用性和概(预)算报告的完整性、准确性、全面性。通过概(预)算对设计方案做出客观经济评价，又符合设计的合理性、经济性和可靠性要求。

设计概算编制的工程数量应基本准确、无漏项。概算和预算深度应符合现行编制规定，即采用定额取费标准正确，选用价格信息符合市场情况，计算无错误，经济指标分析处理、计价正确。

4. 设计概算的内容

设计概算可分为单位建筑工程概算、单项工程综合概算和建设项目总概算三级。各级概算之间的相互关系如图 4.2 所示。

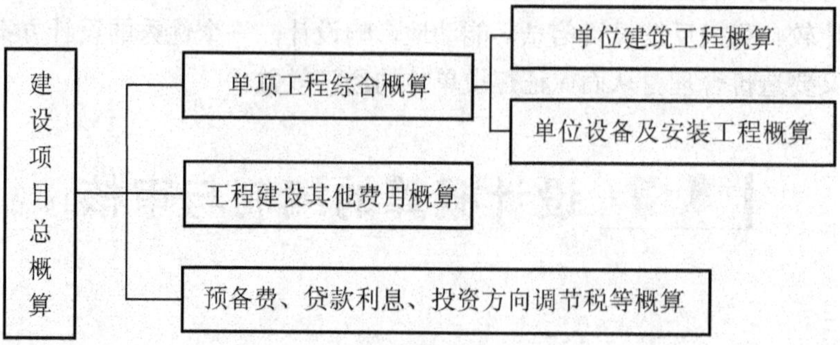

图 4.2　建设项目总概算内容

1）单位建筑工程概算

单位建筑工程概算是确定各单位工程建设费用的文件，包括各单位工程概算和单位设备及安装工程概算两类，形成建筑工程概算表，如表 4－1 所示。

表 4－1　建筑工程概算表

项目名称：　　　　　　　　　　　　　　　　　　　　　　　　　　　　编号：

序号	定额编号	项目名称	工程量		单价/元				合价/元			
			单位	数量	基价	人工费	材料费	机械费	金额	人工费	材料费	机械费

编制单位：　　　　　　　　　　　　编制人：　　　　　　　　　　　　年　　月　　日

建筑工程概算包括土建工程概算，给排水、采暖工程概算，通风、空调工程概算，电气、照明工程概算，弱电工程概算，特殊构筑物工程概算等；设备及安装工程概算包括机械设备及安装工程概算，电气设备及安装工程概算以及工器具及生产家具购置费概算等。

2）单项工程综合概算

单项工程综合概算是确定一个单项工程所需建设费用的文件，是由单项工程中的各单位工程概算汇总编制而成的，是建设项目总概算的组成部分。单项工程综合概算的组成如表 4－2 所示。

3）建设项目总概算

建设项目总概算由各单项工程综合概算，工程建设其他费用概算以及预备费、投资方向调节税、贷款利息概算等汇制而成。建设项目总概算如表 4－3～表 4－6 所示。

表 4-2 单项工程综合概算表

项目名称： 编号：

序号	单位工程名称	概算价值/元						技术经济指标	占投资源/%	备注
		建筑工程费	安装工程费	设备购置	工器具和生产用具购置	其他	总价值			
1	建筑工程费									
1.1	土建及装饰装修工程									
1.2	建筑安装工程									
1.2.1	给排水工程									
1.2.2	采暖通风工程									
1.2.3	电气照明工程									
3	设备及安装工程费									
3.1	××××××									
3.2	××××××									
4	工器具和生产用具购置									
5	其他									
合计										
占综合概算的比例										

编制单位： 编制人： 年 月 日

表 4-3 总概算表

项目名称： 编号： 总概算价值：

序号	单位工程名称	概算价值/元						技术经济指标	占投资源/%	备注
		建筑工程费	安装工程费	设备购置	工器具和生产用具购置	其他	合计			
一	第一部分工程费用名称									
(一)	主要生产和辅助生产项目小计									
1	×××车间									
2	×××车间									
…	……									

续表

序号	单位工程名称	概算价值/元						技术经济指标	占投资源/%	备注
		建筑工程费	安装工程费	设备购置	工器具和生产用具购置	其他	合计			
(二)	公用设施项目小计									
1	水泵房									
2	变电室									
…	……									
(三)	生活、福利、文化、教育及服务项目小计									
1	职工住宅									
…	……									
二	第二部分工程建设其他费用									
1	土地、青苗补偿费									
…	……									
三	预备费									
四	建设期贷款利息									
五	固定资产方向调节税									
六	总概算值									
七	投资比例									

编制单位： 编制人： 年 月 日

表 4-4 总概算对比表

总概算编号： 工程名称： 单位：万元 共 页 第 页

序号	工程项目或费用名称	原批准概算					调整概算					差额(调整概算－原批准概算)	备注
		建筑工程费	设备购置费	安装工程费	其他费用	合计	建筑工程费	设备购置费	安装工程费	其他费用	合计		
一	工程费用												
1	主要工程												
(1)	××××××												
…	……												
2	辅助工程												

续表

序号	工程项目或费用名称	原批准概算					调整概算					差额(调整概算－原批准概算)	备注
		建筑工程费	设备购置费	安装工程费	其他费用	合计	建筑工程费	设备购置费	安装工程费	其他费用	合计		
(1)	××××××												
…	……												
3	配套工程												
(1)	××××××												
…	……												
二	其他费用												
1	××××××												
…	……												
三	预备费												
四	专项费用												
1	××××××												
…	……												
	建设项目概算总投资												

编制单位： 编制人： 年 月 日

表 4－5 综合概算对比表

总概算编号： 工程名称： 单位：万元 共 页 第 页

序号	工程项目或费用名称	原批准概算					调整概算					差额(调整概算－原批准概算)	备注
		建筑工程费	设备购置费	安装工程费	其他费用	合计	建筑工程费	设备购置费	安装工程费	其他费用	合计		
一	主要工程												
1	××××××												
…	……												
二	辅助工程												
1	××××××												
…	……												
三	配套工程												
1	××××××												
…	……												
单项工程概算费合计													

编制人： 审核人：

表 4-6 其他费用计算表

总概算编号： 工程名称： 单位：万元 共 页 第 页

序号	费用项目名称	费用计算基数	费率/%	金额	计算公式	备注

编制人： 审核人：

4.3.2 设计概算的编制方法

1. 单位工程概算的编制方法

1）概算定额法

概算定额法又叫扩大单价法或扩大结构定额法，所采用的工具是概算工程量计算规则。它是根据初步设计图纸资料和概算定额的项目划分计算出工程量，然后套用概算定额单价(基价)，计算汇总后，再计取有关费用，便可得出单位工程概算造价。

概算定额法要求初步设计达到一定深度，建筑结构比较明确，能按照初步设计的平面、立面、剖面图纸计算出楼地面、墙身、门窗和屋面等扩大分项工程(或扩大结构构件)项目的工程量时才可以使用。

编制设计概算的具体步骤如下。

(1) 按照概算定额分部分项顺序，列出各分部工程的名称。工程量计算应按概算定额中规定的工程量计算规则进行，并将计算所得各分项工程量按概算定额编号顺序，填入工程概算表中。

(2) 确定各分部分项工程项目的概算定额单价。工程量计算完毕后，逐项套用相应概算定额单价和人工、材料消耗指标，然后分别将其填入工程概算表和工料分析表中。如果分项工程项目名称、内容与采用的概算定额手册不相符，应先进行换算。

(3) 计算单位工程直接工程费和直接费。将已经计算出来的各分部分项工程项目的工程量及在概算定额中已查出来的相应定额单价和单位人工、材料消耗指标分别相乘，即可以得出各分部分项工程的直接工程费和人工材料消耗量。再汇总各分项工程的直接工程费及人工、材料消耗量，即可以得到该单位工程的直接工程费和工料总消耗量。最后，再汇总措施费，即可以得到该单项工程的直接费。如果规定有地区的人工、材料价差调整指标，计算直接工程费时，按规定的调整系数或者其他调整方法进行调整计算。

(4) 根据直接费，结合其他各项取费标准，分别计算间接费、利润和税金等。

(5) 汇总得到单位建筑工程概算造价

2) 概算指标法

概算指标法采用直接工程费指标。将拟建建设项目的建筑面积或体积乘以技术条件相同或基本相同的概算指标而得出直接工程费，然后按规定计算出措施费、间接费、利润和税金等。该法适用于初步设计深度不够，不能准确地计算工程量，但工程设计采用技术比较成熟而又有类似工程概算指标可以利用的情况。因此，其计算精度较低，是一种对工程造价估算的方法。

(1) 第一种方法：直接用概算指标编制单位工程概算。

① 计算人工费、材料费、施工机械使用费。根据概算指标中，每 $100m^2$ 建筑面积或每 $1\,000m^3$ 建筑体积的人工和材料消耗指标，结合本地的工资标准、材料预算价格计算人工费和材料费计算。

$$人工费=概算指标规定的工日数\times人工单价 \tag{4-5}$$

$$\begin{aligned}材料费=&主要材料费(或概算指标的主要材料用量\\&\times地区材料预算价格)+其他材料费\end{aligned} \tag{4-6}$$

$$其他材料费=\sum(主要材料费\times其他材料占主要材料的百分比) \tag{4-7}$$

$$施工机械使用费=\sum(人工费+材料费)\times机械使用费占的百分比 \tag{4-8}$$

也可以直接从概算指标中查出其他材料费，而施工机械使用费则在概算指标中直接查找。汇总上述费用，即得概算指标直接费。

$$概算指标直接费=人工费+材料费+施工机械使用费 \tag{4-9}$$

② 计算单位直接费。

$$单位直接费=概算指标直接费/单位面积(或体积) \tag{4-10}$$

③ 计算其他直接费、现场经费、利润、税金及概算单价。

$$概算单价=直接费+间接费+利润+税金 \tag{4-11}$$

则

$$单位工程概算造价=建筑面积\times概算单价 \tag{4-12}$$

(2) 第二种方法：用修正后概算指标编制单位工程概算。

当设计对象的结构特征与概算指标的结构特征、技术指标有出入时，可用修正后概算指标及单位造价，计算出工程概算造价。

设计对象的结构特征与概算指标有局部差异时的调整如下。

调整概算指标中的每平方米造价：

$$结构变化修正概算指标=J+Q_1P_1+Q_2P_2 \tag{4-13}$$

式(4-13)中，J —— 原概算指标；

Q_1 —— 概算指标中换入结构的工程量；

P_1 —— 换入结构的直接工程费单价；

Q_2 —— 概算指标中换出结构的工程量；

P_2 —— 换出结构的直接工程费单价。

则拟建工程造价为

$$直接工程费=修正后的概算指标\times拟建工程建筑面积(或体积) \tag{4-14}$$

求出直接工程费后，再按照规定的取费方法计算其他费用，最终得到单位工程概算。

3）类似工程预算法

类似工程预算法是利用技术条件与设计对象相类似的已完工程或在建工程的工程造价资料来编制拟建工程设计概算的方法。该方法适用于工程设计对象与已建或在建工程相类似，结构特征基本相同，或者概算定额和概算指标缺项的情况。当设计对象与类似预算的设计在结构或者建筑上有差异时，可以参考修正概算指标的方法进行修正。

如果是地区工资、材料预算价格、施工机械使用费及其他间接费用有差异时，一般情况下可以有两种方法进行解决。

(1) 类似工程造价资料有具体的人工、材料、机械台班的用量时，可按照类似工程预算造价资料中的主要材料用量、工日数量、机械台班用量乘以拟建工程所在地的主要材料预算价格、人工单价、机械台班单价，计算出直接费，再乘以当地的综合费率，得到所需的造价指标。

(2) 类似工程造价资料只有人工、材料、机械台班费用和其他费用时，可作如下调整：

$$D=AK \tag{4-15}$$

$$K=a\%K_1+b\%K_2+c\%K_3+d\%K_4+e\%K_5 \tag{4-16}$$

式(4-15)、(4-16)中，D——拟建工程单方概算造价；

A——类似工程单方预算造价；

K——综合调整系数；

$a\%$、$b\%$、$c\%$、$d\%$、$e\%$——类似工程预算的人工费、材料费、机械台班费、措施费、间接费占预算造价的比重；

K_1、K_2、K_3、K_4、K_5——拟建工程地区与类似工程地区人工费、材料费、机械台班费、措施费、间接费价差系数。

如K_1=拟建工程概算的人工费(或工资标准)/类似预算人工费(或工资标准)，K_2、K_3、K_4、K_5类推得出。

2. 单位设备及安装工程预算的编制方法

1）设备购置费构成

设备购置费由设备原价和运杂费两项组成。

其中

$$设备运杂费=设备原价\times运杂费率 \tag{4-17}$$

2）设备及安装工程概算的编制方法

(1) 预算单价法。当初步设计较深，有详细的设备清单时，可直接按安装工程预算定额单价编制设备安装工程概算，概算程序与安装工程施工图预算程序基本相同。

(2) 扩大单价法。当初步设计深度不够，设备清单不完备，只有主体设备或仅有成套设备重量时，可采用主体设备、成套设备的综合扩大安装单价来编制概算。

(3) 设备价值百分比法。当初步设计深度不够，只有设备出厂价而无详细规格、重量时，安装费可按其占设备费的百分比来计算。常用于价格波动不大的定型产品和通用设备产品。

(4) 综合吨位指标法。当初步设计提供的设备清单有规格和设备重量时，可采用综合吨位指标编制概算，其综合吨位指标由主管部门或由设计单位根据已完类似工程资料确定。

$$设备安装费=设备重量\times每吨设备安装费指标 \tag{4-18}$$

该法常用于设备波动较大的非标准设备和引进设备的安装工程概算。

设备及安装工程概算如表 4-7 所示。

表 4-7 设备及安装工程概算表

项目名称： 编号：

序号	价格表名称及项目编号	设备及安装工程名称	单位	数量	单位/元					总价/元				
					设备费	主材费	定额基价	其中		设备费	主材费	合计	其中	
								人工费	机械费				人工费	机械费

编制单位： 编制人： 年 月 日

3. 单项工程综合概算的编制

单项工程综合概算是确定单项工程建设费用的综合性文件，它是由该单项工程的各专业的单位工程概算汇总而成的，是建设项目总概算的组成部分。

单项工程综合概算书一般包括编制说明和综合概算表两个部分。当建设项目只有一个单项工程时，综合概算文件还包括工程建设其他费用、建设期贷款利息、预备费和固定资产投资方向调节税的概算。

(1) 编制说明。

编制说明主要包括以下内容：①编制依据；②编制方法；③主要材料和设备数量及价格见表 4-8；④其他有关问题。

(2) 综合概算表。综合概算是根据单项工程所辖范围内的各单项工程概算等基础资料，按国家规定的统一表格进行编制。

(3) 技术经济指标的计算。综合概算的技术经济指标应根据综合概算价值与相应的计量单位计算。

表 4-8　主要设备材料数量及价格表

序号	设备材料名称	规格型号及材质	单位	数量	单价/元	价格来源	备注

编制人：　　　　　　　　　　　　　　　　　审核人：

4. 建设项目总概算的编制

1）概算书的编制说明

概算书的编制说明主要包括以下内容：①工程概况；②编制依据；③编制方法；④编制范围；⑤投资分析；⑥主要材料和设备数量；⑦其他有关问题。

2）综合概算表的编制方法

综合概算表是根据单项工程所辖范围内的各单位工程概算等基础资料，按照国家或部委所规定的统一表格进行编制。将各单项工程综合概算及其他工程费用概算等汇总即为工程项目概算。

(1) 按总概算组成的顺序和各项费用的性质，将各个单项工程综合概算及其他工程费用概算汇总列入总概算表。

(2) 将工程项目和费用名称及各项数值填入相应各栏内，然后按各栏分别汇总。

(3) 以汇总后总额为基础，按取费标准计算预备费用、建设期利息、固定资产投资方向调节税、铺底流动资金。

(4) 计算回收金额。回收金额是指在整个基本建设过程中所获得的各种收入。

(5) 计算总概算金额。

$$\text{总概算金额}=\text{各部分费用}+\text{预备费}+\text{建设期贷款利息}+\text{固定资产投资方向调节税}+\text{铺底流动资金}-\text{回收金额}$$

4.3.3　设计概算的审核

1. 设计概算审核的方式

设计概算审核一般采用集中会审的方式进行。由会审单位分头审核，然后集中共同研究定案，或组织有关部门成立专门的审核班子，根据审核人员的业务专长分组，再将概算费用进行分解，分别审核，最后集中讨论定案。

一般的审核步骤包括概算审核前的准备，进行概算审核，进行技术经济对比分析，进行调查研究以及资料的整理工作。

2．设计概算审核的内容

1）审核设计概算的编制依据

审核设计概算的编制依据依据有以下三方面。

(1) 审核编制依据的合法性。各种编制依据必须经过国家和相关授权机关的批准，符合国家的编制规定。

(2) 审核编制依据的时效性。各种编制依据应及时按照国家的政策或者法规调整后的新办法和新规定进行。

(3) 审核编制依据的使用范围。

2）审核设计概算的编制深度与广度

(1) 审核编制说明，包括编制方法和编制依据等重大原则问题。

(2) 审核概算编制深度，包括是否有符合规定的“三级预算”以及各级概算的编制、校对、审核是否按规定签署等问题。

(3) 审核概算的编制范围，包括内容和范围是否与主管部门批准的建设项目范围及具体工程内容一致，是否有重复交叉，是否重复计算或漏算，审核其他费用应列的项目是否符合规定，静态投资、动态投资和经营性项目铺底流动资金是否分别列出。

3）审核设计概算的内容

(1) 单位工程设计概算构成的审核，内容包括以下几方面。

① 建筑工程概算的审核，内容包括：工程量的审核；采用的定额或缺项指标的审核；材料预算价格的审核；各项费用的审核。

② 设备及安装工程概算的审核，内容包括非标准设备的审核，即审核价格的估算依据、估算方法，分析标准设备价格的波动因素；标准设备的审核，即审核各地规定的统一价格标准。

(2) 综合概算和总概算的审核，内容包括以下几方面。

① 审核概算的编制是否符合国家经济建设方针和政策的要求，是否适合当地自然条件、施工条件和影响造价的各种因素。

② 审核概算文件的组成：设计概算的文件是否完整、工程项目确定是否符合设计的要求；建设规模、建筑结构、建筑面积、建筑标准、总投资是否符合设计文件的要求；非生产性建设项目是否符合规定的要求，结构和材料的选择是否进行了技术经济比较，是否超标等。

③ 审核总图设计和工艺流程，包括总图设计是否符合生产和工艺要求、厂区运输和仓库布置是否优化或进行方案比较、分期建设的工程项目是否统筹考虑、总图占地面积是否符合“规划指标”和节约用地的要求、工程项目是否按生产要求和工艺流程合理安排、主要车间生产工艺是否合理。

④ 审核经济概算是设计的经济反映，要审查建设周期、原材料来源、生产条件、产品销路、资金回收和赢利等社会效益因素。

⑤ 审核项目的环境保护方面的内容。

⑥ 审核其他具体项目，包括技术经济指标、建筑工程费用、设备和安装工程费以及各项其他费用：土地补偿和安置补助费、临时工程设施费用、施工机构迁移费和大型机器进退场费等。

表 4-9 进口设备材料货价及从属费用计算表

序号	设备材料规格、名称及费用名称	单位	数量	单价/美元	外币金额/美元					折合人民币/元	人民币金额/元						合计/元
					货币	运输费	保险费	其他费用	合计		关税	增值税	银行财务费	外贸手续费	国内运杂费	合计	

编制人：　　　　　　　　　　　　　　　　审核人：

3. 设计概算审核的方法

1）对比分析法

对比分析法主要是通过建设规模、标准与立项批文对比，工程数量与设计图纸对比，综合范围、内容与编制方法、规定对比，各项取费与规定标准对比，材料、人工单价与统一信息对比，引进设备、技术投资与报价要求对比，技术经济指标与同类工程对比等，进行设计概率审核。

2）查询核实法

查询核实法是对一些关键设备和设施、重要装置、引进工程图纸不全且难以核算的较大投资进行多方查询核对，逐项落实的方法。主要设备的市场价向设备供应部门或招标公司查询核实；重要生产设备、设施向同类工程查询了解；引进设备价格及有关费税向进出口公司调查清楚；复杂的建安工程向同类的建设、承包、施工单位征求意见；深度不够或者不清楚的问题直接向原概算编制人员、设计者询问清楚。

3）联合会审法

联合会审前，可先采取多种形式分头审查(包括设计单位自审，主管、建设、承包单位初审，工程造价咨询公司评审，邀请同行专家预审，审批部门复审等)，经层层审查把关后，由有关单位和专家进行联合会审。

在会审大会上，由设计单位介绍概算编制情况及有关问题，各有关单位、专家汇报初审及预审意见。然后进行认真分析、讨论，结合对各专业技术方案的审查意见所产生的投资增减，逐一核实原概算出现的问题。经过充分协商，认真听取设计单位意见后，实事求是地处理或调整。

本章主要介绍了设计阶段投资控制概述、设计阶段投资控制的措施和方法及设计概算编制和审核的方法。

案例分析

天津开发区二期雨污水泵站工程总投资 1 300 万，工期 1 8 个月，位于天津塘沽开发区，是多年蓄海水晒盐池，属极软弱淤泥质土，软基加固所占投资比重很大。天津市政工程设计研究院承担开发区二期排水工程设计后，应用 VE 原理开展了价值工程攻关活动，在满足排水设施使用功能前提下，力求降低工程造价。在项目立项后，经过课题准备、功能价值分析、方案创新和实施验证等各个阶段的活动，取得了良好的社会效益和经济效益，节约工程费用近 200 万元。

具体的实施步骤如下。

1）选择 VE 活动对象

(1) 收集资料。为了准确选择 VE 活动对象，收集了有关的技术经济方面的信息资料：①开发区的工程地质资料(共 25 个孔位，704 个数据)；②开发区历年排水工程建设的实测数据；③市区和开发区排水工程建设的工艺差异和主要经济指标；④软基加固新技术资料；⑤软基加固材料的生产、供应可能性。

(2) 选择价值工程对象。为降低排水工程造价，依据调研资料，重点分析并找出造价高的原因。我们先后两次采用 ABE 分析法，按各部分费用所占比重大小选择，先定向、后定位，逐步明确 VE 对象。

2）功能系统分析

对人工地基的功能进行系统分析和定义。其总体功能是支撑管道基础。进一步分析，总体功能(支撑管道基础 F_0)之下有一级子功能四个：提高承载力 F_1、减少承载力 F_2、消除沉降差 F_3、控制隆起 F_4，二级子功能七个：加密土壤、防止液化、扩大基面、固化土壤、分散荷载、增加刚度、稳定基底。

3）功能价值分析与评价

本工程项目选用功能价值系数评价法进行功能价值分析与评价。

(1) 功能评价，确定功能重要性系数 F：由五位经验丰富专家，按“01”评分法，各自对四项一级子功能重要性分别打分，汇总计算，确定功能重要性系数。

(2) 工程成本分析，计算功能成本系数 C，计算期望降低值 AC。

(3) 计算功能价值系数 V，根据以上的功能重要性系数和功能成本系数，计算功能价值系数 V，由 $V=F/C$ 求得。

(4) 确定功能成本目标值C，计算期望降低值AC。

(5) 确定提高人工地基功能价值改进目标。

分析得知，“控制隆起”相应的价值系数为0.404，远远小于1，表明实现该功能目前增加的成本大大超出与其功能相适应的成本，故其功能价值就低，应予提高。同时，降低该功能的期望值AC=4 036元/百米，占降低总期望值AC=4 310元/百米的93.6%，预期降低的幅度为最大。因此，应把功能F价值的提高作为改进的主要目标。其他几项的功能价值系数在V=1左右，表明目前增加的功能成本与功能相适应的成本接近，可暂不予考虑。

4) 方案创新

按选定的VE改进目标。我们应用因果分析法对F_4“控制隆起”这项功能成本过高的原因进行分析。主要在于为稳定基底而使人工地基处理过深(深0.5m)和采用的换填材料价格过高(级配碎石料50元/m^3)。既存在功能过剩，又存在材料成本过高的问题。为此，我们应用提问对策法，进行方案创新：

(1) 能否减薄人工地基厚度?

(2) 能否将人工地基填料换为价廉的材料?

(3) 能否将人工地基与管道基础合并?

在调查掌握有关代替填料的市场供应情况和性能、价格后，重新分析了钻孔地质资料和核实基底稳定性，从减薄地基厚度以减少用料并选择替代材料方面，提出了两个方案。

第一方案：换填厚度由0.5m减至0.2m，但仍采用碎石填料。施工方法则由开长槽改为开短槽，以改善施工期间土体稳定条件，从而缩小隆起半径，防止施工期间槽底隆起。

第二方案：换填厚度由0.5m减至0.4m，但换填材料采用价格低廉的经筛选后的建材废弃料——山皮土。

5) 方案评价

排水工程的功能价值是由设计、施工、管理诸方面共同实现的。为此，征得建设单位同意，将上述两个方案由施工单位配合做了一项试验性工程。试验结果如下。

第一方案碎石用料可减少60%，但缩短开槽长度后，作业面缩小，延长了总工期，增加了机具占用费。减少用料和增加机具占用费两项相抵，成本实际降低13%。现场取探试验，人工地基残余沉陷量为0.23m。达不到沉降量小于0.18m的设计要求，引起相关功能“减少沉降量”不能满足。

第二方案山皮土的容重、强度和自然密度等工程力学参数均能满足各相关功能要求。而材料价格仅为碎石价格的34%，其增加的功能成本合计可由41 880元/百米降至37 480元/百米，降低10.5%。

综合衡量第一、二方案的功能成本改善情况，并考虑施工周期要求等条件，第二方案尽管成本降幅为10.5%，略小于第一方案的13%，但各项功能均能满足，功能价值明显提高。而第一方案成本降低幅度虽略高，但功能下降而不能满足要求且延长了施工周期，不利于开发区的土地按期向外商转让，功能价值降低。故采纳第二方案。

6）方案实施及效果

（1）方案实施。

根据选定的改进方案，编制了“开发区排水工程(二期)初步设计”。经组织有关单位各方面专家审查后正式批准实施。随后编制完成了全部施工设计图纸。由铁十八局、天津塘沽市政公司和天津市政一、二公司承包施工，五条道路的排水管道总长度29.5km。包括300管道15.4km，1 000管道9.28km，1 500管道4.82km。施工过程中，现场取样18次，测数据603个，均达到施工规范规定指标，人工地基各项功能都较好地得到了实现。

（2）成果评价。

① 经济效益。合计节约金额为119.99万元。

② 社会效益。由于工程成本降低，使开发区在当年内自筹资金建设的这部分基础设施的设想成为现实。使0.3km^{2}用地提前具备了引进外资企业的建厂条件，多家外商企业签订了在此投资建厂意向，促进了地区经济发展。

本章小结

通过本章的学习，使读者能够了解建设工程设计阶段建设项目投资控制的基本概念、工作内容、工作程序、影响设计阶段工程投资的因素及设计阶段投资控制的意义；熟悉设计阶段投资控制的措施和方法：包括设计招投标和设计方案竞赛的基本知识；限额设计和标准化设计的过程和方法；掌握价值工程原理，了解其在设计阶段投资控制中的应用；掌握寿命周期成本理论在优化设备选型中的应用；理解推广设计监理和改进设计取费方法改革的意义；能够独立编制设计概算并掌握设计概算的审核方法。

习 题

1. 思考题

（1）谈谈设计阶段投资控制的主要工作内容和程序。

（2）试分析设计阶段影响工程投资的因素有哪些?

（3）设计阶段投资控制的意义体现在哪些方面?

（4）设计招标的程序有哪些?

（5）试述设计方案竞赛有哪些优点?

（6）什么是限额设计？投资目标是如何进行目标分解的?

（7）价值工程在设计阶段的投资控制中有哪些应用?

(8) 谈谈你对我国目前推行设计监理的现状和问题的体会。

(9) 单位工程概算有哪些内容构成？编制方法有哪几类？

(10) 设计概算审核的方法有哪些？

2. 练习题

(1) 某集装箱码头需要购置一套装卸设备，有三个方案可供选择：设备A价值1 800万元、设备B投资1 000万元、设备C投资600万元。设备的年维持费包括能耗费、维修费和养护费。各设备的年维持费和工作量如表4-10所示，不考虑时间价值因素，试用寿命周期成本法进行方案比选。

表4-10 装卸设备方案有关数据

年份	年维持费/万元			年工作量/万吨		
	A	B	C	A	B	C
1	180	100	80	29	20	8
2	200	120	100	29	20	8
3	220	140	120	38	25	7
4	240	160	140	32	28	12
5	260	180	160	33	30	13
6	300	200	180	52	40	9
7	340	240	220	45	48	10
8	380	280	240	48	45	11
9	420	320	280	50	53	8
10	480	380	340	52	55	9
11	540	440	400	54	50	14
12	600	500	460	55	46	10

(2) 某企业拟建一条生产线，设计采用同规格标准化设计资料。类似工程的工程费用造价指标见表4-11，类似工程造价指标中的主要材料价格见表4-12；拟建工程当地现行市场价格信息价格及指数见表4-13。

① 拟建工程与类似工程在外部建设条件下有以下不同之处。

a. 拟建工程生产所需黏土材料按照外购考虑，不自建粘土矿山。

b. 拟建工程石灰矿采用2.5km皮带长廊输送，类似工程采用具有同样输送能力的1.5km皮带长廊。

根据上述材料及内容分别计算调整类似工程造价指标中的建筑工程费、设备购置费和安装工程费。

表 4-11 类似工程造价指标

序号	工程和费用名称	工程费估算价值/万元					备注
		建筑工程	设备购置	安装工程	其他费用	合计	
一	厂区内工程	13 411.00	19 205.00	5 225.00		3 7841.00	
1	原材料	3 690.00	5 000.00	990.00		9 680.00	
2	熟料烧成及储存	2 620.00	5 110.00	1 720.00		9 450.00	
3	粉碎、存储、包装	3 096.00	5 050.00	666.00		8 812.00	
4	全厂辅助及公用设施	2 555.00	3 585.00	929.00		7 069.00	
5	总图运输及综合管网	1 450.00	460.00	920.00		2 830.00	
二	厂区外工程	6 485.00	3 005.00	1 231.00		10 721.00	
1	石灰石矿	4 560.00	3 100.00	190.00		6 150.00	
2	黏土矿	125.00	380.00	12.00		517.00	汽车运输
3	石灰石矿皮带长度	430.00	460.00	152.00		1 042.00	1.5km
4	水圈槽、水管线等	160.00	20.00	31.00		211.00	
5	厂外铁路公路	1 210.00	45.00	26.00		1281.00	
6	厂外电力及通讯线路			820.00		820.00	
	工程费用合计	19 896.00	22 210.00	6 456.00		18 162.00	

表 4-12 类似工程材料价格表

序号	材料名称	单位	单价/元	权数/%	备注
1	水泥	t	249.00	19.74	综合
2	钢筋	t	2 756.00	39.27	综合
3	型钢	t	3 210.00	20.10	综合
4	木材	m^3	988.00	3.56	综合
5	砖	千块	140.00	4.45	标准
6	砂	m^3	22.00	3.54	
7	石子	m^3	45.00	9.31	
	合计			100	

② 类似工程造价指数中建筑工程费用所占的材料费、人工费、机械费、综合税率占建筑工程费用的比率分别为58.64%、14.58%、9.46%、17.32%。

根据已有资料和条件，估算拟建工程建筑工程费用。

③ 行业部门测定的拟建工程设备购置费与类似工程设备购置费相比下降2.91%，拟建工程安装工程费与类似工程安装工程费相比增加8.91%。

根据已有资料和条件，计算拟建工程设备购置费、安装工程费和工程费用。(计算结果保留两位小数)

表4－13　拟建工程市场价格信息及指数

序　号	材料名称	单　位	单价/元	备　注
一	材料			
1	水泥	t	336.00	综合
2	钢筋	t	3 250.00	综合
3	型钢	t	3 780.00	综合
4	木材	m^3	1 288.00	综合
5	砖	千块	210.00	标准
6	砂	m^3	32.00	
7	石子	m^3	49.00	
二	人工费			综合上调43%
三	机械费			综合上调17.5%
四	综合税费			综合上调3.53%

第5章 工程项目施工招投标阶段的投资控制

教学目标

主要讲述工程项目施工招投标阶段投资控制的基本理论和方法。通过本章学习，应达到以下目标：

(1) 熟悉建设工程施工招标的基本概念、程序。

(2) 了解施工招标阶段投资控制中存在的问题和投资控制的重点环节。

(3) 掌握施工图预算编制的方法。

(4) 掌握施工招标文件编制与审核的方法。

(5) 掌握标底编制与审核的方法。

(6) 掌握评标的程序，投标书评审及评价的方法。

(7) 熟悉合同类型和合同形式的选择及审核的方法。

教学要求

知识要点	能力要求	相关知识
施工招标阶段投资控制概述	(1) 熟悉建设工程施工招标的基本概念、程序； (2) 了解施工招标阶段投资控制中存在的问题； (3) 了解施工招标阶段投资控制的重点环节	(1) 建设项目施工招标概念与分类； (2) 建设项目施工招标程序； (3) 施工招标阶段投资控制中容易存在的问题

续表

知识要点	能力要求	相关知识
施工图预算的编制与控制	掌握施工图预算编制与审核的方法	(1) 施工图预算编制依据； (2) 施工图预算的内容； (3) 施工图预算的审核
工程施工招标文件的编制与审核	掌握施工招标文件的编制与审核方法	(1) 施工招标文件编制依据； (2) 施工招标文件的内容； (3) 施工招标文件的审核
施工招标标底的编制与审核	掌握标底的编制与审核方法	(1) 标底编制的原则、依据、方法； (2) 标底审核考虑的因素与方法
投标书评审中的造价控制	掌握评标过程中造价控制的方法	(1) 评标的程序； (2) 投标书评审的方法； (3) 投标书评价的方法
建设工程施工合同管理	熟悉合同类型和合同形式的选择与审核	(1) 合同类型和合同形式的选择； (2) 合同类型和合同形式的审核

基本概念

建设项目招投标　施工图预算　招标文件　标底　投标书评审　合同管理

引例

建设工程项目招投标的实质是“买方”与“卖方”的一种期货交易方式。实践证明，承发包阶段是工程项目建设过程中的一个非常重要的环节，招投标成功与否对建设工程项目投资的成败有很大的影响。业主在此阶段对投资的控制的主要任务体现在：加强招标文件的编制与审核，避免歧义，提供准确的工程量清单，以减少实施过程中的变更风险；加强评标环节的控制，以一个合理的编制标底为基础，从众多的投标单位中甄选出技术、经济指标最优者，使之负责项目的实施，从而使工程的投资额得到有效控制；选择和确定合理的合同类型以及计价方式，以减少合同过程中的纠纷、合理规避风险、有效的控制项目投资。

5.1 概　　述

5.1.1 建设项目施工招标概念和程序

1. 建设项目招标概念

建设项目招标是指招标人(发包单位)在发包工程项目前，按照公布的招标条件，公开或者邀请招标人在接受招标要求的前提下前来投标，以便招标人从中择优选定投标人的一种交易行为。

根据《中华人民共和国招标投标法》的规定，下列一些项目必须实行招标行为。

(1) 大型基础设施、公用事业等关系社会公共利益、公众安全的建设项目。

(2) 全部或部分使用国有资金或国家融资的建设项目。

(3) 使用国际组织或者外国政府贷款、援助资金的项目。

上述规定范围内的各种工程建设项目包括项目的勘察、设计、施工、监理以及与工程建设有关的重要设备、材料等的采购，达到下列标准之一者，必须进行招标。

(1) 单项合同估算价在200万元人民币以上的项目。

(2) 重要设备、材料等货物的采购，单项合同估算价在100万元人民币以上的。

(3) 勘察、设计、监理等服务的采购，单项合同估算价在50万元人民币万元人民币以上的项目。

(4) 单项合同估算价低于前三项规定的标准，但项目总投资在3 000万元人民币以上的项目。

2. 建设项目招标方式

建设项目招标方式一般采用公开或者邀请招标两种方式进行。

1) 公开招标

公开招标又称竞争性招标，是指招标人通过发布招标公告，吸引投标人参加施工招标的投标竞争，招标人从中择优选择中标单位的招标方式。按照竞争程度，公开招标一般分为国际竞争性招标和国内竞争性招标。

2) 邀请招标

邀请招标又称为有限竞争性招标或选择性竞争招标，是指由招标单位选择一定数目的企业，向其发出投标邀请书，邀请他们参加招标竞争。一般选择3～10个投标人参加较为适宜，数目要视其具体的招标项目的规模大小而定。

与公开招标相比，邀请招标可以缩短招标有效期，节约招标费用，提高投标人的中标机会，但是此招标方式可能会排除许多更有竞争力的企业，同时中标价格也可能高于公开招标的价格。

3. 建设项目施工招标程序划分

施工招投标划分为业主的招标行为和承包商的投标行为。这两个方面是相辅相成、紧密联系的。工程招标需要专业技巧和经验，招标文件及其补充条款、投标文件及其补充条款、现场答疑备忘录以及该阶段所确定的关于变更、价格调整、索赔、支付等经济条款，是日后项目投资控制的依据与基础。工程招标过程对于建设工程投资控制及风险的分担极为重要。招标单位进行施工招标程序的阶段划分如图5.1所示。

1) 报建阶段

(1) 建设项目的立项批准书或年度投资计划下达后，向建设主管部门报建备案。

(2) 报建范围包括各类房屋建设、土木工程、设备安装、管道线路铺设、装饰装修的

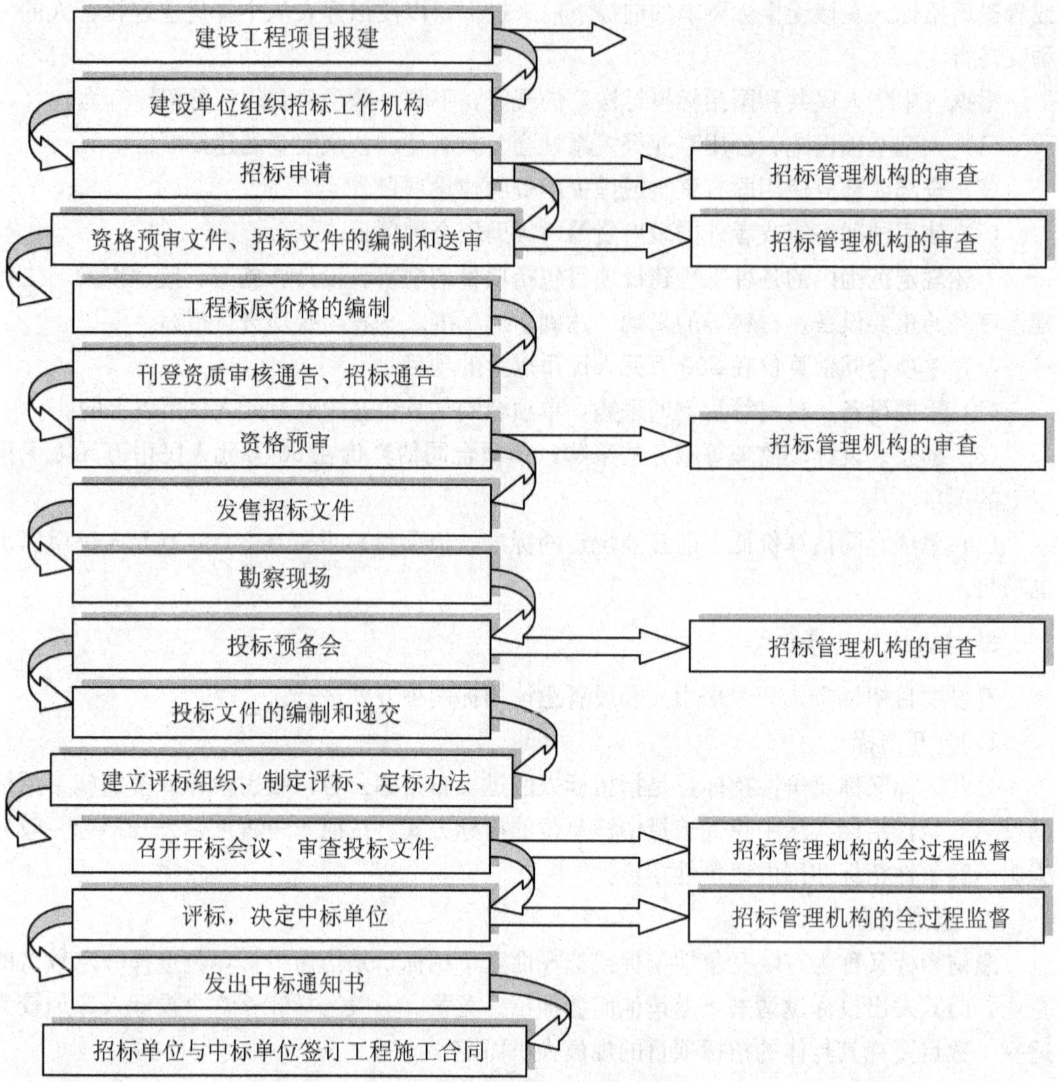

图 5.1　建设项目施工招标程序划分

建设工程。

(3) 报建内容包括工程名称、建设地点、投资规模、资金来源、当年投资额、工程规模、结构类型、发包方式、计划竣工时间、工程筹建情况等。

(4) 交验的文件资料：立项批准文件或年度投资计划，固定资产投资许可证，建设工程规划许可证，资金证明等。

2) 招标申请阶段

招标单位填写“建设工程招标申请书”，凡招标单位有上级主管部门的，需经该主管部门批准同意后，连同“工程建设项目报建登记表”报招标管理机构审批。

3) 资格预审文件、招标文件的编制和送审阶段

公开招标采用资格预审时，只有资格预审合格的施工单位才可以参加招标；不采用资格预审的公开招标，应在开标后进行资格审查。

4）刊登资质审核通告、招标通告阶段

招标通告应当载明招标人的名称和地址，招标项目的性质、数量、实施地点和时间以及获取招标文件的办法等事项。进行资格预审的，刊登资格预审通告。

5）资格预审阶段

招标人依据有关规定，要求潜在招标人提供有关资质证明文件和业绩情况说明，并对潜在投标人进行资格审查。

6）发售招标文件阶段

招标文件、图纸和有关技术资料发售给通过资格预审获得投标资格的投标单位，投标单位收到招标文件、图纸和有关技术资料后，应认真核对，并以书面形式予以确认。

投标单位收到招标文件后，若有疑问或不清楚的问题，应在收到招标文件后7日内以书面形式向招标单位提出，而招标单位应以书面形式或投标预备会形式予以解答。

7）勘察现场阶段

勘察现场一般安排在投标预备会前的1～2天。投标单位在勘察现场如有疑问，应在投标预备会前以书面形式向招标单位提出，但应给招标单位留出解答时间。投标单位通过现场掌握现场施工条件，分析施工现场是否达到招标文件规定的要求。

8）投标预备会

投标预备会在招标管理机构监督下，由招标单位组织并主持召开，在预备会上对招标文件和现场情况作介绍或解释，并解答投标单位提出的疑问，包括书面提出或口头提出的询问。在投标预备会上，招标单位还应该对图纸进行交底和解释。

投标预备会结束以后，由招标单位整理会议记录和解答内容，报招标管理机构核准同意后，以书面形式将问题和解答同时发送到所有获得招标文件的投标单位。

5.1.2 施工招投标阶段投资控制常见问题

建设工程招投标制度是建设单位控制工程投资的有效手段，通过招投标可以提高建设工程的经济效益，保证建设工程的质量，缩短建设投资的回报周期，建设单位可以充分利用招投标这一有效手段进行工程造价控制。

招投标制度已在我国现代社会普遍推广。从程序上看比较规范，有统一的招投标要求，经现场专家评审，大型工程或重点工程还有纪检委和监察局人员在场监督，但在具体操作过程中仍存在一些与招投标制度相背离的问题，一些常见的问题如下。

1. 招标人恶意压价，导致工程造价严重失真

一些建设单位为了减少建设资金，利用僧多粥少这一现象，使得个别施工单位通过低价中标，而在施工过程中想方设法增加现场签证及技术变更，以获得额外收入，或干脆偷工减料，在材料上以次充好来蒙混过关，留下质量隐患。

2. 存在虚拟中标价格现象

有些项目建设存在前期准备不足，仓促上马的现象，这就造成项目施工图纸不详，使

招标单位及各投标单位无法计算合理标价。在此情况下，建设单位为了执行招投标制度，以粗线条的施工图纸或假定设计图纸为依据进行招投标活动，待中标单位确定后，再边施工，边进行图纸细化或修改，使得中标价和投标单位的相应承诺成为虚拟数据，失去了招投标本身的实际意义。

3. 分包和附属工程不能实现有效招标

在项目实施过程中，建设项目管理的监督单位的注意力往往集中在工程的总包招标上。由于已经进行了一次招标，总包的中标人为方便起见，常常对分包工程进行直接发包。如个别总承包施工单位中标承接建筑工程任务后，将其中的桩基、综合布线等部分工程直接发包给其他专业施工单位，或是由于项目开工匆忙，分包工程的技术论证及具体施工方案尚未确定。即使招标内容中包含分包工程，也是以暂估价的形式列入，不能实现通过招标获取价廉质优产品的目的，造成分包招投标失控的局面。

每一个建设项目大多由几个或若干个单项工程组成，在项目建设管理过程中，管理人员经常是重视主体工程招标，忽略掉附属工程。例如，一个大型综合楼的建设项目，大多情况下综合楼主体建筑是通过招投标的方式确定施工单位，而对室外道路及各种管线、停车坪、绿化等附属工程却采取了直接发包的方式，造成部分工程在未经价格及技术比选的情况下确定了施工单位及建设费用。

4. 存在陪标现象

在招投标过程中发现，有些项目参与投标的施工企业的投标书编制手法雷同，技术标并未突出各自施工企业的特点；在有标底的情况下经济标入圈单位较少、在无标底的情况下经济标上下浮动不大，中标造价往往受中标人的牵制。从而背离了招投标工作所遵循的公开、公平、公正和诚实守信的原则。

5.1.3 施工招标阶段投资控制的关键环节

建设工程项目招投标的实质是“买方”与“卖方”的一种期货交易方式。实践证明，承发包阶段是工程项目建设过程中的一个非常重要的环节，招投标成功与否对建设工程项目投资的成败有很大的影响。业主在此阶段对投资控制的主要任务体现在以下几方面。

1. 重视招标文件的编制与审核

招标文件是选择施工单位、确立工程合同造价的纲领性文件，建设工程招标文件既是投标单位编制投标文件的依据，也是招标单位与未来中标单位签订工程承包合同的基础，招标文件中提出的各项要求，对整个招标工作乃至承发包双方都有约束力，同时也是招标阶段投资控制的原则性文件。重视招标文件的编制与审核，力争使招标文件全面、规范，避免歧义，尤其尽量提供一份全面、准确的工程量清单，使暂定数量及项目的机会及可能减至最少，并且图纸及工程规范中所涉及的内容尽可能完整地反映在工程量清单中，减少实施过程中的变更风险。

2. 加强评标环节的投资控制

加强评标环节的投资控制，以合理编制的标底为基础，从众多的投标单位中甄选出技术、经济指标最优的投标人负责项目的实施，从而使工程的投资额得到有效控制。

3. 选择和确定合理的合同类型

选择和确定合理的合同类型以及计价方式，以减少合同过程中的纠纷、合理规避风险，有效的控制项目投资。

5.2 施工图预算的编制

施工图预算是对建筑工程预算、安装工程预算、装饰工程预算、给排水工程预算等的统称。施工图预算是确定单位工程造价的经济文件。

建筑产品的单件性、固定性等特征，决定了其在实物形态上和价格要素上千差万别的特性，这种差别构成了制定建筑产品统一价格的障碍。一方面，我们不能以一个建筑产品为单位来定价；另一方面，又必须贯彻执行价格法，必须对建筑产品在统一的价格水平下，单独计算各自的工程造价。于是我们就采用了以编制施工图预算确定工程造价的方法来解决这个矛盾。

5.2.1 编制依据

施工图预算的编制依据包括以下几方面。

1. 经过批准和会审的全部施工图设计文件

在编制施工图预算之前，施工图纸必须经过主管机关批准，同时还要经过图纸会审，并签署“图纸会审纪要”。预算部门不仅要掌握全部施工图设计文件和“图纸会审纪要”，而且要具备图纸所要求的全部标准图。

2. 经过批准的工程设计概算文件

设计单位编制的设计概算文件经过主管机关批准后，是控制工程投资最高限额和单位工程预算的主要依据。如果施工图预算所确定的投资总额超过设计概算，则应调整设计概算，并经原批准机关批准后，方可实施。

3. 经过批准的施工组织设计文件或施工方案

拟建工程施工组织设计文件经有关部门批准后，它所确定的施工方案和相应的技术组织措施，如土方开挖方案和大型钢筋混凝土构件吊装方案等，就成为施工图预算必须具备的依据。

4. 现行建筑工程预算定额

现行建筑工程预算定额是确定单位估价表的基础。它规定了分项工程项目划分、分项工程内容、工程量计算规则和定额项目使用说明等内容，因此它是编制施工图预算的主要依据。

5. 地区单位估价表

建设地区主管部门颁发的现行建筑工程单位估价表或补充估价表，是编制施工图预算的根本依据之一。

6. 地区建设工程费用定额

工程费用随地区不同取费标准不同。按照国家规定，各地区均制定了建设工程费用定额，它规定了各项费用取费标准，这些标准是确定工程预算造价的基础。

7. 地区材料预算价格

地区材料预算价格是编制单位估价表和确定材料价差的依据，预算部门必须具备材料预算价格表。

8. 预算工作手册

预算工作手册是预算必备的参考书。它主要包括各种常用数据和计算公式、各种标准构件的工程量和材料量、金属材料规格和计量单位之间的换算，以及投资估算指标、概算指标、单位工程造价指标和工期定额等参考资料。因此预算工作手册是预算部门必备的基础资料。

5.2.2 编制方法及步骤

《建筑工程施工发包与承包计价管理办法》(中华人民共和国建设部令第 107 号)第五条规定：施工图预算、招标标底和投标报价由成本、利润和税金构成。其编制可以采用工料单价法和综合单价法两种计价方法。工料单价法是传统计价模式采用的计价方式，综合单价法是工程量清单计价模式采用的计价方式。

1. 工料单价法

工料单价法是指以分部分项工程单价为直接工程费单价，用分部分项工程量乘以对应分部分项工程单价后的合计为单位工程直接工程费。直接工程费汇总后另加措施费、间接费、利润、税金生成工程承发包价。按照分部分项工程单价产生方法的不同，工料单价法又可以分为预算单价法和实物法。

1）预算单价法

预算单价法就是用地区统一单位估价表中的各分项工料预算单价乘以相应的各分项工程的工程量，求和后得到包括人工费、材料费和机械使用费在内的单位工程直接工程费。措施费、间接费、利润和税金可根据统一规定的费率乘以相应的计取基数求得。将上述费用汇总后得到单位工程的施工图预算。

预算单价法编制施工图预算的基本步骤如下。

(1) 准备资料，熟悉施工图纸。准备施工图纸、施工组织设计、施工方案、现行建筑安装定额、取费标准、统一工程量计算规则和地区材料预算价格等各种资料。在此基础上详细了解施工图纸，全面分析工程各分部分项工程，充分了解施工组织设计和施工方案，注意影响费用的关键因素。

(2) 计算工程量。工程量计算一般按如下步骤进行。

① 根据工程内容和定额项目，列出需计算工程量的分部分项工程。

② 根据一定的计算顺序和计算规则，列出分部分项工程量的计算式。

③ 根据施工图纸上的设计尺寸及有关数据，代入计算式进行数值计算。

④ 对计算结果的计量单位进行调整，使之与定额中相应的分部分项工程的计量单位保持一致。

(3) 套预算单价，计算直接工程费。核对工程量计算结果后，利用地区统一单位估价表中的分项工程预算单价，计算出各分项工程合价，汇总求出单位工程直接工程费。

单位工程直接工程费计算公式如下：

$$\text{单位工程直接工程费} = \sum(\text{分项工程量} \times \text{预算单价})$$

计算直接工程费时需注意以下几项内容。

① 分项工程的名称、规格、计量单位与预算单价或单位估价表中所列内容完全一致时，可以直接套用预算单价。

② 分项工程的主要材料品种与预算单价或单位估价表中规定材料不一致时，不可以直接套用预算单价；需要按实际使用材料价格换算预算单价。

③ 分项工程施工工艺条件与预算单价或单位估价表不一致而造成人工、机械的数量增减时，一般调量不换价。

④ 分项工程不能直接套用定额或不能换算和调整时，应编制补充单位估价表。

(4) 编制工料分析表。根据各分部分项工程项目实物工程量和预算定额项目中所列的用工及材料数量，计算各分部分项工程所需人工及材料数量，汇总后算出该单位工程所需各类人工、材料的数量。

(5) 按计价程序计取其他费用，并汇总造价。根据规定的税率、费率和相应的计取基础，分别计算措施费、间接费、利润、税金。将上述费用累计后与直接工程费进行汇总，求出单位工程预算造价。

(6) 复核。对项目填列、工程量计算公式、计算结果、套用的单价、采用的取费费率、数字计算、数据精确度等进行全面复核，以便及时发现差错，及时修改，提高预算的准确性。

(7) 填写封面、编制说明。封面应写明工程编号、工程名称、预算总造价和单方造价、编制单位名称、负责人和编制日期以及审核单位的名称、负责人和审核日期等。

编制说明主要应写明预算所包括的工程内容范围、依据的图纸编号、承包方式、有关部门现行的调价文件号、套用单价需要补充说明的问题及其他需说明的问题等。

2) 实物法

实物法编制施工图预算是按工程量计算规则和预算定额确定分部分项工程的人工、材料、机械消耗量，再按照资源的市场价格计算出各分部分项工程的工料单价，以工料单价乘以工程量汇总得到直接工程费，再按照市场行情计算措施费、间接费、利润和税金等，汇总得到单位工程费用。实物法中单位工程直接工程费的计算公式为：

$$\begin{aligned}\text{分部分项工程工料单价} = &\sum(\text{材料预算定额用量}\times\text{当时当地材料预算价格})+\\&\sum(\text{人工预算定额用量}\times\text{当时当地人工工资单价})+\\&\sum(\text{施工机械预算定额台班用量}\times\text{当时当地机械台班单价})\end{aligned}$$

$$\text{单位工程直接工程费}=\sum(\text{分部分项工程量}\times\text{分部分项工程工料单价})$$

通常采用实物法计算预算造价时，在计算出分部分项工程的人工、材料、机械消耗量后，先按类相加求出单位工程所需的各种人工、材料、施工机械台班的消耗量，再分别乘以当时当地各种人工、材料、机械台班的实际单价，求得人工费、材料费和施工机械使用费并汇总求和。

实物法编制施工图预算的步骤具体如下。

(1) 准备资料、熟悉施工图纸。全面收集各种人工、材料、机械的当时当地的实际价格，应包括不同品种、不同规格的材料预算价格；不同工种、不同等级的人工工资单价；不同种类、不同型号的机械台班单价等。要求获得的各种实际价格应全面、系统、真实、可靠。具体可参考预算单价法相应步骤。

(2) 计算工程量。本步骤与预算单价法相同，不再赘述。

(3) 套用消耗定额，计算人机材消耗量。定额消耗量中的“量”在相关规范和工艺水平等未有较大突破性变化之前具有相对稳定性，据此确定符合国家技术规范和质量标准要求、并反映当时施工工艺水平的分项工程计价所需的人工、材料、施工机械的消耗量。

根据预算人工定额所列各类人工工日的数量，乘以各分项工程的工程量，计算出各分项工程所需各类人工工日的数量，统计汇总后确定单位工程所需的各类人工工日消耗量。同理，根据预算材料定额、预算机械台班定额分别确定出工程各类材料消耗数量和各类施工机械台班数量。

(4) 计算并汇总人工费、材料费、机械使用费。根据当时当地工程造价管理部门定期发布的或企业根据市场价格确定的人工工资单价、材料预算价格、施工机械台班单价分别乘以人工、材料、机械消耗量，汇总即为单位工程人工费、材料费和施工机械使用费。计算公式为：

$$\begin{aligned}\text{单位工程直接工程费} = &\sum(\text{工程量}\times\text{材料预算定额用量}\times\text{当时当地材料预算价格})+\\&\sum(\text{工程量}\times\text{人工预算定额用量}\times\text{当时当地人工工资单价})+\\&\sum(\text{工程量}\times\text{施工机械预算定额台班用量}\times\text{当时当地机械台班单价})\end{aligned}$$

(5) 计算其他各项费用，汇总造价。对于措施费、间接费、利润和税金等的计算，可以采用与预算单价法相似的计算程序，只是有关的费率是根据当时当地建筑市场供求情况予以确定。将上述单位工程直接工程费与措施费、间接费、利润、税金等汇总即为单位工程造价。

（6）复核。检查人工、材料、机械台班的消耗量计算是否准确，有无漏算、重算或多算；套取的定额是否正确；检查采用的实际价格是否合理。其他内容可参考预算单价法相应步骤的介绍。

（7）填写封面、编制说明。本步骤的内容和方法与预算单价法相同。

实物法编制施工图预算的步骤与预算单价法基本相似，但在具体计算人工费、材料费和机械使用费及汇总三种费用之和方面有一定区别。实物法编制施工图预算所用人工、材料和机械台班的单价都是当时当地的实际价格，编制出的预算可较准确地反映实际水平，误差较小，适用于市场经济条件波动较大的情况。由于采用该方法需要统计人工、材料、机械台班消耗量，还需搜集相应的实际价格，因而工作量较大、计算过程繁琐。

2. 综合单价法

综合单价法是目前建筑安装工程费计算中一种最常用的计价方法，其内容包括直接工程费，间接费，利润和风险因素(措施费也可按此方法生成全费用价格)。各分项工程量乘以综合单价的合价汇总后，再加规费和税金，便可生成建筑或安装工程造价。综合单价法的计价方法与步骤如下。

（1）根据招标人编制的分部分项工程量清单及投标人编制的施工方案等，编制分部分项工程量清单综合单价分析表。

① 分部分项工程综合单价构成分析、测算。

② 分部分项工程量清单综合单价计算。

（2）根据编制的分部分项工程量清单综合单价分析表，编制分部分项工程量清单计价表。

（3）根据招标人编制的措施项目清单及投标人编制的施工方案等，编制措施项目费分析表。

（4）根据编制的措施项目费分析表，编制措施项目费计价表。

（5）根据招标人编制的零星工作项目表及投标人编制的施工方案等，编制零星工作项目计价表。

（6）根据招标人编制的其他项目清单及投标人编制的施工方案等，编制其他项目清单计价表。

（7）根据以上资料编制主要材料价格表。

（8）编制单位工程费汇总表。

（9）编制单项工程费汇总表。

（10）计算投标总价，确定工程总造价。

按照综合单价法，其计价程序亦可表述如下。

（1）计算工程量清单项目费。

分部分项工程量×综合单价。

（2）计算措施项目费。

措施项目工程量×措施项目综合单价。

(3) 计算其他项目费。

招标人部分：按估算金额确定；

投标人部分：根据招标人提出要求所发生的费用确定。

(4) 计算规费：[(1)+(2)+(3)]×费率。

(5) 计算税金：[(1)+(2)+(3)+(4)]×税率，其中[(1)+(2)+(3)+(4)]称为不含税工程造价。

(6) 计算工程总造价：[(1)+(2)+(3)+(4)+(5)](含税工程造价)。

5.3 工程施工招标文件的编制与审核

5.3.1 工程施工招标文件的编制

1. 工程施工招标文件的编制依据

工程施工招标文件的编制依据主要有《中华人民共和国招标投标法》；《中华人民共和国建筑法》；《中华人民共和国合同法》；《工程建设项目施工招标投标办法》；《评标委员会和评标方法暂行规定》；《建设工程施工合同(示范文本)》；《房屋建筑和市政基础设施工程施工招标文件范本》；国家、地方的招投标管理部门的规定及招标单位的相关要求；工程建设标准、规范及工程实际情况等。

2. 工程施工招标文件的内容

工程施工招标文件主要包括以下内容。

1) 工程综合说明

工程综合说明主要内容包括工程名称、规模、地址、发包范围、设计单位、基础、结构、装修设备概况、场地和地基土质条件、给排水、供电、道路、工期要求、工程验收标准及承包方式和对投标企业施工能力和技术要求等。

2) 设计图纸和技术说明书

初步设计阶段招标应提供总平面图、单体平面、立面、剖面图和主要结构图及装修、设备工程说明书。施工图招标阶段应提供全部图纸(不包括大样图)。

3) 工程量清单和单价表

(1) 工程量清单。要按国家颁布的统一工程项目划分、统一计量单位和统一的工程量规则，根据施工图纸计算工程量并作为投标报价的基础。

所有编制人员计算工程量时，要有清楚的底稿。清单编制完成后，第一步先由编制人自查，再由编制人之间进行相互校对；第二步由经验丰富的专业项目负责人进行认真全面的复核；第三步由项目技术总负责人进行最后审核。在复核和审核时采用技术经济指标复核法和利用相关工程量之间的关系复核，并且仔细阅读设计说明及各节点详图，从中发现的一些疏忽和遗漏的项目应及时补足。

(2) 单价表。单价表是采用单价合同承包方式时，投标单位的报价文件和招标单位的评价依据。

4) 投标须知

投标须知包括总则、招标文件、投标文件的编制、投标文件的提交、开标、评标及合同的授予等。

5) 技术规范

技术规范一般包括工程的全面描述、工程所用材料的技术要求、施工质量要求、工程记录计量方法和支付规定、验收标准、不可预见因素的规定。技术规范有国家强制性标准和国际、国内的公认标准。

6) 一些重要的说明

(1) 投标原则的评标办法。投标原则的评标方法是指根据招标项目的具体内容、招标单位所确定的招标形式、评标程序和投标人必须遵守的原则、要求。

(2) 调价方式。一般结构不复杂或工期在 12 个月以内的工程，可以采用固定价格，并考虑一定的风险系数，而对于结构较复杂或大型工程，工期在 12 个月以上的，应采用调整价格。

(3) 投标价格计算依据。在招标文件中应明确：①工程计价类别；②执行的质量标准及收费标准；③执行的人工、材料、机械设备政策性调整文件等；④材料、设备计价方法及采购、运输、保管的责任以及工程量清单。

(4) 质量标准。质量标准是指，工程必须达到的国家施工验收规范合格标准。对于要求质量达到优良标准的，应计取补偿费用。补偿费用的计算方法应按国家或地方有关文件规定执行，并在招标文件中明确。

(5) 技术标准。招标文件中规定的各项技术标准应符合国家强制性标准。招标文件中规定的各项技术标准均不得要求或标明某特定的专利、商标、名称、设计、原产地或生产供应者，不得含有倾向或者排斥潜在投标人的其他内容。

(6) 工期。应参照国家或地方颁布的工期定额来确定，赶工措施费如何计取应在招标文件中明确。如果建设单位要求按合同工期提前竣工交付使用，应考虑计取提前工期奖。提前工期奖的计算、颁发应在招标文件中明确。

(7) 投标准备时间。招标文件中应明确投标准备时间，即从开始发放招标文件之日起，至投标截止时间的期限。

(8) 投标保证金。在招标文件中应明确投标保证金数额，投标保证金可采用现金、支票、银行汇票，也可以是银行出具的保函。

(9) 履约担保。中标单位应按规定向招标单位提交履约担保，履约担保可采用银行保函或履约担保书形式。履约担保比率应符合目前有关部门的规定；银行出具的银行保函为合同价格的 5%，履约担保书为合同价格的 10%。

(10) 投标有效期。技术标有效期的确定应视工程情况而定，应在招标文件中说明。

(11) 材料或设备采购、运输、保管的责任。该责任应在招标文件中明确，如建设单位提供材料或设备，应列明材料或设备名称、品种或型号、数量以及提供日期和交货地点等，还应在招标文件中明确招标单位提供的材料或设备计价和结算退款方法。

(12) 合同协议条款的编写。招标单位在编制招标文件时，应根据《中华人民共和国合同法》、《建设工程施工合同管理办法》的规定和工程具体情况确定招标文件合同协议条款内容。

5.3.2 工程施工招标文件的审核

工程施工招标文件编制完成后，要有专人对其全面审核，审核的内容包括以下几方面。①审核招标文件的内容是否合法、合规，是否全面、准确地表述招标项目的实际情况以及招标人的实质性要求；②审核工程量清单是否满足设计图纸和招标文件的要求；③审核暂定价格或甲供材料的价格是否正确；④审核计价要求、评标方法及标准是否合理、合法；⑤审核施工现场的实际情况是否符合招标文件的规定；⑥审核投标保函的额度和送达时间是否符合招标文件的规定；

5.4 施工招标标底的编制与审核

确定科学合理的中标价格，是招投标阶段投资控制的关键。而评价投标文件中价格合理性的重要依据是业主方事先确定的标底。根据招标项目的具体情况和需要，招标人可以自行或委托具有资格和能力的中介机构，依据相应的计价依据和计价方法以及其他有关规定编制完成招标项目所需的费用——标底。

5.4.1 施工招标标底的编制

1. 标底的编制原则

标底的编制原则包括以下内容。

(1) 根据国家统一工程项目划分、计量单位、工程量计算规则及设计图纸、招标文件，按照国家、行业或地方批准发布的定额和技术标准规范及要素市场价格确定工程量，标底价格反映社会平均水平。

(2) 标底应力求与市场的实际变化相吻合，要有利于竞争和保证工程质量。

(3) 标底应由直接费、间接费、利润、税金等组成，一般应控制在批准的建设工程投资估算或总概算价格以内。

(4) 标底应考虑人工、材料、设备、机械台班等价格变化因素以及不可预见费、预算包干费、措施费、现场因素费用、保险以及采用固定价格的工程风险金等。

(5) 唯一性原则。一个工程只能有一个标底。

(6) 标底编制完成后，应及时封存，在开标前严格保密，不得泄露。

2. 标底的编制依据

标底的编制依据包括以下几方面。

(1) 国家的有关法律、法规以及国务院和省、自治区、直辖市相关主管部门制定的有关工程造价的文件和规定。

(2) 工程招标文件中确定的计价依据和计价办法，招标的商务条款等。

(3) 工程设计文件、图纸、技术说明及招标时的设计交底，设计图纸确定或招标人提供的工程量清单等相关基础数据。

(4) 国家、行业、地方的工程建设标准，包括建设工程施工必须执行的建设技术标准、规范和规程。

(5) 采用的施工组织设计、施工方案、施工技术措施等。

(6) 工程施工现场地质、水文勘探资料和现场环境、条件及反映相关情况的有关资料。

(7) 招标时的人工、材料、设备及施工机械台班等要素的市场价格信息，以及国家或地区有关政策性调价的规定。

3. 标底的编制程序

标底的编制程序依照以下程序进行。

(1) 确定标底的编制单位。

(2) 搜集编制资料。编制资料主要有以下几种：①全套施工图纸及现场地质、水文、地上情况的有关资料；②招标文件；③其他数据，如人工、材料、设备及施工机械台班等要素市场价格信息；④领取标底价格计算书，报审的有关表格。

(3) 参加交底会及现场勘察。

(4) 编制标底。

(5) 审核标底价格。

4. 标底的主要内容

标底主要包括以下内容。

(1) 标底的综合编制说明。

(2) 标底价格审定书、标底价格计算书、带有价格的工程量清单、现场因素分析、各种施工措施费的测算明细以及采用固定价格工程的风险系数测算明细等。

(3) 主要人工、材料、机械设备用量表。

(4) 标底附件，包括各项交底纪要，各种材料及设备的价格来源，现场的地质、水文、地上情况的有关资料，编制标底价格所依据的施工方案或施工组织设计等。

(5) 标底价格编制的有关表格。

5. 标底的编制方法

当前，我国建筑安装工程招标的标底，主要采用以施工图预算、工程概算、扩大综合定额、平方米造价包干为基础等四种方法来编制。

1) 以施工图预算为基础的标底

以施工图预算为基础编制标底的具体做法是根据施工图纸及技术说明，按照预算定额规定的分部分项工程子目，逐项计算出工程量后，再套用定额单价(或单位估价表)确定直接费，然后按规定的取费标准确定施工管理费、其他间接费、计划利润和税金，还要加上材料调价系数和适当的不可预见费，汇总后即为工程预算，也就是标底的基础。如果拆除旧建筑物，场地“三通一平”以及某些特殊器材采购也在招标范围内，则还须在工程预算之外再增加相应的费用，从而构成完整的标底。

利用这种方法编制招标工程标底，其特点是工程子目划分符合施工实际情况，工料消耗定额比较详细准确，如无设计和价格上的变化，其造价是比较准确的。因此，采用这种方法编制标底也比较准确可靠。

为了便于开标后与投标单位的标价核对，分析判断各标价的合理性，标底可用项目标底汇总表、补充单位估价表、主要材料(设备)数量表等形式表示，其他的工程量计算表、市场材料价格调查及综合价格取定表以及有关费用(费率)的依据等原始数据，均应完整的保留备查。

2) 以工程概算为基础的标底

以工程概算为基础编制标底，其编制程序和以施工图预算为基础的标底大体相同，所不同的是以工程概算为基础的标底采用工程概算定额，分部分项工程子目作了适当的归并与综合，使计算工作有所简化。

采用这种方法编制的标底，通常适用于扩大初步设计或技术设计阶段，即进行招标的工程。在施工图阶段招标，也可按施工图计算工程量，按概算定额和单价计算直接费，既可提高计算结果的准确性，又可减少工程量，节省人力和时间。应注意的是，需要补充概算单位估价表时，由于缺乏统一综合内容的依据，因此必须在工程量表中加以详细说明，以免投标企业在确立标价时缺乏统一口径，事后也无法根据标底核对单价。

3) 以扩大综合预算为基础的标底

以扩大综合预算为基础编制标底有别于前两种方法。这种方法采用的是介于预算定额与概算定额之间的扩大综合定额。其主要特点是在预算定额的基础上，对有关子目进行合并，并进行“并费”，即将施工管理费、其他间接费、计划利润和税金等所有费用均纳入扩大的分部分项单价内，构成专门为编制标底用的扩大综合定额，进一步简化标底的编制工作，并达到相当高的准确度。

这种方法目前在某些地区已开始试行，并取得好效果。不过在有些地区，按企业的所有制性质和隶属关系规定不同的取费标准，确定两个以上标底的情况下，这种方法就不适用了，它所采用的“并费”方法只适用于一个工程中采用统一的取费标准的情况。

4) 以平方米造价包干为基础的标底

以平方米造价包干为基础编制标底主要适用于采用标准图大量建造的住宅工程，一般做法是由地方工程造价管理部门经过多年实践，对不同结构体系的住宅工程造价进行测算分析，制定每平方米造价包干标准。在具体工程招标时，再根据装修、设备情况进行适当的调整，确定标底单价。考虑到基础工程因地基条件不同而有很大差别，平方米造价多以工程的正负零以上为对象，基础及地下室工程仍以施工图预算为基础编制标底，二者之和构成完整标底。

6. 编制标底需要考虑的因素

招标工程的标底大多是在施工图预算基础上做出的，但它不完全等同于施工图预算。

编制一个标底还需要考虑以下因素。

(1) 标底必须适应目标工期的要求，对提前工期有所反映，并将其计算依据、过程、结果列入标底的综合说明中。

(2) 标底必须适应招标方的质量要求，对高于国家施工及验收规范质量的因素有所反映，并应将其计算依据、过程、结果列入标底的综合说明中。标底的计算应体现优质优价的原则。

(3) 标底必须适应建筑材料采购管道和市场价格变化，考虑材料差价因素，并将差价列入标底。

(4) 标底必须合理考虑招标工程的自然条件和招标工程范围等因素。由于自然条件导致的施工不利因素也应考虑计入标底。

(5) 标底价格应根据招标文件或合同条件的规定，按规定的工程承发包模式，确定相应的计价方式，考虑相应的风险费用。

7. 编制标底注意事项

编制标底除了要注意以上原则和考虑因素之外，还必须注意以下各项工作。

(1) 做好标底编制前的各项准备工作。需要注意，在编制标底的过程中要注重踏勘现场，了解现场供水、供电、通路和场地状况，及时清点和熟悉施工图。

(2) 计算工程量。由于工程量是标底编制中最基本和最重要的数据，漏项和错算都会直接影响标底造价的正确程度。工程量的工程分项名称，以及工程量的计算方法，应与所使用的定额的规定相一致。同时分项工程名称的描述要全面妥当。

(3) 要正确使用定额和补充单价。标底中的单价以当地现行的预算定额为依据，对定额中的缺项或有特殊要求的项目应编制补充单价合同。

(4) 正确计算材料价差。计算材料价差一般都遵循当地工程造价管理部门颁发的材料价差调整文件的要求。材料价差调整文件的颁发有一定的时点，该时点过后才相继出现编制时点、工程竣工时点。

(5) 正确计算施工措施性费用。标底编制人员通过对有关方面资料的搜集、整理来确定措施性费用，特别是对一些深基础工程、超重和超大构件的吊装和运输、大规模的混凝土结构工程等情况，要慎重考虑。

(6) 计算直接费、间接费和总造价。首先在准确核对各项目工程量及相应预算价的基础上，计算分项直接费并汇总，然后按地区规定的取费率计算出间接费及利润等，最后加入材料价差、施工措施性费用、代办费用等，从而得出工程总造价即招标标底。

5.4.2 施工招标标底的审核

1. 标底审核时应考虑的因素

审核标底，充分考核以下因素。

(1) 工程的规模和类型、结构复杂程度。

(2) 工期的长短以及必要的技术措施。

(3) 工程质量的要求。

(4) 工程所在地区的技术、经济条件等。

(5) 根据不同的承包方式，考虑不同的包干系数及风险因素。

(6) 现场的具体情况等。

2. 标底审核的内容

审核标底，主要包括以下内容。

(1) 标底的计价依据：包括承包范围、招标文件规定的计价方法及招标文件的其他有关条款。

(2) 标底组成的内容：包括工程量清单及其单价组成、直接费、其他直接费、有关文件规定的调价、间接费、现场经费以及利润、税金、主要材料、设备需用数量等。

(3) 标底相关费用：包括人工、材料、机械台班的市场价格，如措施费、现场费用、不可预见费，对于采用固定价格的工程所测算的在施工周期内价格波动的风险系数等。

3. 标底的审核办法

标底的审核办法包括全面审核法、重点审核法、分解对比审核法、标准预算审核法、筛选法等。

4. 标底编制和审核的注意事项

标底是建筑安装工程造价的表现形式之一，它是招标人对招标项目在方案、质量、工期、价格、措施等方面自我预期控制的指标。编制人员依据工程量清单编制标底或控制价，并在编制标底时注意了如下问题。

(1) 严格依据设计图纸和资料、工程实物量计算规则以及国家制定的建筑工程技术规程和规范进行编制，避免人为地提高或压低工程量，以保证标底的客观公正。熟悉和读懂设计图纸及说明，根据工程现场情况，考虑合理的施工方法和施工机械，分部分项地逐项计算工程量，明确标底子目，对于大部分工程内容及工序符合计算规则，只是局部材料不同的，加以注明，如运距、强度等级、厚度断面等；对于定额计算规则缺项须补充增加子目的，根据图纸内容做好相应的补充子目，计价根据招标文件的要求，依据指定的信息价、市场价，合理套用定额，做好每项标底子目的单价分析。

(2) 若编制工程量清单与招标的标底是同一单位，应注意发放招标文件中的工程量清单与编制标底的工程量清单在格式、内容、描述等各方面保持一致，避免由此而造成招标的失败或评标的不公正。

(3) 标底的描述必须准确全面，避免由于描述不清而引起理解上的差异，造成投标企业报价时不必要的失误，影响招投标的工作质量。

(4) 注意区分各项费用的组成，避免重复计算。

(5) 注意技术标报价与商务标报价不得重复，尤其是在技术标中已经包括的措施项目报价，在做标底时应避免重复报价。

5.5 投标书评审中的投资控制

5.5.1 投标书评标的程序

开标应当依据招标文件规定的时间、地点和程序公开进行。开标后，招标人即应按照招标文件的规定，组织评标工作的开展。评标应由招标人依法组建的评标委员会负责，评标的目的是根据招标文件确定的标准和方法，对每个投标人的标书进行评审和比较，以选出最优评标价的投标人。招标人组建评标委员会，评标委员会由招标人的代表及在专家库中随机抽取的技术、经济、法律等方面的专家组成，总人数一般为5人以上且总人数为单数，其中受聘的专家不得少于总人数的2/3。与投标有利害关系的人员不得进入评标委员会。评标委员会负责评标，对所有投标文件进行审查，对与招标条件规定有实质性不符的投标文件，应当决定其无效。

评标委员会应当按照招标文件的规定对技标文件进行评审和比较，对于大型工程项目的评标因评审内容复杂、涉及面广，通常分为初步评审和详细评审两个阶段。

1. 初步评审阶段

初步评审阶段的内容主要包括以下几方面。

(1) 投标人的资格要求。公开招标时要核对投标人是否为符合资格预审条件的投标人。邀请招标在此阶段应对投标人提交的资格材料进行审核。

(2) 投标保证的有效性。对于招标文件要求提供投标保证的，应审核投标时是否已经提交，并检查保证金额、担保期限及出具保证书的单位是否符合投标须知的规定。

(3) 报送资料的完整性。要核对投标书是否符合投标须知的规定，是否有遗漏。

(4) 投标书与招标文件的要求有无实质性的背离。投标文件应在实质上响应招标文件的要求，投标文件应该与招标文件的所有条款、条件和规定符合，无明显差异。

(5) 报价计算的正确性。如果投标书存在计算或统计错误，应由评标委员会予以改正后请投标人签字确定。投标人拒绝确认，按投标人违约对待；当错误值超过允许的范围时，按废标对待。

(6) 扣除暂定金额。如果工程报价单中存在暂定金额，则应该将其从投标书的总价内扣除，剩余金额作为详细评审阶段商务标评比的依据。

2. 详细评审阶段

详细评审阶段一般分为两个步骤。首先对各投标书进行技术和商务方面的审查，评定其合理性及合同授予该投标人在履行过程中可能给招标人带来的风险。在此基础上再由评标委员会对各投标书分项进行量化比较，从而评定出优劣次序。大型复杂工程的投标文件详细评审一般有以下几个方面。

1）技术评审

技术评审主要是对投标书的施工总体布置、施工进度计划、施工方法和技术措施、材料和设备、技术建议等实施方案进行评定。

2）价格分析

价格分析的目的在于鉴定投标报价的合理性，并找出报价高低的原因。

(1) 报价构成分析。用标底与投标书中各单项合计价，各分项工作内容的单价及总价进行对比分析，找出差异，确定原因，评定报价。

(2) 计日工报价。分析没有名义工程量、只填单价的机械台班费和人工费报价的合理性。

(3) 分析前期工程价格提高的幅度。过大地提高前期工程的支付要求，会影响到项目的资金筹措计划。

(4) 分析标书中所附资金流量表的合理性。包括审查各阶段的资金需求计划是否与施工进度计划相一致，对预付款的要求是否合理，采用公式法调价时取用的基价和调价系数的合理性及估算可能的调价幅度等内容。

(5) 分析投标书中所提出的财务或付款方面的建议和优惠条件，估计接受该建议的利弊。

3）管理和技术能力评价

对施工管理的组织机构模式、管理人员和技术人员的能力、施工机械设备、质量保证体系等方面进行评价。

4）商务法律评审

商务法律评审主要包括投标书与招标文件中的规定是否有重大偏差，修改合同条件某些条款建议采用的价值，替代方案的可行性，评价优惠条件等。

5.5.2 投标书评审及评价的方法

1. 投标书评审方法

评标委员会应该按照投标文件的规定对投标文件进行评审和比较，并向招标人推荐1～3个中标候选人。评审分析的方法包括以下几种。

1）专家评议法

专家评议法由评议委员会预先确定拟评定的内容，经过对共同分项的认真分析、横向比较和调查后进行综合评议。

2）最低投标价法

一般选取最低评标价者作为推荐中标人。评标价需要建立在严格预审的基础上，将一些因素折算成价格，然后再计算其评标价。只要投标人通过了预审，就被认为是具备了可靠承包商条件，投标竞争只是一个价格的比较。评标价的其他构成要素还包括工期的提前量、标书中的优惠、技术建议导致的经济效益等，这些条件都折算成价格作为评标价的折减因素。对其他可以折算成价格的要素，按照对招标人不利或有利的原则，按规定折算后，在投标报价中减少或者增加。评标委员会根据招标文件中规定的评标价格调整方法，对所有投标人的投标报价及投标文件的商务部分进行必要的价格调整。采用经评审的最低投标价法的，中标人的投标应当符合招标文件规定的技术要求和标准，但评标委员会无须对投标文件的技术部分进行价格折算。

3）综合评分法

综合评分法是指将评审的内容进行分类后分别赋予不同权重，评标委员依据评分标准对各类内容细分的小项进行相应的打分，最后计算的累计分值反映投标人的综合水平，以得分最高的投标书为最优。这种方法由于需要评分的涉及面较宽，每一项都要经过评委打分，所以可以全面地衡量投标人实施招标工程的综合能力。

大型复杂工程的评分标准最好将评分目标设置几个等级，以利于评委控制打分标准，减少随意性。评分的指标体系及权重应根据招标工程项目的特点而定。

对于较简单的工程项目，由于评比要素相对较少，通常采用百分制法进行评标，但应预先设定技术标和商务标的满分值；对于大型复杂工程，其评审要素较多，需将评审要素划分为几大类并分别给出不同的权重，每一类再进行百分制计分。评审因素一般设置如下。

（1）投标报价。投标报价主要包括评审投标报价的准确性和报价的合理性等。

对投标书中报价部分的比较，按照评分基准的不同，可以划分为用标底作为衡量基准、用修正标底值作为衡量基准和不用标底而考虑投标人报价水平计算衡量基准三大类。

① 以标底作为衡量标准计算的报价得分的综合评分法。

评标委员会首先用标底作为衡量标准，以预先确定的允许报价浮动范围筛选入围的有效投标，然后按照评标规则计算各项得分，最后以累计得分比较投标书的优劣。

② 以修正标底值作为报价评分衡量标准的综合评分法。

以标底作为报价评定标准时，编制的标底有可能没有反映出较为先进的施工技术水平和管理水平，导致报价分的评定不合理。可以将修正标底值作为衡量标准，以达到正确评分的目的。

③ 不用标底衡量的综合评分法。

为了鼓励投标人的报价竞争，可以不预先制定标底，用反映投标人报价水平的某一值作为衡量标准来评定各投标书报价部分的得分。可以采用最低报价或者平均报价作为标准值，视报价与其偏离度的大小确定分值高低。

工程量清单基价的招标中经常采用合理低价评分法评标。评审投标报价不仅注重总价，更注重价格构成，各投标报价工程量相同，价格构成清晰可比，便于进行投标的响应性和报价是否合理的评价。同时在一定程度上消除了骗标、串标、抬标等不良现象，避免了工程造价被恶意扭曲的情况。所以，工程量清单招标中的标底价可以作为投标价的参考价或业主的拦标价。

（2）施工组织设计，即评审施工方案或施工组织设计是否齐全完整、科学合理，具体包括以下内容：①施工方法是否先进合理；②施工进度计划及措施是否合理，能否满足招标人关于工期或竣工计划的要求；③质量保证措施是否可行，安全措施是否可靠；④现场平面布置及文明施工措施是否可靠；⑤主要施工机具及劳动力配备是否合理；⑥提供的材料设备是否满足招标文件及设计要求；⑦项目主要管理人员及工程技术人员的数量和资历等是否符合招标文件规定。

(3) 质量，即评审工程质量是否达到国家施工验收规范合格标准，是否符合招标文件要求，质量措施是否全面和可行。

(4) 工期，即评审工期是否满足招标文件的要求。

(5) 信誉和成绩。信誉和业绩包括经济技术实力，近期合同履行情况，服务态度以及是否承担过类似工程，是否获得过上级的表彰和奖励等。

2. 投标书评价的方法

对于投标书的评价，一般采用定量与定性相结合的方法。目前，投标书评价方法采用较多的有层次分析法、模糊评价法、价值管理方法等。

1) 层次分析法

层次分析法是一种定性分析和定量分析相结合的典型评标决策方法。通过对表述所涉及的因素进行分类，并构建一个各评价因素之间相互连接的层次结构模型，对各层主因素赋权，最后得到各投标方案的优劣次序。此方法适用于标书指标结构复杂且缺乏必要数据的评标条件。

2) 模糊评价法

模糊评标法是基于模糊理论对招投标系统进行综合评价的一种方法。该方法充分考虑标书指标的不确定性和模糊性，借助于计算机和评标专家库可以保证评标工作的公正、高效。

3) 价值管理方法

价值管理方法全面考虑投标单位的情况，分析市场情形，在降低工程项目成本和增强项目功能方面具有显著的效果，但目前在建筑行业中对价值管理的主要部分即价值工程缺乏深刻了解，评标中价值管理方法没有得到应有的重视。

从国外的经验来看，推动价值工程在建筑业中的发展和应用，不仅可以提高建筑业的经营管理水平，而且能有效地保证业主、设计人员、施工人员和其他有关人员之间的充分交流，切实满足业主对项目功能的需求。国内外大量的工程实践证明，价值管理在降低成本、提高功能和促进创新等方面具有效果显著。

5.5.3 投标书评审阶段投资控制的注意事项

1. 注重总报价和单项报价的综合评审

总价符合要求并不能说明单项报价符合要求，总报价最低并不能说明单项报价最低。投标人采取不平衡报价法，即在保持总造价不变的情况下，将工程量可能变化较小的项目的单价降低，将可能变化较大的项目单价增大，以期达到在竣工结算时追加工程款的目的。不平衡报价使得投标总报价不能客观地反映投标人的竞争力，出现单价偏高或偏低的现象，并因单价不合理而增大变更工程的计价难度。因此在招投标中对不平衡报价应进行评价和分析并进行限制，以保证合同价格具有较好地公平性和可操作性，降低由此给业主带来的不利风险。另外也要做到单价和相应工程数量的综合评审，工程数量大的单价要重点分析。还要做到单价与工作内容、施工方案、技术工艺的综合评审，从而择优选择合适的施工单位。

2. 重视早期发生费用的审查

对于早期发生的项目如开办费、结构工程中较早涉及费用的子项应严格审查，不使承包人提早收到工程款，从而避免使发包商蒙受利息损失。

3. 严格审查计日工单价

对于计日工作表内的单价亦应严格审核，虽然该部分内容不计入总价，但以后施工中会发生，需按实计量，这也是今后投资控制的一个方面。同时，采取招标前期加大项目组织考察认定(以项目管理组织为主，公司资质为次的考察管理理念)和项目开竣工始终如一的正规的项目组织管理程序，严格把关，不让其不正规的民间组织来此鱼目混珠。

5.6 建设工程施工合同管理

5.6.1 合同类型和合同形式的选择

1. 建设工程合同的类型

1) 总价合同

总价合同是指在合同中确定一个完成项目的总价，承包单位据此完成项目全部内容的合同。这种合同类型能够使建设单位在评标时易于确定报价最低的承包商，易于进行支付计算。但这类合同仅适用于工程量不太大且能精确计算、工期较短、技术不太复杂、风险不大的项目。因而采用这种合同类型要求建设单位必须准备详细而全面的设计图纸(一般要求施工详图)和各项说明，使承包单位能准确计算工程量。该种合同一般分为以下三种形式。

(1) 固定总价合同。在此种合同形式下承包商的报价以准确的设计图纸及计算为基础，并考虑到一些费用的上升因素。在这种合同下承包商要承担全部风险，为条件不可预见的因素付出代价，一般报价较高。适用于工期较短(一般不超过1年)、对工程项目要求十分明确的项目。

(2) 调值总价合同。这种合同是指在报价及订合同时以招标文件的要求及当时的物价计算总价的合同。但在合同价款中双方商定，如果在执行合同过程中由于通货膨胀引起成本增加达到某一限度时，合同总价应相应调整。这种合同业主承担通货膨胀的风险，承包商承担其他风险。适用于工期较长(一般 1 年以上) 的项目。

(3) 固定工程量总价合同。在此种合同形式下业主要求投标者在投标时按单价合同办法分别填报分项工程单价，从而计算出工程总价。这种合同对业主有利，而对承包商则存在一定风险。适用于工程量变化不大的项目。

2) 单价合同

单价合同是承包单位在投标时，按招标文件就分部分项工程能够列出的工程量表确定各分部分项工程量费用的合同类型。这类合同的使用范围比较宽，其风险可以得到合理的分摊，并且能鼓励承包单位通过提高工效等手段从成本节约中提高利润。这类合同能够成立的关键在于双方对单价和工程量计算方法的确认。在合同履行过程中，需要注意的问题是双方对实际工程量计量的确认。该种合同一般分为以下两种形式。

(1) 估计工程量单价合同。业主根据估计的工程量列出工程量表，承包商在工程量表中填入各项单价，据此计算出合同总价。在工程全部完成时以竣工图最终结算工程的总价格。一般工程可以采用这种合同形式。

(2) 纯单价合同。招标文件只向投标人提供各分项工程内的工作项目一览表，包括工程范围及必要的说明，而不提供工程量，承包商只要给出单个项目的单价即可。此种合同形式适用于一些不易计算工程量的项目。

3) 成本加酬金合同

成本加酬金合同，是由业主向承包单位支付工程项目的实际成本，并按事先约定的某一种方式支付酬金的合同类型。在这类合同中，业主需要承担项目实际发生的一切费用，因此也就承担了项目的全部风险，而承包单位由于无风险，其报酬也较低。如果采用此类合同，业主对工程总造价不易控制，承包商也不注意降低项目成本。此类合同主要适用于以下项目：需要立即开展工作的项目；新型的工程项目或对项目工程内容及技术经济指标未确定；风险很大的项目。

此类合同总价一般包括以下几种形式。

(1) 成本加固定百分比酬金确定的合同价。发包方对承包方支付的人工、材料和施工机械使用费、其他直接费、施工管理费等按照实际直接成本全部据实补偿，同时按照实际直接成本的固定百分比付给承包方一笔酬金，作为承包方的利润。但是这种合同形式不能有效地鼓励承包商关心缩短工期和降低成本，因而对业主不利。

(2) 成本加固定金额确定的合同价。此种形式与上述成本加固定百分比酬金合同价相似，但是发包方付给承包商的酬金是一笔固定金额的酬金。采用该种合同形式，承包商会从尽快取得酬金出发，关心缩短工期。

(3) 成本加奖罚确定的合同价。根据粗略估算的工程量和单价表确定一个目标成本，而后根据目标成本确定酬金数额，可以是百分数的形式或者是一笔固定酬金。然后，根据工程实际成本支出情况另外确定一笔奖金。当实际成本低于目标成本时，承包方除了从发包方获得实际成本、酬金补偿外，还可以根据成本降低额得到一笔奖金；当实际成本高于目标成本时，承包方仅能够从发包方得到成本和酬金的补偿，如果超过合同价的限额和工期的要求，还要被处以一笔罚金。

（4）最高限额成本加固定最大酬金确定的合同价。首先确定限额成本、报价成本和最低成本，当实际成本没有超过最低成本时，承包方花费的成本费用及应得酬金等都得到发包方的支付，并与发包方分享节约额；如果实际工程成本在最低成本和报价成本之间，承包方只能得到成本和酬金；如果实际工程成本在报价成本与最高限额成本之间，则只能得到全部成本；实际工程成本超过最高限额成本时，则超过部分发包方不予支付。

2. 建设工程施工合同形式的选择

选择合同形式应考虑以下因素。

1）项目规模和工期长短

如果项目的规模较小、工期较短，则合同类型的选择余地较大，上述三种合同都可以选择。如果工期较长、规模大，则项目的风险也较大，合同履行中的不可预测因素也多，不宜采用总价合同。

2）项目的竞争情况

如果业主面临的承包商的选择较多，则可按照总价合同、单价合同、成本加酬金合同的顺序进行选择；如果愿意承包项目的承包商较少，则承包商拥有的主动权较多，可以尽量选择承包商愿意采用的合同方式。

3）项目的复杂程度

如果项目的复杂程度较高，则意味着对承包商的技术水平要求高，项目的风险较大，因此承包商对合同的选择有较大的主动权，总价合同被选用的可能性较小；如果项目的复杂程度较低，则业主对合同类型的选择权较大。

4）项目的单项工程的明确程度

如果单项工程的类别和工程量都十分明确，则可选用的合同类型较多。如果单项工程的分类已详细而明确，但实际工程量和预计工程量有较大的出入时，则优先选择单价合同。

5）项目准备时间的长短

项目的准备时间包括业主的准备工作时间和承包商的准备工作时间。对于不同的合同类型分别需要不同的准备时间和准备费用。总价合同的准备时间和准备工作最少，而成本加酬金合同最多。

6）项目的外部环境因素

项目的外部环境因素包括项目所在地区的政治局势、经济局势因素(如通货膨胀、经济发展速度等)、劳动力素质(当地)以及交通、生活条件等。如果项目的外部环境恶劣则意味着项目的成本高、风险大、不可预测的因素多，承包商很难接受总价合同方式，而较适合采用成本加酬金合同。

总之，在选择合同类型时，一般情况下是业主占有主动权。但业主不能单纯考虑己方利益，应当综合考虑项目的各种因素，考虑利益相关者的利益，包括考虑承包商的承包能力等，确定双方都能认可的合同类型，最终完成工程施工。

5.6.2 合同类型和合同形式的审核

1. 施工合同审核的要点

施工合同的审核包括以下几个要点。

(1) 审核合同是否明确规定工程范围，工程范围包括工程地址、建筑物数量、结构、建设面积、工程批准文号等。

(2) 审核合同是否明确规定工期，总工期及各单项工程的工期能否保证项目工期目标的实现。

(3) 审核合同的工程质量标准是否符合有关规定。

(4) 审核合同工程造价计算原则、计费标准及确定办法是否合理。

(5) 审核合同是否明确规定设备和材料供应的责任及其质量标准、检验方法。

(6) 审核所规定的付款和结算方式是否合适。

(7) 审核隐蔽工程的工程量的确认程序及有关内部控制是否健全，有无防范价格风险的措施。

(8) 审核中间验收的内部控制是否健全，交工验收是否以有关规定、施工图纸、施工说明和施工技术文件为依据。

(9) 审核质量保证期是否符合有关建设工程质量管理的规定，是否有履约保函。

(10) 审核合同所规定的双方权利和义务是否对等，有无明确的协作条款和违约责任。

(11) 审核采用工程量清单计价的合同是否符合《建设工程工程量清单计价规范》的有关规定。

2. 合同签订环节的投资控制

目前，我国已出台了一系列建筑法律、法规和合同示范文本，这些文本与国际标准合同文本，尤其是与国际通行的 FIDIC(国际咨询工程师协会，简称 FIDIC)合同文本相比，在合同的严谨性、合同主体的责任和权利方面仍存在一定差距，建设单位应吸收国外合同的合理部分，结合我国金融、保险、建筑法规，及自身相关情况，不断对现行使用的合同文本进行补充完善，重视以下投资控制手段。

(1) 充分分析合同条款中承发包双方的权利、义务和可能发生的费用。

(2) 明确项目实施过程中，项目的计价原则。

(3) 明确项目价格变动调整的方法和过程。

(4) 确定工程款的支付原则。

(5) 确定项目预付款、保留金、履约保函、支付保函等的支付变动原则。

(6) 明确索赔的范围以及索赔事件发生后的处理原则，索赔是最容易造成工程造价控制失控的原因，根据项目的特点分析可能发生的索赔情况，做出分析。

案例分析

某工程项目的评标自2009年6月7日开始至2009年6月15日结束，经过六轮询标，各投标单位均对其投标文件进行了澄清和说明。鉴于工程公司1没有实质响应招标文件，评标小组认为其所有报价不具备可比性和参照性，故不将其列入最终报价比较。调整后的各投标单位的投标总价如表5-1所示。

表5-1 投标总价汇总表

序号	投标单位	投标总价/元
1	工程公司2	110 515 230.00
2	工程公司3	116 150 614.00
3	工程公司4	115 639 881.60

评标专家通过对上述各家投标单位在主要项目组成员、工程业绩、现场组织管理、现场临设、工期安排、施工技术方案、质保体系、环保措施、交通协调、安全保证体系、招标文件响应程度等方面进行了综合评议。

2009年6月15日A造价咨询公司给出了评标报告。D项目总承包工程评标报告主要内容如下。

1）报价(表5-2)

表5-2 投标报价与标底比较汇总表

序号	投标单位	投标总价/元	与最低投标总价比较之百分比
1	工程公司2	110 515 230.00	100.00%
2	工程公司3	116 150 614.00	105.10%
3	工程公司4	115 639 881.60	104.64%

2）工期(表5-3)

表5-3 各投标单位投报的工期情况汇总表

序号	投标单位	总工期/日历天	标书要求工期/日历天
1	工程公司2	262	267
2	工程公司3	267	267
3	工程公司4	268	267

3）标书有效期

本标书的有效期为120个公历日，即从20××年××月××日起至20××年××月××日止有效。各投标单位均对标书有效期没有异议。

4）议标修正通知

于2009年6月10日发出投标疑问回复(一)予工程公司，并于2009年6月13日发出补充议标文件(一)予各投标单位。

5）计算校核(表5-4)

表5-4　投标单位计算错误百分比汇总表

序号	投标单位	投标总价/元	计算错误	与最低投标总价比较之百分比
1	工程公司2	110 515 230.00	无	100.00%
2	工程公司3	116 150 614.00	+2.16%	105.10%
3	工程公司4	115 639 881.60	+364.11%	104.64%

6）工程内容

依据议标文件、议标图纸与工程规范所示，本工程承包范围包括(但不限于)以下内容。

① 与桩基承包单位、地下室承包单位的协调、配合及交接。

② 地库粗装修工程。

③ 所有按设计与工程规范要求以及为取得政府主管部门批准所需的任何检测及一切要求。

④ 总承包单位须负责结构工程中所需的水电管道、机电预埋管等的洞口预留、开孔等，并配合其他承包单位进行所需的管道预埋、接地等全部工作。另外，总承包单位需根据规范要求承担相应各子项的测试、检验工作等。

⑤ 总承包单位须负责与下列指定分包工程、业主自行发包之独立承包工程的承包单位及指定材料供应商联系，并提供施工条件、施工设施及统筹工作等直至工程完成。

A. 指定分包工程：供应及安装玻璃幕墙工程；精装修承包工程；设计、供应及安装灯具照明系统工程。

B. 指定材料供应商：小五金配件洁具供应；机电设备供应。

C. 业主自行发包之独立承包工程：设计、供应及安装电梯系统工程。

D. 在招投标文件内所说明或招投标期间增减得到总承包单位所确认的工程内容。

7）合同形式

除根据本合同文件明确规定外(如议标文件明确规定为暂定数量的项目)，本项目承包合同属闭口包干性质，承包金额不得以任何方式调整或变更。单价在中标后不得作任何调整，而议标文件中的工程量只作参考之用，不构成合同的一部分。

8）标书的附加限制和自拟条件

本次回标的投标单位均未提出自拟条件，对标书的响应程度较好。

9）投标单位提供的资料情况(表5-5)

表5-5　各投标单位提供的资料

	投标单位应提供的材料	公司2	公司3	公司4
1	说明投标单位有资格在该市从事本类型工程施工的营业执照、资质证书、经营手册之副本	有	有	有
2	投标企业名称、注册地点、法人代表签名、开户银行账号	有	有	有
3	法人代表证件副本(或委托书)及身份证副本	有	有	有
4	投标企业的所有指定性质及隶属关系	有	有	有

续表

	投标单位应提供的材料	公司 2	公司 3	公司 4
5	近三年来的损益表及资产负债表报告	有	有	有
6	施工组织计划书	有	有	有
7	投标企业简介，包括过去已完工及现时正在进行的工程项目的名称、规模、工程总价、地点、工期及质量情况	有	有	有
8	投标单位对本工程准备选用的主要分包单位及详细资料	有	有	有
9	负责本工程施工的组织架构表	有	有	有

10）附录(略)

11）个别议标书的详细情况(略)

12）技术资料的审查

我公司认为技术细节，特别是各号楼的施工进度计划及合理的施工现场布置对本工程十分重要。有关技术顾问单位会对各投标单位所提供的技术资料做出审核，亦会对各投标单位阐述本工程的设计技术要求，从而落实业主对本项目的实际要求。

13）建议与结论

(1) 从资质方面考虑，本次的三家投标单位应都有资格和能力承担本工程项目。

(2) 从合同方面考虑，三家投标单位对标书的响应程度都较好，特别对工期和付款条件基本没有大的异议，但有些细节部分(在个别议标书的详细情况中已分析)，须在议标时要求个别投标单位予以澄清。

(3) 在报价方面，工程公司 3 和工程公司 4 比工程公司 2 的报价都要高出 500 多万元。从分部造价比较来看，差异主要在三个方面。

① 基本措施费用方面，最低报价人民币 800 000.00 元(工程公司 2)与最高报价人民币 983 082 元(工程公司 3)相差人民币元 183 082.00，约为 22.89%。

② 以三号清单为例，门窗工程部分最低报价人民币 584 414.00 元(工程公司 2)与最高报价人民币 1 211 162.72 元(工程公司 3)相差人民币 626 748.72 元，约为 107.24%。

③ 以三号清单为例，饰面工程部分最低报价人民币 30 482 215.0 元(工程公司 2)与最高报价人民币 31 202 246.60 元(工程公司 4)相差人民币 720 031.60 元，约为 30%。

(4) 由于本次议标是在设计图纸未完善的情况下进行的，且没有针对本工程的技术规范，各投标单位对清单中各子项，特别是建筑及装饰部分所选用材料品质及施工要求的理解存在一定差异，客观上造成报价波动较大，我公司建议在定标前向投标单位提供一套完整的技术资料及图纸，以确定最终的承包总价。

(5) 由于本工程工期较紧，主体工程施工须与地库施工紧密衔接，另多家承包单位将会同期展开施工，因此本项目总承包单位对其他承包单位的管理、协调及配合工作非常重要。我公司建议于议标时，须向各投标单位特别强调，以免影响整个项目的进程。

(6) 技术问题，将由技术顾问单位及业主评审其可行性。

除上述意见外，各投标单位均可接受为本工程的承包单位。

最后经业主与A公司进一步讨论决定第一家单位工程公司2中标。

本章小结

本章介绍了施工招标阶段投资控制的内容和方法，主要包括基本概念、施工图预算的编制、招标文件的编制与审核、标底的编制与审核、投标书评审中的投标控制及合同类型的选择与审核等。

通过本章的学习，要求了解建设工程施工招标阶段建设项目投资控制的基本概念、工作内容和程序；熟悉建设工程施工招标的基本概念、程序；了解施工招标阶段投资控制中存在的问题和投资控制的重点环节；掌握施工图预算编制、施工招标文件的编制与审核、标底的编制与审核等技术与方法；掌握评标过程中造价控制的方法；熟悉合同类型和合同形式的选择。

习　　题

1. 思考题

(1) 谈谈施工招标的概念和程序。

(2) 施工招标阶段投资控制的重点环节是什么?

(3) 施工招标文件审核的对象有哪些? 是如何审核的?

(4) 评标过程中造价控制的注意事项有哪些?

(5) 投标书评审中应注意哪些问题? 方法有哪些?

(6) 建设工程合同有哪几种类型? 分别谈谈适用范围。

2. 计算题

某土建工程项目确定采用公开招标的方式招标，造价工程师测算确定该工程标底为4 000万元，定额工期为540天。

在本工程招标的资格预审办法里规定投标单位应满足以下条件。

(1) 取得营业执照的建筑施工企业法人。

(2) 二级以上施工企业。

(3) 有两项以上同类工程的施工经验。

(4) 本专业系统隶属企业。

(5) 近三年内没有违约被起诉历史。

(6) 技术、管理人员满足工程施工要求。

(7) 技术装备满足工程施工要求。

(8) 具有不少于合同价20%的可为业主垫支的资金。

经招标小组研究后确定采用综合评分法评标，评分方法及原则如下。

(1)“投标报价”满分为100分，按如下两个方面评分。

① 报价和标底的偏差程度70分，按表5-6标准评。

表5-6　评分标准

报价与标底的偏差程度	−5%～−2.5%	−2.4%～0%	0.1%～2.4%	2.5%～5%
得分	50	70	60	40

② 报价费用组成的合理性30分，评分结果如表5-8所示。

(2)“施工组织和管理能力”满分100分，其中工期40分，按以下方法评定：投标人所报工期比定额工期提前30天及30天以上者为满分，以比定额工期提前30天为准，每增加1天，扣减1分。其他项目评分结果如表5-8所示。

(3)“业绩与信誉”满分100分，评分结果如表5-8所示。

评标方法还规定，“投标报价”、“施工组织与管理能力”和“业绩与信誉”三方面的得分值均不得低于60分，低于60分的淘汰。

对以上三方面进行综合评分时，投标报价的权重为0.5，施工组织与管理能力的权重为0.3，业绩与信誉的权重为0.2。

共有A、B、C、D、E五家单位参加投标，其中C投标单位在投标截止日前一天，采取突然降价方法，将直接费由3 290万元降到了3 230万元，并相应调整了部分费率：间接费费率14.54%；利润率3.93%，税率3.51%。C单位根据以上数据进行了报价。并确定了工期520天。

已知其余四家投标单位报价和工期如表5-7所示。

表5-7　其余四家投标单位的报价和工期

投标单位	A	B	C	D	E
报价/万元	4 120	4 080		3 900	4 200
工期/天	510	530		540	510

开标后，评标组对5家投标单位进行了评审，部分结果如表5-8所示。

表5-8　部分评审结果汇总表

投标单位		A	B	C	D	E
投标报价(100分)	报价(70分)					
	费用组成合理性(30分)	20	28	25	20	25
施工组织与管理能力(100分)	工期(40分)					
	施工组织方案(30分)	25	28	26	20	25
	质量保证体系(20分)	18	18	16	15	15
	安全管理(10分)	8	7	7	8	8

续表

投标单位		A	B	C	D	E
业绩与信誉(100 分)	企业信誉(40 分)	35	35	36	38	34
	施工经历(40 分)	35	32	37	35	37
	质量回访(20 分)	17	18	19	15	18

问题：

(1) 资质预审办法中规定的投标单位应满足的条件哪几项是正确的？哪几项不正确？

(2) C 投标单位的投标报价是多少万元？

(3) 列式计算各投标单位报价项的得分值。

(4) 列式计算各投标单位工期项的得分值。

(5) 按综合评分法确定中标单位。

第6章 工程项目施工阶段的投资控制

教学目标

主要讲述工程项目施工阶段的投资控制的基本理论和方法。通过本章学习，应达到以下目标：

(1) 熟悉项目资金使用计划的作用与编制。

(2) 熟悉工程计量的程序和方法，了解工程价款的计量投资管理控制中的作用、依据及方法，掌握价款结算的方式、预付款的结算、进度款的计算及尾款确定的方法，理解工程价款结算审核的内容和方法。

(3) 熟悉设备、工器具及材料采购的方式、方式选择及结算的方法。

(4) 熟悉工程变更的基本内及变更款的确定方式。

(5) 掌握工程变更和合同价调整方法。

(6) 了解索赔的概念、索赔处理的原则及索赔报告审批，掌握工程索赔的计算方法。

(7) 熟悉价值管理在索赔阶段的应用。

教学要求

知识要点	能力要求	相关知识
资金使用计划的编制	(1) 了解编制施工阶段资金使用计划的相关因素； (2) 了解施工阶段资金使用计划的作用； (3) 掌握施工阶段资金使用计划的编制方法	(1) 施工组织设计与施工阶段造价计价与控制的关系； (2) 按不同子项目编制资金使用计划； (3) 按时间进度编制的资金使用计划
工程价款的计量、结算与审核	(1) 熟悉工程计量的程序和方法，了解工程价款的计量在投资管理控制中的作用、依据及方法； (2) 掌握价款结算的方式、预付款的结算、进度款的计算及尾款确定的方法，理解工程价款结算审核的内容和方法； (3) 熟悉工程计量的程序； (4) 掌握工程计量的依据	(1) 工程计量是控制工程造价的关键环节； (2) 计量依据有质量合格证书、工程量清单计价规范、设计图纸等； (3) 工程计量6种常见方法； (4) 工程进度款支付要求； (5) 工程保留金的预留； (6) 工程价款价差调整的方法
设备、工器具和材料的采购及结算	(1) 熟悉设备、工器具及材料采购的方式及不同方式的适用条件； (2) 设备、工器具及材料结算的方法	(1) 设备、工器具和材料采购的公开招标、邀请招标与议标； (2) 国产、进口设备、工器具和材料价款的支付与结算； (3) 设备、工器具和材料价款的动态结算的方法
工程变更款的确定	(1) 了解工程价款的主要结算方式； (2) 掌握工程进度款的支付； (3) 熟悉FIDIC合同条件下工程价款的结算方法	(1) 工程变更的分类； (2) 目前我国工程变更管理中存在问题分析； (3)《建设工程施工合同(示范文本)》条件下的工程变更价款的处理； (4) FIDIC合同条件下的工程变更程序和方法
工程变更费用与合同价的调整	(1) 了解工程变更的分类； (2) 熟悉工程变更的程序； (3) 熟悉FIDIC合同条件下的工程变更	(1) 设计变更的程序； (2) 变更后合同价款的确定方法； (3) 变更估价的原则
工程项目施工索赔控制	(1) 了解工程索赔的概念和分类； (2) 掌握工程索赔的处理原则和计算	(1)《建设工程施工合同文本》规定的工程索赔程序； (2) FIDIC合同条件规定的工程索赔程序
价值管理在索赔阶段的应用	了解价值管理在索赔阶段的应用	(1) 结合价值管理活动制定经济合理的施工方案； (2) 结合价值管理活动在改善质量降低质量成本中的应用； (3) 结合价值管理活动探讨技术该改进的可能性，变更估价的原则

基本概念

资金使用计划　工程计量　结算　工程变更　工程索赔

引例

某施工单位承建的某大型水电站项目包括表孔坝段、左中孔坝段、升船机排架、左非坝段、消能防冲功能、金属结构安装、机电设备安装等工程，投标报价为6390.98万元。合同工期2007年11月开工，2010年3月竣工。2008年5月，根据项目当时施工进展状况进行详细预测，预计亏损620.17万元，在严峻的形势面前，为确保工期目标和经营目标，项目部不断加强精益化管理，通过变更、索赔增加结算收入，不仅扭转了亏损局面，并且实现了一定的经营效益。

6.1 资金使用计划的编制和控制

6.1.1 影响资金使用计划的因素

1. 施工组织设计

与施工阶段资金使用计划有直接关系的是施工组织设计，其任务是实现建设计划和实际要求，对整个工程施工选择科学的施工方案和合理安排施工进度，是施工过程控制的依据，也是施工阶段资金使用计划编制的依据之一。施工组织设计能够协调施工单位之间、单项工程之间，资源使用时间和资金投入时间之间的关系，有利于实现保证工期、保障质量、优化投资的整体目标的实现。施工组织设计包括施工组织规划设计、总设计，单位工程和分项工程施工组织设计。施工组织总设计要从战略全局出发，抓重点、抓难点、抓关键环节与薄弱环节，既要考虑施工总进度的合理安排，确保施工的连续性、节奏性、均衡性，又要考虑投入资金和各类资源在施工的不同阶段的需求量、控制量和调节量。

2. 资金控制目标

施工阶段资金控制目标的确定要结合工程特点，确定合理的施工程序与进度，科学地选择施工机械，优化人力资源管理。采用先进的施工技术、方法与手段实现资金使用与控制目标的优化。资金使用目标的确定既要考虑资金来源(例如，政府拨款、金融机构贷款、合作单位相关资金、自有资金)的实现方式和时间限制，又要按照施工进度计划的细化与分解，将资金使用计划和实际工程进度调整有机地结合起来。施工总进度计划要求严格，涉及面广，其基本要求：保证拟建工程项目在规定期限内按时或提前完成，节约施工费用，降低工程造价。总进度计划的相关因素为项目工程量、建设总工期、单位工程工期、施工程序与条件、资金资源和需要与供给的能力与条件。总进度计划成为确定资金使用计划与控制目标，编制资源需要与调度计划的最为直接的重要依据。

3. 风险因素

确定施工阶段资金使用计划时还应考虑施工阶段出现的各种风险因素对于资金使用计划的影响。例如，设计变更与工程量调整，建筑材料价格变化，施工条件变化，不可抗力自然灾害，有关施工政策规定的变化，多方面因素造成实际工期变化等。因此，在制定资金使用计划时要考虑计划工期与实际工期，计划投资与实际投资，资金供给与资金调度等多方面的关系。

6.1.2 资金使用计划的作用与编制

1. 资金使用计划的作用

施工阶段资金使用计划的编制与控制在整个投资控制中处于重要而独特的地位，它对投资的作用体现在以下几方面。

(1) 通过编制资金使用计划，合理确定工程项目投资施工阶段目标值，使投资的控制有所依据，并为资金的筹集与协调打下基础；如果没有明确的造价控制目标，就无法把工程项目的实际支出额与之进行比较，也就不能找出偏差，从而使控制措施缺乏针对性。

(2) 通过资金使用计划的科学编制，可以对未来工程项目的资金使用和进度控制有所预测，消除不必要的资金浪费和进度失控，也能够避免在今后工程项目中由于缺乏依据而进行轻率判断而造成损失，减少盲目性，增加自觉性，使现有资金充分地发挥作用。

(3) 在建设项目的进行过程中，通过资金使用计划的严格执行，可以有效地控制工程项目投资造价上升，最大限度地节约投资，提高投资效益。

(4) 对脱离实际的投资造价目标值和资金使用计划，应在科学评估的前提下，允许修订和修改，使投资造价更加趋于合理水平，从而保障建设单位和承包商各自的合法利益。

2. 资金使用计划的编制方法

施工阶段资金使用计划的编制方法，主要有以下几种。

1) 按不同子项目编制资金使用计划

大型建设项目往往由多个单项工程组成，每个单项工程还可能由多个单位工程组成，而单位工程总是由若干个分部分项工程组成。按不同子项目划分资金的使用，进而做到合理分配，必须对工程项目进行合理划分，划分的粗细程度根据实际需要而定。在实际工作中，总投资目标按项目分解只能分到单项工程或单位工程，如果再进一步分解投资目标，就难以保证分目标的可靠性。

例如，某学校建设项目的分解过程，就是该项目施工阶段资金使用计划的编制依据。为了满足建设项目分解管理的需要，建设项目可分解为单项工程、单位工程、分部工程和分项工程，以一个学校建设项目为例，其分解如图 6.1 所示。

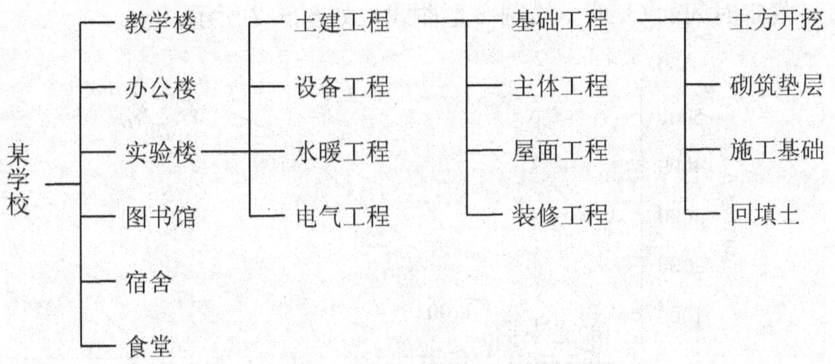

图 6.1 工程项目分解图

2）按时间进度编制的资金使用计划

建设项目的投资总是分阶段、分期支出的，资金使用是否合理与资金时间安排有密切关系。为了编制资金使用计划，并据此筹措资金，尽可能减少资金占用和利息支付，有必要将总投资目标按使用时间进行分解，确定分目标值。

按时间进度编制的资金使用计划，通常可利用项目进度网络图进一步扩充后得到。利用网络图控制投资，即要求在拟定工程项目的执行计划时，一方面确定完成某项施工活动所需的时间，另一方面也要确定完成这一工作合适的支出预算。

资金使用计划也可以采用S型曲线与香蕉图的形式，其对应数据的产生依据是施工计划网络图中时间参数(工序最早开工时间，工序最早完工时间，工序最迟开工时间，工序最迟完工时间，关键工序，关键路线，计划总工期)的计算结果与对应阶段资金使用要求。

利用确定的网络计划便可计算各项活动的最早及最迟开工时间，获得项目进度计划的甘特图。在甘特图的基础上便可编制按时间进度划分的投资支出预算，进而绘制时间—投资累计曲线(S形图线)。时间—投资累计曲线的绘制步骤如下。

(1) 确定工程进度计划，编制进度计划的甘特图。

(2) 根据每单位时间内完成的实物工程量或投入的人力、物力和财力，计算单位时间(月或旬)的投资，见表6-1。

表 6-1 按月编制的资金使用计划表

时间/月	1	2	3	4	5	6	7	8	9	10	11	12
投资/万元	100	200	300	500	600	800	800	700	600	400	300	200

(3) 计算规定时间 t 计划累计完成的投资额，其计算方法为各单位时间计划完成的投资额累加求和，可按式(6-1)计算：

$$Q_t = \sum_{n=1}^{t} q_n \tag{6-1}$$

式(6-1)中，Q_t——某时间 t 计划累计完成投资额；

q_n——单位时间 n 的计划完成投资额；

t——规定的计划时间。

(4) 按各规定时间的 Q_t 值，绘制 S 形曲线，如图 6.2 所示。

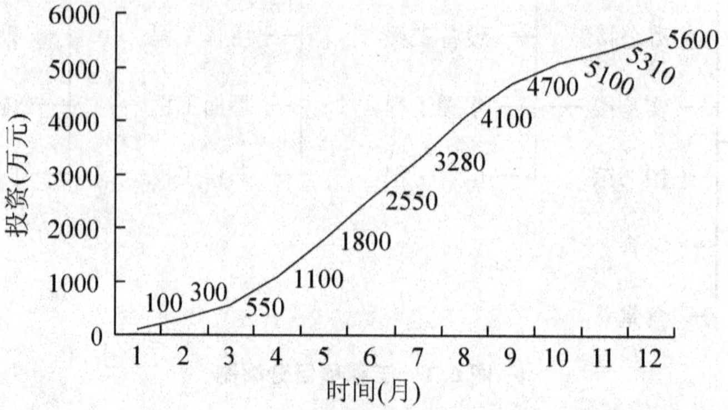

图 6.2　时间-投资累计曲线(S 曲线)

每一条 S 形曲线都对应某一特定的工程进度计划。进度计划的非关键路线中存在许多有时差的工序或工作，因而 S 形曲线(投资计划值曲线)必然包括在由全部活动都按最早开工时间开始和全部活动都按最迟开工时间开始的曲线所组成的“香蕉图”内，如图 6.3 所示。建设单位可根据编制的投资支出预算来合理安排资金，同时建设单位也可以根据筹措的建设资金来调整 S 形曲线，即通过调整非关键路线上的工序项目最早或最迟开工时间，力争将实际的投资支出控制在预算的范围内。

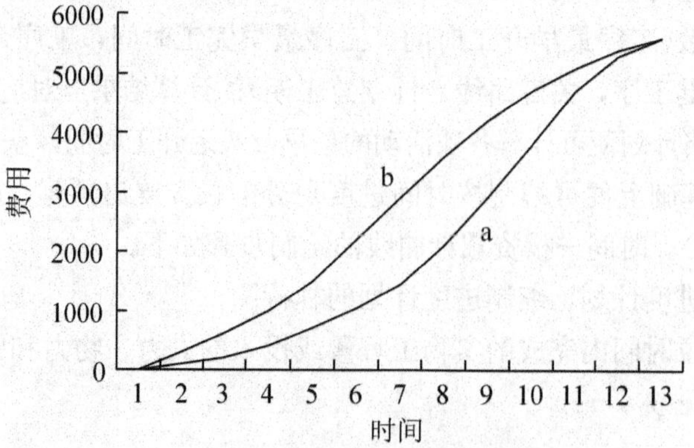

图 6.3　投资计划值的香蕉图

注：a——所有活动按最迟开始时间开始的曲线；

b——所有活动按最早开始时间开始的曲线。

一般而言，所有活动都按最迟时间开始，对节约建设资金贷款利息是有利的，但同时也降低了项目按期竣工的保证率，因此，必须合理地确定投资支出预算，达到既节约投资支出，又控制项目工期的目的。

资金使用计划编制过程中要注意 ABC 控制法等现代科学管理方法的应用。所谓 ABC 控制法是指将影响资金使用的因素按照影响程度的大小分成 ABC 三类，其中 A 类因素占因素总数的 5%～20%，其对应的资金耗用值占计划资金总额的 70%～90%；B 类因素占因素总数的 25%～40%，其对应的资金耗用值占计划资金总额的 10%～30%；C 类因素占因素总数的 50%～70%，其对应的资金耗用值占计划资金总额的 5%～15%。A 类因素为重点因素，B类因素为次要因素，C类因素为一般因素。以因素所占百分比为横坐标，因素对应累计资金使用值为纵坐标即可以绘制成ABC曲线，作为编制资金使用计划的参考依据。具体编制过程中要把A类因素使用资金额作为优先考虑因素，它也是控制工程造价的重要依据。

6.1.3 投资偏差分析与纠正

1. 偏差的概念和程度

投资偏差是指投资计划值与实际值之间存在的差异，即

$$\text{投资偏差}=\text{已完工程实际投资}-\text{已完工程计划投资} \qquad (6-2)$$

式(6-2)中结果为正，表示投资增加；结果为负，表示投资节约。与投资偏差密切相关的是进度偏差，如果不加考虑就不能正确反映投资偏差的实际情况。所以，有必要引入进度偏差的概念，即

$$\text{进度偏差}=\text{已完工程实际时间}-\text{已完工程计划时间} \qquad (6-3)$$

为了与投资偏差联系起来，进度偏差也可表示为

$$\text{进度偏差}=\text{拟完工程计划投资}-\text{已完工程计划投资} \qquad (6-4)$$

所谓拟完工程计划投资是指根据进度计划安排在某一确定时间内所应完成的工程内容的计划投资。进度偏差为正值时，表示工期拖延；结果为负值时，表示工期提前。

对投资偏差的分析可按下述分类进行。

1）局部偏差和累计偏差

局部偏差有两层含义：一是相对于总项目的投资而言，指各单项工程、单位工程和分部分项工程的偏差；二是相对于项目实施的时间而言，指每一控制周期所发生的投资偏差。累计偏差，则是在项目已经实施的时间内累计发生的偏差。在进行投资偏差分析时，对局部偏差和累计偏差都要进行分析。在每一控制周期内，发生局部偏差的工程内容及原因一般都比较明确，分析结果也就比较可靠，而累计偏差所涉及的工程内容较多、范围较大，且原因也较复杂，因而累计偏差分析必须以局部偏差分析为基础，但是累计偏差分析并不是对局部偏差分析的简单汇总，而需要对局部偏差分析的结果进行综合分析，其结果更能显示规律性，对投资控制工作在较大范围内具有指导作用。

2）绝对偏差和相对偏差

绝对偏差是指投资计划值与实际值比较所得的差额。相对偏差则是指投资偏差的相对数或比例数，通常是用绝对偏差与投资计划值的比值来表示，即

$$\text{相对偏差}=\frac{\text{绝对偏差}}{\text{投资计划值}}=\frac{\text{投资实际值}-\text{投资计划值}}{\text{投资计划值}} \qquad (6-5)$$

绝对偏差和相对偏差的数值均可正可负，且两者符号相同，正值表示投资增加，负值表示投资节约。在进行投资偏差分析时，对绝对偏差和相对偏差都要进行计算。绝对偏差的结果比较直观，其作用主要是了解项目投资偏差的绝对数额，指导调整资金支出计划和资金筹措计划。由于项目规模、性质、内容不同，其投资总额会有很大差异，因此，绝对偏差就显

得有一定的局限性。而相对偏差则能较客观地反映投资偏差的严重程度或合理程度。从对投资控制工作的要求来看，相对偏差比绝对偏差更有意义，应当给予更高的重视。

2. *偏差的分析方法*

常用的偏差分析方法有横道图法、表格法和曲线法。

1）横道图法

用横道图进行投资偏差分析，是用不同的横道标识已完工程计划投资和实际投资以及拟完工程计划投资，横道的长度与其数额成正比。投资偏差和进度偏差数额可以用数字或横道表示，而产生投资偏差的原因则应经过认真分析后在图后加以叙述。

横道图的优点是简单直观，便于了解项目投资的概貌。但这种方法的信息量较少，主要反映累计偏差和局部偏差，因而其应用有一定的局限性。

2）表格法

表格法是进行偏差分析最常用的一种方法。可以根据项目的具体情况、数据来源、投资控制工作的要求等条件来设计表格，因而适用性较强。表格法的信息量大，可以反映各种偏差变量和指标，对全面深入地了解项目投资的实际情况非常有益。另外，表格法还便于用计算机辅助管理，提高投资控制工作效率。

3）曲线法

曲线法是用投资时间曲线进行偏差分析的一种方法。在用曲线法进行偏差分析时，通常有三条曲线，即已完工程实际投资曲线 A、已完工程计划投资曲线 B 和拟完工程计划投资曲线 P，如图 6.4 所示。

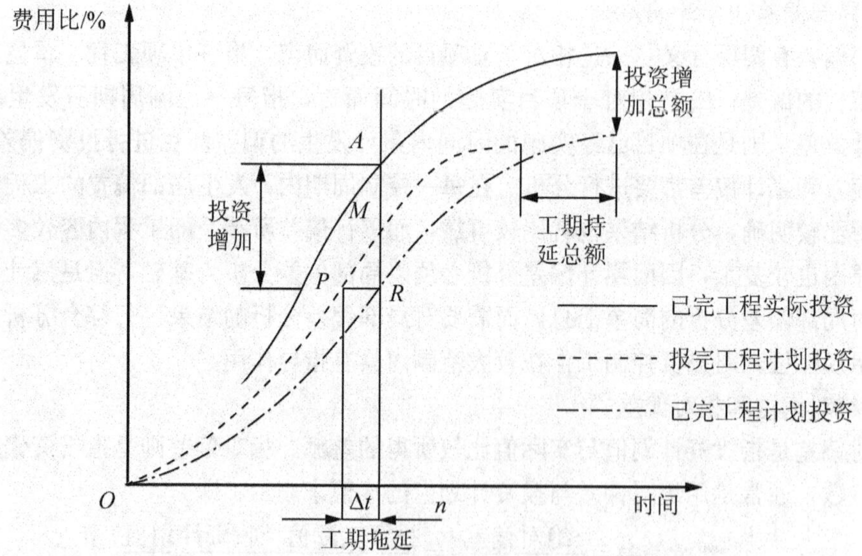

图 6.4　投资偏差分析曲线

A 与 B 的竖向距离表示投资偏差，曲线 B 和 P 的水平距离表示进度偏差。图中所反映的是累计偏差，而且是绝对偏差。用曲线法进行偏差分析，具有形象直观的优点，但不能直接用于定量分析，如果能与表格法结合起来，则会取得较好的效果。

3. 偏差的原因和类型

1）偏差原因

进行偏差分析，不仅要了解“已经发生了什么”，而且要能知道“为什么会发生这些偏差”，即找出引起偏差的具体原因，从而有可能采取有针对性的措施，进行有效的造价控制。因此，客观全面地对偏差原因进行分析是偏差分析的一个重要任务。

要进行偏差分析，首先应将各种可能导致偏差的原因一一列举出来，并加以适当分类。对偏差原因分类时，不能过于笼统，否则就不能准确地分清每种原因在投资偏差中的作用；也不宜过于具体，否则会使分析结果缺乏综合性和一般性。需要指出的是，这种投资偏差原因的综合分析需要以一定数量的局部偏差数据为基础，因此只有当工程项目实施到一定阶段以后才有意义。

一般来讲，引起投资偏差的原因主要有四个方面，即客观原因、业主原因、设计原因和施工原因，如图 6.5 所示。

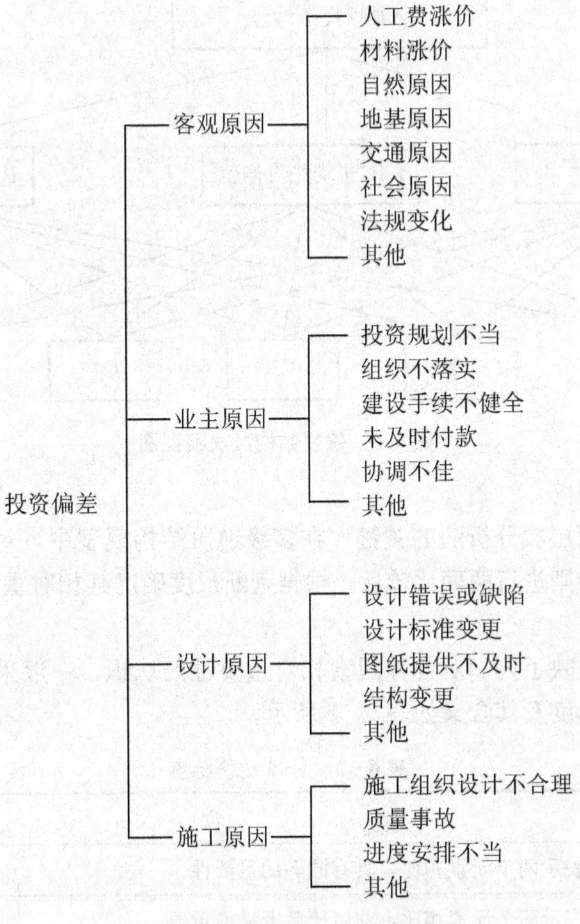

图 6.5 投资偏差原因分解图

2）偏差原因分析

施工阶段引起投资偏差的原因很多，我们不可能对所有引起投资偏差的原因都采取纠偏措施，这就要求我们对投资偏差原因进行排序。对偏差原因进行综合分析通常采用图表工具。在用表格法时，首先要将每期所完成的全部分部分项工程的投资情况汇总，确定引起各分部分项工程投资偏差的具体原因；然后通过适当的数据处理，分析每种原因发生的频率(概率)及其影响程度(平均绝对偏差或相对偏差)；最后按偏差原因的分类重新排列，得到投资偏差原因综合分析表。

层次分析法(AHP)是将与决策相关的元素分解成目标、准则、方案等层次，在此基础之上进行定性和定量分析的决策方法。将层次分析法应用于投资偏差原因分析的步骤如下。

(1) 建立层次结构模型。

将投资偏差作为目标层A；准则层B包括：B1频率、B2平均绝对偏差、B3相对偏差程度；方案层C为引起偏差的原因：分别记作C1、C2、C3、C4、C5，层次结构模型图如图6.6所示。

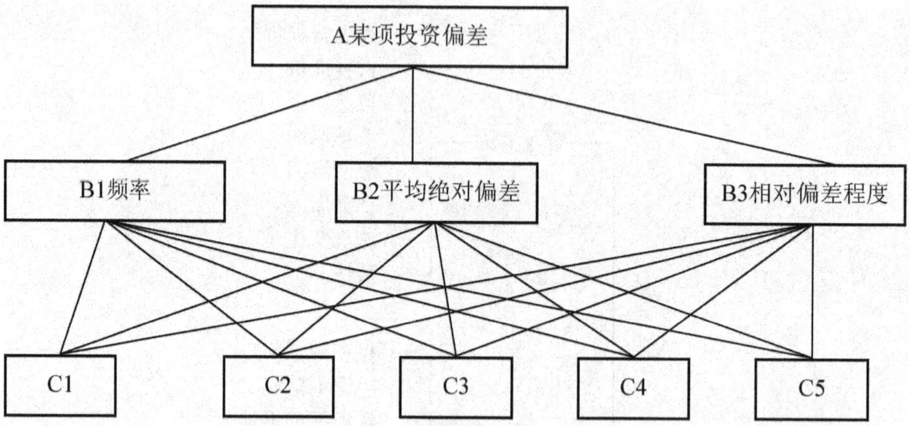

图6.6 偏差结构层次模型图

(2) 构造判断矩阵。

判断矩阵是运用层次分析法的关键。在多级递阶结构模型中，对属于同一级的要素，用上一级的要素为准则进行两两比较后，根据判断尺度确定其相对重要程度，据此建立判断矩阵。

判断矩阵的值反映了人们对各种因素相对重要性的认识，一般采用1－9比例标度对重要性程度赋值。标度及其含义如表6－2所示。

表6－2 1－9比例标度

标　度	含　义
1	表示两个元素相比，具有同等的重要性
3	表示两个元素相比，前者比后者稍微重要
5	表示两个元素相比，前者比后者明显重要
7	表示两个元素相比，前者比后者强烈重要

续表

标　度	含　义
9	表示两个元素相比，前者比后者极端重要
2，4，6，8	表示上述相邻判断的中间值
备注	若元素 i 与元素 j 的重要性之比为 a_{ij}，那么元素 j 与元素重要性之比为 $a_{ji}=1/a_{ij}$

(3) 计算权向量并作一致性检验。

计算各判断矩阵的权值，并进行一致性检验。可采用"求和法——取列向量的算术平均"计算出各判断矩阵的权值，若判断矩阵计算的 C.R. 小于 0.1，则判断矩阵符合一致性检验。

(4) 层次总排序。

计算同一层次所有因素相对于最高层相对重要性的排序权值。

某项目投资偏差原因分析的综合表如表 6－3 所示：

表 6－3　某项目投资偏差原因综合分析表

偏差原因	次　数	频　率	已完工程计划投资	绝对偏差	平均绝对偏差	相对偏差%
1.1	3	0.18	500	24	8	4.8
1.5	3	0.18	50	3	1	6.0
2.5	4	0.23	30	4	1	13.3
3.1	5	0.29	150	20	4	13.3
4.1	2	0.12	30	4	2	13.3
…						
合计	17	1.00	760	55	3.24	7.24

表 6－4　综合权值表

偏差原因	频率	平均绝对偏差	相对偏差	层次 C 总排序	排　序
	0.164	**0.297**	**0.539**		
1.1	0.137	0.5	0.065	0.206	③
1.5	0.137	0.0625	0.104	0.097	⑤
2.5	0.244	0.0625	0.277	0.208	②
3.1	0.402	0.25	0.277	0.289	①
4.1	0.08	0.125	0.277	0.200	④

利用层次分析法得出综合权值如表 6－4。经过上述层次分析法的分析，我们便可以对该项目的投资偏差原因进行排序，影响投资偏差原因的重要性程度从高到低依次是：3.1、2.5、1.1、4.1、1.5。

3）偏差类型

为了便于分析，往往还需要对偏差类型做出划分。

任何偏差都会表现出某种特点，其结果对造价控制的影响也各不相同。一般来说，偏差包括四种情况：投资增加且工期拖延；投资增加但工期提前；工期拖延但投资节约；投资节约且工期提前。

4. 施工阶段投资偏差的纠正措施

施工阶段是工程项目建设资金投入最多的阶段。通过对施工阶段的偏差分析，我们找到了引起投资偏差的原因，此时我们应从组织、经济、技术、合同等方面采取措施，加强建设实施阶段的投资控制。

1）投资控制的组织措施

落实投资控制的组织结构，设立投资控制项目管理班子；明确各级投资控制人员的任务和职能分工、权力和责任；根据项目的特点配备资源，施工过程中，合理地调度人力、财力、物力；建立、健全各项责任制度，投资控制专人负责。

2）投资控制的经济措施

制订合理的资金使用计划，确定投资控制目标；严格控制工程建设直接成本（包括人工、材料、机械）；加强工程的计量控制，认真做好工程费用的支付管理工作，建立支付报表，掌握工程的进度情况和费用支付情况；此外还应加强对由于工程变更、索赔、价格调整等所引起的工程费用的管理，尽量减少额外工程费用的支付。

3）投资控制的技术措施

严格审查施工图纸，认真地对待施工图纸会审、设计技术交底；在施工过程中合理地运用价值工程，进行多方案比较，在众多技术设计方案中，找出最为经济可靠地方案，从而降低工程建设的投资；此外对设计变更进行技术经济比较，严格控制设计变更。

4）投资控制的合同措施

合同管理贯穿于工程建设的全过程，施工合同双方要严格执行合同条款；施工单位要做好工程施工记录，保存好各种文件、图纸，特别是出现工程变更情况的图纸；严格审核合同条款，对其中不利于投资控制的条款进行修改，提出补救措施；严格控制索赔，加强索赔管理。

6.2 工程价款的计量、结算与审核

6.2.1 工程计量

1. 工程计量的意义

工程计量的意义主要体现在如下两个方面。

(1) 工程计量是控制工程造价的关键环节。工程计量是指根据设计文件及承包合同中关于工程量计量的规定，项目管理机构对承包商申报的已完成工程的工程量进行的核验。合同条件中明确规定工程量表中开列的工程量是该工程的估算工程量，不能作为承包商应予完成的实际和确切的工程量。因为工程量表中的工程量是在编制招标文件时，在图纸和规范的基础上估算的工程量，不能作为结算工程价款的依据，而必须通过项目管理机构对已完成的工程进行计量。经过项目管理机构计量所确定的数量才是向承包商支付任何款项的凭证。

(2) 计量是约束承包商履行合同义务、强化承包商合同意识的手段。FIDIC合同条件规定，业主对承包商的付款，是以造价工程师批准的付款证书为凭据的，造价工程师对计量支付有充分的批准权和否决权。对于不合格的工作和工程，造价工程师可以拒绝计量。同时，造价工程师通过按时计量，可以及时掌握承包商工作的进展情况和工程进度。当造价工程师发现工程进度严重偏离计划目标时，可要求承包商及时分析原因、采取措施、加快进度。因此，在施工过程中，项目管理机构可以通过计量支付手段，控制工程按合同约定进行。

2. 工程计量的依据

计量依据一般有质量合格证书、工程量清单计价规范、技术规范中的“计量支付”条款和设计图纸。也就是说，计量时必须以这些资料为依据。

1) 质量合格证书

对于承包商已完成的工程，并不是全部进行计量，而只是质量达到合同标准的已完成的工程才予以计量。所以工程计量必须与质量管理紧密配合，经过专业工程师检验，工程质量达到合同规定的标准后，由专业工程师签署报验申请表(质量合格证书)，只有质量合格的工程才予以计量。所以说，质量管理是计量管理的基础，计量又是质量管理的保障。应当通过计量支付，强化承包商的质量意识。

2) 工程量清单计价规范和技术规范

工程量清单计价规范和技术规范是确定计量方法的依据，因为工程量清单计价规范和技术规范的“计量支付”条款规定了清单中每一项工程的计量方法，同时还规定了按规定的计量方法确定的单价所包括的工作内容和范围。

3) 设计图纸

单价合同以实际完成的工程量进行结算，凡是被工程师计量的工程数量，并不一定是承包商实际施工的数量。计量的几何尺寸要以设计图纸为依据，工程师对承包商超出设计图纸要求增加的工程量和自身原因造成返工的工程量不予计量。

3. 工程计量的方法

工程师一般只对以下三个方面的工程项目进行计量：工程量清单中的全部项目、合同文件中规定的项目、工程变更项目。

根据FIDIC合同条件的规定，一般可按照以下方法进行计量。

1) 均摊法

所谓均摊法，就是对清单中某些项目的合同价款，按合同工期平均计量。例如，为造价管理者提供宿舍、保养测量设备、保养气象记录设备、维护工地清洁和整洁等。这些项目都有一个共同的特点，即每月均有发生，所以可以采用均摊法进行计量支付。例如，保养气象记录设备，每月发生的费用是相同的，如果本项合同工期为 20 个月，合同款为 2 000 元则每月计量、支付的款额为 2 000 元/20 月=100 元/月。

2）凭据法

所谓凭据法，就是按照承包商提供的凭据进行计量支付。例如，建筑工程险保险费、第三方责任险保险费、履约保证金等项目，一般按凭据法进行计量支付。

3）估价法

所谓估价法，就是按合同文件的规定，根据工程师估算的已完成的工程价值支付。例如，为工程师提供办公设施和生活设施，为工程师提供用车，为工程师提供测量设备、天气记录设备、通信设备等项目。这类清单项目往往要购买几种仪器设备，当承包商对于某一项清单项目中规定购买的仪器设备不能一次性购进时，则需采用估价法进行计量支付。其计量过程如下。

(1) 按照市场的物价情况，对清单中规定购置的仪器设备分别进行估价；

(2) 按式(6-6)计量支付金额。

$$F=A\times\frac{B}{D} \tag{6-6}$$

式(6-6)中，F——计算支付的金额；

A——清单所列该项的合同金额；

B——该项实际完成的金额；

D——该项全部仪器设备的总估算价格。

从式(6-6)可知：

① 该项实际完成金额 B 必须按估算各种设备的价格计算，它与承包商购进的价格无关；

② 估算的总价与合同工程量清单的款额无关。

显然，估价的款额与最终支付的款额无关，最终支付的款额总是合同清单中的款额。

4）断面法

断面法主要用于取土坑或填筑路堤土方的计量。对于填筑土方工程，一般规定计量的体积为原地面线与设计断面所构成的体积。采用这种方法计量，在开工前承包商需测绘出原地形的断面，并需经工程师检查，作为计量的依据。

5）图纸法

在工程量清单中，许多项目采取按照设计图纸所示的尺寸进行计量。例如，混凝土构筑物的体积、钻孔桩的桩长等。

6）分解计量法

所谓分解计量法，就是将一个项目，根据工序或部位分解为若干子项。对完成的各子项进行计量支付。这种计量方法主要是为了解决一些包干项目或较大的工程项目的支付时间过长，影响承包商的资金流动等问题。

6.2.2 工程价款的结算

1. 工程价款结算的方式

所谓工程价款结算是指施工企业在工程实施过程中，按照承包合同中规定的内容完成全部的工程量，经验收质量合格，并按照有关的程序向建设单位(业主)收取工程价款的一项经济活动。价款结算包括预付款的支付、中间结算(进度款结算)、工程保留金的预留及竣工结算等。

工程价款结算的意义主要表现在：

① 工程价款结算是反映工程进度的主要指标。在施工过程中，工程价款的结算的依据之一就是按照已完成的工程量进行结算，即承包商完成的工程量越多，所应结算的工程价款就越多。工程管理中，就是根据累计已结算的工程价款占合同总价款的比例，近似地了解整个工程的进度情况，以利于控制工程进度。

② 工程价款结算是加速资金周转的重要环节。及时地结算工程价款，对承包商而言，有利于偿还债务，也有利于资金的回笼，降低企业运营成本。加速资金周转，提高资金使用的有效性。只有按期如数地结算工程价款，才能降低经营风险，获得应得的利润，从而取得良好的经济效益。

工程价款结算在项目施工中通常需要发生多次，一直到整个项目全部竣工验收。我国现行工程价款结算根据不同情况，可采取多种方式。

1) 按月结算与支付

即实行按月支付进度款，竣工后清算的办法。若合同工期在两个年度以上的工程，在年终进行工程盘点，办理年度结算。

目前，我国建筑安装工程项目中，大部分是采用这种按月结算办法。

2) 分段结算与支付

对当年开工、当年不能竣工的工程按照工程形象进度，划分不同阶段支付工程进度款。具体划分要在合同中明确。分段结算可以按月预支工程款。

3) 竣工后一次结算

当建设项目或单项工程全部建筑安装工程建设期在12个月以内，或者工程承包合同价值在100万元以下的，可以实行工程价款每月月中预支，竣工后一次结算。

4) 目标结款方式

目标结款方式是指在工程合同中，将承包工程的内容分解成不同的控制界面，以业主验收控制界面作为支付工程价款的前提条件。即将合同中的工程内容分解成不同的验收单元，当承包商完成单元工程内容并经业主验收后，业主支付构成单元工程内容的工程价款。

目标结款方式下，承包商要想获得工程价款，必须按照合同约定的质量标准完成界面内的工程内容，否则承包商会遭受损失。要想尽早获得工程价款，承包商必须充分发挥自己的组织和实施能力，在保证质量的前提下，加快施工进度。当承包商拖延工期时，业主会推迟付款，这将会增加承包商的运营成本、财务费用，降低收益，客观上使承包商因延迟工期而遭受损失。同样，当承包商积极组织施工，提前完成控制界面内的工程内容，则可提前获得工程价款，增加承包收益，从而增加有效利润。当然，由于承包商在控制界面内质量达不到合同约定的标准，使业主不予验收，承包商也会因此而遭受损失。所以，目标结款实质上是运用合同手段、财务手段对工程的完成进行主动控制的方式。同时，对控制界面的设定应明确描述，便于量化和进行质量控制，还要适应项目资金的供应周期和支付频率。

编制结算必须有翔实有效的编制依据，包括以下几方面。

(1) 发包方与承包方签订的具有法律效力的工程合同和补充协议。

(2) 国家及上级有关主管部门颁发的有关工程造价的政策性文件及相关规定和标准。

(3) 按国家规定定额及相关取费标准结算的工程项目，应依据施工图预算、设计变更技术核定单和现场用工用料、机械费用的签证，合同中有关违约索赔规定等。

(4) 实行招投标的工程项目，以中标价为结算主要依据的，如发生中标范围以外的工作内容，则依据双方约定结算方式进行结算。

2. 工程预付款的拨付与抵扣

目前我国工程承发包中，一般都实行包工包料，这就需要承包商有一定数量的备料周转金。预付款就成为施工企业为该承包工程项目储备主要材料、结构件所需的流动资金。一般在工程承包合同条款中，会有明文规定发包方在开工前拨付给承包方一定限额的工程预付备料款。凡是没有签订合同或不具备施工条件的工程，发包人不得预付工程款。

1) 预付款限额及时限

按照国家财政部、建设部关于《建设工程价款结算暂行办法》(财建[2004]369 号)的规定：包工包料的工程预付款按合同约定拨付，原则上预付的比例不低于合同金额的10%，不高于合同金额的 30%，对重大工程项目，按年度工程计划逐年预付。计价执行《建设工程工程量清单计价规范》(GB 50500—2003)的工程，实体性消耗和非实体性消耗部分应在合同中分别约定预付款比例。

在具备施工条件的前提下，发包人应在双方签订合同后的一个月内或不迟于约定开工日期前 7 天内预付工程款，发包人不按约定预付工程款，承包人可以在预付时间到期后 10 天内向发包人发出要求预付的通知，发包人收到通知后仍不按要求预付工程款，承包人可在发出通知 14 天后停止施工，发包人应从约定应付之日起向承包人支付应付款利息(利率按同期银行贷款利率计)，并承担违约责任。

工程预付款仅用于承包人支付施工开始时与本工程有关的动员费用。如承包人滥用此款，发包人有权立即收回。在承包人向发包人提交金额等于预付款数额(发包人认可的银行开出)的银行保函后，发包人应在规定的时间按规定的金额向承包人支付预付款，在发包人全部扣回预付款之前，该银行保函将一直有效。当预付款被发包人扣回时，银行保函金额相应递减。

2）预付款限额的计算

预付款限额由主要材料(包括外购构件)占工程造价的比重期、施工工期等因素决定。

对于施工企业常年应备的预付款限额，可按下式计算：

$$备料款限额=\frac{年度承包工程总值\times主要材料所占比重}{年度施工日历天数}\times材料储备天数 \quad (6-7)$$

一般建筑工程主要材料不应超过当年建筑工作量(包括水、电、暖)的30%，安装工程按年安装工作量的10%，材料所占比重较多的安装工程按年计划产值的15%左右拨付。

实际工作中，预付款的数额，可以根据各工程类型、合同工期、承包方式和供应体制等不同条件确定。例如，工业项目中钢结构和管道安装占比重较大的工程，其主要材料所占比重比一般安装工程要高，因而预付款数额也要相应提高；材料由施工单位自行购买的比由建设单位供应的要高。

对于只包定额工日(不包材料定额，一切材料由建设单位供给)的工程项目，则可以不预付款。

3）预付款的抵扣方式

发包方拨付给承包方的预付款属于预支性质，那么在工程实施中，随着工程所需主要材料储备的逐渐减少，应以抵充工程价款的方式陆续扣回。扣款的方式如下。

可以从未施工工程尚需要的主要材料及构件的价值相当于备料款数额时起扣，从每次结算工程价款中，按材料比重扣抵工程价款，竣工前全部扣清。其基本表达公式为

$$T=P-\frac{M}{N} \quad (6-8)$$

式(6-8)中，T——起扣点，即预付款开始扣回时的累计完成工作量金额；

M——预付款的限额；

N——主材所占比重；

P——承包工程价款总额。

预付的工程款也可以在承包方完成金额累计达到合同总价的一定比例后，由承包人开始向发包方还款，发包人从每次应付给的金额中，扣回工程预付款，发包人至少在合同规定的完工期前三个月将工程预付款的总计金额按逐次分摊的办法扣回。当发包人一次付给承包方的余额少于规定扣回的金额时，其差额应该转入下一次支付中作为债务结转。

在实际工程管理中，情况比较复杂，有些工程工期较短，就无需分期扣回。有些工程工期较长，如跨年度施工，预付备料款可以不扣或少扣，并于次年按应预付款调整，多退少补。具体地说，跨年度工程，预计次年承包工程价值大于或相当于当年承包工程价值时，可以不扣回当年的预付备料款，如小于当年承包工程价值时，应按实际承包工程价值进行调整，在当年扣回部分预付备料款，并将未扣回部分，转入次年，直到竣工年度，再按上述办法扣回。

采取何种方式扣回预付的工程款，必须在合同中约定，并在工程进度款中进行抵扣。

3. 工程进度款的支付

施工企业在施工过程中，按逐月(或形象进度、控制界面等)完成的工程数量计算各项费用，向建设单位(业主)办理工程进度款的支付(即中间结算)。

1）工程进度款的组成

工程进度款的组成包括两部分内容。

(1) 合同中规定的初始收入，即建造承包商与客户在双方签订的合同中最初商定的合同总金额，它构成了合同收入的基本内容。

(2) 因合同变更、索赔、奖励等构成的收入，这部分收入并不构成合同双方在签订合同时已在合同中商定的合同总金额，而是在执行合同过程中由于合同变更、索赔、奖励等原因而形成的追加收入。

2）进度款支付步骤

以按月结算为例，现行的中间结算办法是，施工企业在旬末或月中向建设单位提出预支工程款账单，预支一旬或半月的工程款，月终再提出工程款结算账单和已完工程月报表，收取当月工程价款，并通过银行进行结算。按月进行结算，要对现场已施工完毕的工程逐一进行清点，资料提出后要交监理工程师和建设单位审查签证。为简化手续，多年来采用的办法是以施工企业提出的统计进度月报表为支取工程款的凭证，即通常所称的工程进度款。工程进度款的支付步骤，如图 6.7 所示。

图 6.7　工程进度款支付步骤

4. 工程保留金的预留

按规定，工程项目总造价中应预留出一定比例的尾留款作为质量保修费用(又称保留金)，待工程项目保修期结束后最后拨付。对于尾留款的扣除，一般有两种做法。

(1) 当工程进度款拨付累计额达到该建筑安装工程造价的一定比例(一般为 95%～97%)时，停止支付，预留造价部分作为尾留款。

(2) 我国颁布的《招标文件范本》中规定，尾留款的扣除也可以从发包方向承包方第一次支付的工程进度款开始，在每次承包方应得的工程款中扣留投标书附录中规定金额作为保留金，直至保留金总额达到投标书附录中规定的限额为止。

5. 其他费用的支付

其他费用包括安全施工费用、专利技术及特殊工艺涉及的费用、文物和地下障碍物涉及的费用等。

6. 竣工结算

1）竣工结算方式

竣工结算分为单位工程结算、单项工程竣工结算和建设项目竣工总结算。

2）工程竣工结算编审

(1) 单位工程竣工结算由承包人编制，发包人审查：实行总承包的工程，由具体承包人编制，在总包人审查的基础上，发包人审查。

(2) 单项工程竣工结算或建设项目竣工总结算由总(承)包人编制，发包人可直接进行审查，也可以委托具有相应资质的工程造价咨询机构进行审查。政府投资项目，由同级财政部门审查。单项工程竣工结算或建设项目竣工总结算经发、承包人签字盖章后有效。

(3) 承包人应在合同约定期限内完成项目竣工结算编制工作，未在规定期限内完成的并且提不出正当理由延期的，责任自负。

3) 工程竣工价款结算公式

在实际工作中，当年开工、当年竣工的工程，只需办理一次性结算。跨年度的工程，在年终办理一次年终结算，将未完工程结转到下一年度，此时竣工结算等于各年度结算的总和。办理工程价款竣工结算的一般公式为

竣工结算工程款＝预算(或概算、合同价款)＋施工过程中预算
(或合同价款调整数额)－预付及已结算工程价款－保修金 (6－9)

4) 竣工结算的编制依据

编制竣工结算必须有翔实有效的编制依据：

(1) 发包方与承包方签订的具有法律效力的工程合同和补充协议。

(2) 国家及上级有关主管部门颁发的有关工程造价的政策性文件和相关规定和标准。

(3) 按国家规定定额及相关取费标准结算的工程项目，应依据施工图预算、设计变更技术核定单和现场用工用料、机械费用的签证，合同中有关违约索赔规定等。

(4) 实行招投标的工程项目，以中标价为结算主要依据的，如发生中标范围以外的工作内容，则依据双方约定结算方式进行结算。

6.2.3 工程价款价调差

在社会经济发展过程中，物价水平是动态的、经常不断变化的，有时上涨、有时下降。工程项目管理中合同周期较长的项目，随着时间的推移，经常要受到物价浮动等多种因素的影响，其中主要是人工费、材料费、施工机械费、运费等动态影响。我国现行的工程价款的结算中，对价格波动等动态因素考虑不足，导致承包人(或业主)遭受损失。这就有必要在工程价款结算中把多种动态因素纳入到结算过程中认真加以计算，使工程价款结算能够基本上反映工程项目的实际消耗费用。从而维护合同双方的正当权益。

工程价款价差调整的主要方法有工程造价指数调整法、实际价格调整法、调价文件计算法、调值公式法等。

1. 工程造价指数调整法

工程造价指数调整法是发包方和承包方采用当时的预算(或概算)定额单价计算出承包合同价，待工程竣工时，根据合理的工期及当地工程造价管理部门所公布的该月度(或季度)的工程造价指数，对原承包合同价予以调整，重点调整那些由于实际人工费、材料费、施工机械费等费用上涨及工程变更因素造成的价差，并对承包商给予调价补偿。

2. 实际价格调整法

由于建筑材料市场采购的范围越来越大，有些地区还规定对钢材、木材、水泥等三材

的价格采取按实际价格结算的方法。工程承包商可凭发票按实报销。这种方法方便而准确。但由于是实报实销，因而承包商对降低成本不感兴趣，为了避免副作用，地方主管部门需要定期发布最高限价，合同文件中应规定建设单位或工程师有权要求承包商选择更廉价的供应来源。

3. 调价文件计算法

方法是承发包双方采取按当时的预算价格承包，在合同工期内，按照工程造价管理部门调价文件的规定，进行抽料补差(在同一价格期内按所完成的材料用量乘以价差)。也有的地方定期发布主要材料供应价格和管理价格，对这一时期的工程进行抽料补差。

4. 调值公式法

根据国际惯例，对建设项目工程价款的动态结算，一般是采用此方法。实际工作中，绝大多数国际工程项目，甲乙双方在签订合同时就明确列出这一调值公式，并以此作为价差调整的计算依据。

建筑安装工程费用价格调值公式一般包括固定部分、材料部分和人工部分。但当建筑安装工程的规模和复杂性增大时，公式也变得更为复杂。调值公式一般为

$$P=P_0\left(a_0+a_1\frac{A}{A_0}+a_2\frac{B}{B_0}+a_3\frac{C}{C_0}+a_4\frac{D}{D_0}\right) \tag{6-10}$$

式(6-10)中，P——调值后合同价款或工程实际结算款；

P_0——合同价款中工程预算进度款；

a_0——固定要素，代表合同支付中不能调整的部分占合同总价中的比重；

a_1，a_2，a_3，a_4——代表有关各项费用(如人工费用、钢材费用、水泥费用、运输费用等)在合同总价中所占比重，$a_1+a_2+a_3+a_4=1$；

A_0，B_0，C_0，D_0——投标截止日期前28天为基准日期与a_1，a_2，a_3，a_4对应的各项费用的基期价格指数或价格；

A，B，C，D——在工程结算月份与a_1，a_2，a_3，a_4对应的各项费用的基期价格指数或价格。

运用调值公式(6-10)进行工程价款价差调整时应注意以下几方面。

(1) 固定要素的取值范围通常在0.15～0.35左右。从式(6-10)可以看出固定要素与调价余额成反比关系。固定要素相当微小的变化，会引起实际调价时很大的费用变动，所以，承包商在调值公式中采用的固定要素取值要尽可能偏小。

(2) 按一般国际惯例，调值公式中有关的各项费用，只选择用量大、价格高且具有代表性的一些典型人工费和材料费，通常是大宗的钢材、木材、水泥、沙石料、沥青等，并用它们的价格指数变化综合代表材料费的价格变化，以便尽量与实际情况接近。

(3) 在许多招标文件中要求承包方，在投标中提出各部分成本的比重系数，并在价格分析中予以论证。但也有的是由发包方(业主)在招标文件中即规定一个允许范围，由投标人在此范围内选定。例如，鲁布革水电站工程的标书即对外币支付项目各费用比重系数范围作了如下规定：外籍人员工资0.10～0.20；水泥0.10～0.16；钢材0.09～0.13；设备0.35～0.48；海上运输0.04～0.08，固定系数0.17。并规定允许投标人根据其施工方法

在上述范围内选用具体系数。

(4) 确定每个品种的系数和固定要素系数，品种的系数要根据该品种价格对总造价的影响程度而定。各品种系数之和加上固定要素系数应等于1。

(5) 各项费用的调整应与合同条款规定相吻合。例如，签订合同时，承发包双方一般应商定调整的有关费用和因素，以及物价波动到何种程度才进行调整。在国际工程中，一般在±5%以上才进行调整。有的合同还规定，在应调整金额不超过合同原价5%时，由承包方自己承担；在原合同价的5%～20%之间时，承包方负担10%，发包方(业主)负担90%；当超过20%时，则必须另行签订附加条款。

(6) 调整时还要注意地点与时点。地点一般指工程所在地或指定的某地市场价格。时点指的是某月某日的市场价格。这里要确定两个时点价格，即签订合同时间某个时点的市场价格(基础价格)和每次支付前的一定时间的时点价格。这两个时点就是计算调值的依据。

6.2.4 工程价款结算的审核

1. 结算审核内容

结算审核的对象包括工程量、单价及费用，具体内容包括以下几方面。

1)工程量的审核

结算审核过程中，工程量计算耗用的工作量约占全部审核过程的70%以上，为了及时准确地做好这项繁琐的工作，必须资料收集齐全，然后重点看图：先了解工程的基本概貌，再了解工程的材料和做法，最后详细阅读建筑“三大图”。重点弄清以下几个问题：弄清房屋内外高差，以便在计算基础、挖填土、外墙抹灰工程量时出现差错；弄清建筑物构配件、墙体拉结筋的设置情况，以防二次翻阅和重漏计算等。还要合理安排工程量计算顺序，根据多年的审核经验，合理安排工程量计算顺序可以事半功倍。

当然，工程量的审核最重要的还必须在熟悉工程量计算规则的基础上进行。要分清计算范围，如砖石工程中基础与墙身的划分、混凝土工程中梁与柱的划分、主梁与次梁的划分等。要分清限制范围，如建筑物层高大于3.6m时，顶棚需要装饰方可计取满堂脚手架费用，现浇钢筋混凝土构件方可计取支模超高增加费等。还要仔细核对计算尺寸与图示尺寸是否相符，防止计算错误产生。

2) 套用单价的审核

工程造价定额具有科学性、权威性、法令性，它的形式和内容，计算单位和数量标准，任何人使用都必须严格执行，不能随意提高和降低。在审核套用预算单价时要注意如下几个问题。

(1) 对直接套用定额单价的审核。首先要注意采用的项目名称和内容与设计图纸标准是否相一致，如构件名称、断面形式、强度等级(砼标号)、水泥砂浆比例等；其次工程项目是否重复套用。例如，块料面层下找平层，沥青卷材防水层，沥青隔气层下的冷底子油，预制构件的铁件属于建筑工程范畴的给排水设施。在采用综合定额预算的项目中，这种现象尤其普遍。特别是项目工程与总包及分包都有联系时，往往容易产生工程量的重复。另外，定额主材价格套用是否合理，对有最高限价的材料的定额套用的规定等，如花岗石、大理石、木地板、外墙装饰板等。主材价格未超过最高限价的，按定额规定，以94预算价进入直接费，按实计补价差；主材价格超过最高限价的，则以最高限价进入直接费，按实计补价差。

(2) 对换算的定额单价的审核。除按上述要求外，还要弄清允许换算的内容是定额中的人工、材料或机械中的全部还是部分，这就要求预算人员熟悉关于定额的各项规定及有关文件，调整做到有据可查。

(3) 对补充定额的审核。主要是检查编制的依据和方法是否正确，材料预算价格、人工工日及机械台班单价是否合理。

3) 费用的审核

取费应根据当地工程造价管理部门颁发的文件及规定，结合相关文件如合同、招投标书等来确定费率。审核时应注意取费文件的时效性；执行的取费表是否与工程性质相符；费率计算是否正确；价差调整的材料是否符合文件规定。如计算时的取费基础是否正确，是以人工费为基础还是以直接费为基础。对于费率下浮或总价下浮的工程，在结算时特别要注意变更或新增项目是否同比下浮等。

2. 结算审核方法

1) 全面审核法

全面审核法就是按照竣工图、设计变更、签证答疑、纪要等资料，结合现行定额、合同或协议以及有关造价文件规定等，全面地计算审核工程数量、定额单价以及费用计算。这种方法的优点是，全面和细致、审查质量高，效果好，建设单位为严格控制工程造价，常采用这种方法。缺点是，工作量大，时间较长。由于现行招投标制度下签订的基本为固定总价合同，在审核时对未变更部分很少采用全面审核的方法。

2) 重点审核法

重点审核法，就是抓住工程结算中的重点部分进行审核的方法。该方法就是先确定重点审核的项目，再对此项目进行详细审核。一般选择工程量大而且费用比较高的分项工程的工程量作为审核重点。如基础工程、砖石工程、混凝土及钢筋混凝土、工程门窗幕墙工程等；其次重点核实与上述工程量相对应的定额单价，尤其重点审核定额子目容易混淆的单价；另外对费用的计取、材料的价格也应仔细核实。该方法的优点是工作量相对减少。效果较佳。

3) 对比审核法

在同一地区，如果单位工程的用途、结构和建筑标准都一样，其工程造价应该基本相似。因此在总结分析结算资料的基础上，找出同类工程造价及工料消耗的规律性，整理出用途不同、结构形式不同、地区不同的工程的单方造价指标、工料消耗指标，然后，根据这些指标对审核对象进行分析对比，从中找出不符合投资规律的分部分项工程，针对这些子目进行重点计算，找出其差异较大原因的审核方法。主要配合重点审核法。

4) 分组审查法

就是把结算中有关项目划分若干组，利用同组中一个数据审查分项工程量的一种方法。首先把分部分项工程按有一定内在联系的项目进行编组，利用同组中分项工程间具有相同或相近计算基数的关系，审查一个分项工程数量，就能判断同组中其他几个分项工程量的准确程度。如一般把底层建筑面积、底层地面面积、地面垫层、地面面层、楼面面积、楼面找平层、楼板体积、天棚抹灰、天棚涂料面层编为一组，先把底层建筑面积、楼地面面积算出来，其他分项的工程量利用此基数就能得出。这种方法的最大优点是审查速度快，工作量小。

5）筛选法

建筑工程虽然有建筑面积和高度的不同，但是它们的各个分部分项工程的工程量、造价、用工量在每个单位面积上的数值变化不大，把过去审计积累的这些数据加以汇集、优选、归纳为工程量、造价(价值)、用工等几个单方基本值表，并注明其适用的建筑标准。这些基本值犹如“筛子孔”，用来筛选各分部分项工程。筛下去的就不予审计了；没有筛下去的就意味着此分部分项的单位建筑面积数值，不在基本值范围之内，应对该分部分项工程进行详细审计。此方法的优点是简单易懂、便于掌握、审计速度和发现问题快，适用于住宅工程或不具备全面审计审查条件的工程。

3. 结算审核的投资控制的方法

加强竣工结算审核工作的控制，具体应做到以下几方面。

(1) 对合同文件及相关条款的审核与吃透。结算是在施工合同的基础上编制，以合同条文为根据。因此在审核工程结算报价之前，首先应当了解合同文件及在施工过程中的签证及会议纪要等补充材料。对其中模棱两可的内容仔细斟酌。若发现合同开口或漏洞，应与业主单位认真研究，与施工单位商讨后明确结算要求。

(2) 审核工程签证内容及计量。首先，认真审查签证内容的真实性与合理性，不能因为甲方或监理签字就给予计价，一定要对签证进行仔细分析与辨别；其次，审核签证项目工程计量与套用定额的准确性。

(3) 审核设计等变更程序。对于不符合变更程序的设计变更不能作为竣工结算的有效依据。

(4) 严格执行工程量清单招投标时的合同单价。在工程量清单计价模式下，结算单价应按合同约定或招投标规定的计价标准与计价规则执行。

(5) 深入施工现场，全面掌握工程实况。由于建筑工程本身的特点，使得竣工图很难将工程变更逐一标明。因此在工程量清单校对核算上必须要深入施工现场核对、测量才能确保准确无误。一个优秀的造价工程师不仅要深入工程实地掌握信息，还要深入市场了解建筑材料的品种及价格，做到胸中有数，避免出现计算误差太大，使得审核控制不力。

6.3 设备、工器具和材料的采购及结算

6.3.1 设备、工器具及材料采购方式的选择

设备、工器具及材料采购是建设工程施工中的重要工作之一。采购货物质量的好坏和价格的高低，对项目的投资效益影响极大。材料采购的基本方式有公开招标、邀请招标和询价等多种形式。在中华人民共和国境内进行与工程建设有关的重要设备、材料等的采

购，必须进行招标。为了控制设备及材料采购的投资，应遵守《中华人民共和国招标投标法》规定，根据采购的标的物的具体特点，正确选择设备、材料的采购方式，进而正确选择好设备、材料供应商，控制设备材料投资。

1. 公开招标

公开招标的优点主要有以下几点。

(1) 可以使符合资格的供应商能够在公平竞争条件下，以合适的价格获得供货机会。

(2) 可以使设备、材料采购者以合理价格获得所需的设备和材料。

(3) 可以促进供应商进行技术改造，以降低成本，提高质量。

(4) 可以基本防止徇私舞弊的产生，有利于采购的公平和公正。

设备、材料采购的公开招标一般组织方式严密，涉及环节众多，所需工作时间较长，故成本较高。因此，一些紧急需要或价值较小的设备和材料的采购则不适宜这种方式。

设备、材料采购的公开招标在国际上又称为国际竞争性招标和国内竞争性招标。

国际竞争性招标就是公开的广泛的征集投标者，引起投标者之间的充分竞争，从而使采购方能以较低的价格和较高的质量获得设备或材料。我国政府和世界银行商定，凡工业项目采购额在100万美元以上的，均需采用国际竞争性招标。通过这种招标方式，一般可以使买主以有利的价格采购到需要的设备、材料，可引进国外先进的设备、技术和管理经验，并且可以保证所有合格的投标人都有参加投标的机会，保证采购工作公开而客观地进行。

国内竞争性招标适合于合同金额小，工程地点分散且施工时间拖得很长，劳动密集型生产或国内获得货物的价格低于国际市场价格，行政与财务上不适于采用国际竞争性招标等情况。国内竞争性招标亦要求具有充分的竞争性，程序公开，对所有的投标人一视同仁，并且根据事先公布的评选标准，授予最符合标准且标价最低的投标人。

2. 邀请招标

设备、材料采购的邀请招标是由招标单位向具备设备、材料制造或供应能力的单位直接发出投标邀请书，并且受邀参加投标的单位不得少于3家。这种方式也称为有限国际竞争性招标，是一种不需公开刊登广告而直接邀请供应商进行国际竞争性投标的采购方法。它适用于合同金额不大、所需特定货物的供应商数目有限或需要尽早地交货等情况。有的工业项目，合同价值很大，也较为复杂，在国际上只有为数不多的几家潜在投标人，并且准备投标的费用很大，这样也可以直接邀请来自三四个国家的合格公司进行投标，以节省时间。但这样可能遗漏合格的有竞争力的供应商，为此应该从尽可能多的供应商中征求投标，评标方法参照国际竞争性招标，但国内或地区性优惠待遇不适用。

采用设备、材料采购邀请招标一般是有条件的，主要有以下几个。

(1) 招标单位对拟采购的设备在世界上(或国内)的制造商的分布情况比较清楚，并且制造厂家有限，又可以满足竞争态势的需要。

(2) 已经掌握拟采购设备的供应商或制造商及其他代理商的有关情况，对他们的履约能力、资信状况等已经了解。

(3) 建设项目工期较短，不允许拿出更多时间进行设备采购，因而采用邀请招标。

(4) 还有一些不宜进行公开采购的事项，如国防工程、保密工程、军事技术等。

3. 其他方式

(1) 设备、材料采购有时也通过询价方式选定设备、材料供应商。一般是通过对国内外几家供货商的报价进行比较后，选择其中一家签定供货合同，这种方式一般仅适用于现货采购或价值较小的标准规格产品。

(2) 在设备、材料采购时，有时也采用非竞争性采购方式——直接订购方式。这种采购方式一般适用于如下情况：增购与现有采购合同类似货物而且使用的合同价格也较低廉；保证设备或零配件标准化，以便适应现有设备需要；所需设备设计比较简单或属于专卖性质；要求从指定的供货商采购关键性货物以保证质量；在特殊情况下急需采购的某些材料、小型工具或设备。

6.3.2 设备、工器具及材料的结算

1. 国产设备、工器具和材料价款的支付与结算

1) 结算的原则

按照我国现行规定，银行、单位和个人办理结算都必须遵守以下原则：一是恪守信用，及时付款；二是谁的钱进谁的账，由谁支配；三是银行不垫款。

建设单位对订购的设备、工器具，一般不预付定金，只对制造期在半年以上的大型专用设备和船舶的价款，按合同分期付款。例如，上海市对大型机械设备结算进度规定为：当设备开始制造时，收取20%货款；设备制造进行60%时，收取40%货款；设备制造完毕托运时，再收取40%货款。有的合同规定，设备购置方扣留5%的质量保证金，待设备运抵现场验收合格或质量保证期届满时再返还质量保证金。

建设单位收到设备工器具后，要按合同规定及时结算付款，不应无故拖欠。如果资金不足而延期付款，要支付一定的赔偿金。

2) 结算的方式

建筑安装工程承发包双方的材料往来，可以按以下方式结算。

(1) 由承包人自行采购建筑材料的，发包单位可以在双方签订工程承包合同后按年度工作量的一定比例向承包单位预付备料资金。备料款的预付额度，建筑工程一般不应超过当年建筑(包括水、电、暖、卫等)工作量的30%，大量采用预制构件以及工期在6个月以内的工程，可以适当增加；安装工程一般不应超过当年安装工程量的10%，安装材料用量较大的工程，可以适当增加。

预付的备料款，可从竣工前未完工程所需材料价值相当于预付备料款额度时起，在工程价款结算时按材料款占结算价款的比重陆续抵扣，也可按有关文件规定办理。

(2) 按工程承包合同规定，由承包人包工包料的，则由承包方负责购货付款，并按规定向发包人收取备料款。

(3) 按工程承包合同规定，由发包单位供应材料的，其材料可按材料预算价格转给承包单位。材料价款在结算工程款时陆续抵扣。这部分材料，承包人不应收取备料款。

凡是没有签订工程承包合同和不具备施工条件的工程，发包单位不得预付备料款，不准以备料款为名转移资金。承包单位收取备料款后两个月仍不开工或发包单位无故不按合同规定付给备料款的，开户银行可以根据双方工程承包合同的约定分别从有关单位账户中收回或付出备料款。

2. 进口设备、工器具和材料价款的支付与结算

进口设备分为标准机械设备和专制机械设备两类。标准机械设备系指通用性广泛、供应商(厂)有现货，可以立即提交的货物。专制机械设备是指根据业主提交的定制设备图纸专门为该业主制造的设备。

1）标准机械设备的结算

标准机械设备的结算大都使用国际贸易中广泛使用的不可撤销的信用证。这种信用证在合同生效之后一定日期由买方委托银行开出，经买方认可的卖方所在地银行为议付银行。以卖方为收款人的不可撤销的信用证，其金额与合同总额相等。

(1) 标准机械设备首次合同付款。当采购货物已装船，卖方提交下列文件和单证后，即可支付合同总价的90%。

① 由卖方所在国的有关当局颁发的允许卖方出口合同货物的出口许可证，或不需要出口许可证的证明文件。

② 由卖方委托买方认可的银行出具的以买方为受益人的不可撤销保函。担保金额与首次支付金额相等。

③ 装船的海运提单。

④ 商业发票副本。

⑤ 由制造厂(商)出具的质量证书副本。

⑥ 详细的装箱单副本。

⑦ 向买方信用证的出证银行开出以买方为受益人的即期汇票。

⑧ 相当于合同总价形式的发票。

(2) 最终合同付款。机械设备在保证期截止时，卖方提交下列单证后支付合同总价的尾款，一般为合同总价的10%。

① 说明所有货物无损、无遗留问题、完全符合技术规范要求的证明书。

② 向出证银行开出以买方为受益人的即期汇票。

③ 商业发票副本。

(3) 合同付款货币。买方以卖方在投标书标价中说明的一种或几种货币，和卖方在投标书中说明在执行合同中所需的一种或几种货币按比例进行支付。

付款时间：每次付款在卖方所提供的单证符合规定之后，买方须从卖方提出日期的一定期限内(一般45天内)将相应的货款付给卖方。

2）专制机械设备的结算

专制机械设备的结算一般分为三个阶段，即预付款、阶段付款和最终付款。

(1) 预付款。一般专制机械设备的采购，在合同签订后开始制造前，由买方向卖方提供合同总价的10%～20%的预付款。

预付款一般在提出下列文件和单证后进行支付。

① 由卖方委托银行出具以买方为受益人的不可撤销的保函，担保金额与预付款货币金额相等。

② 相当于合同总价形式的发票。

③ 商业发票。

④ 由卖方委托的银行向买方的指定银行开具由买方承兑的即期汇票。

(2) 阶段付款。按照合同条款，当机械制造开始加工到一定阶段，可按设备合同价一定的百分比进行付款。阶段的划分是当机械设备加工制造到关键部位时进行一次付款，到货物装船买方收货验收后再付一次款。每次付款都应在合同条款中做较详细的规定。

机械设备制造阶段付款的一般条件如下。

① 当制造工序达到合同规定的阶段时，制造厂应以电传或信件通知业主。

② 开具经双方确认完成工作量的证明书。

③ 提交以买方为受益人的所完成部分保险发票。

④ 提交商业发票副本。

⑤ 机械设备装运付款，包括成批订货分批装运的付款，应由卖方提供下列文件和单证。

⑥ 有关运输部门的收据。

⑦ 交运合同货物相应金额的商业发票副本。

⑧ 详细的装箱单副本。

⑨ 由制造厂(商)出具的质量和数量证书副本。

⑩ 原产国证书副本。

⑪ 货物到达买方验收合格后，当事双方签发的合同货物验收合格证书副本。

(3) 最终付款。指在保证期结束时的付款，付款时应提交商业发票副本。全部设备完好无损，所有待修缺陷及待办的问题，均已按技术规范说明圆满解决后的合格证副本。

3) 利用出口信贷方式支付进口设备、工器具和材料价款

对进口设备、工器具和材料价款的支付，我国还经常利用出口信贷的形式。根据借款的对象分为卖方信贷和买方信贷。

(1) 卖方信贷。是卖方将产品赊销给买方，规定买方在一定时期内延期或分期付款。卖方通过向本国银行申请出口信贷，来填补占用的资金，其过程如图 6.8 所示。

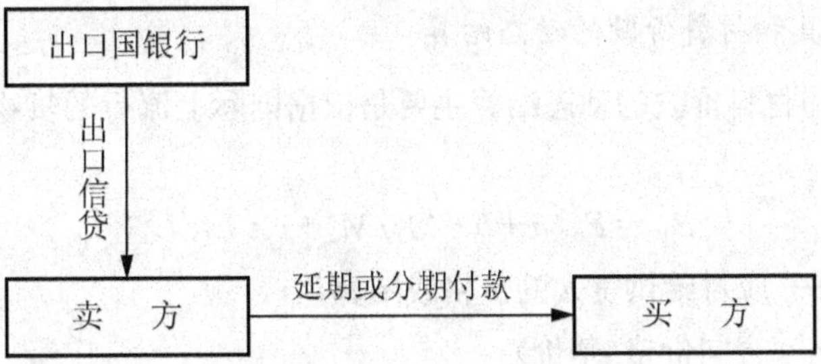

图 6.8 卖方信贷示意图

采用卖方信贷进行设备材料结算时，一般是在签订合同后先预付10%定金，在最后一批货物装船后再付10%，在货物运抵目的地，验收后付5%，待质量保证期届满时再付5%，剩余的70%货款应在全部交货后规定的若干年内一次或分期付清。

(2) 买方信贷。买方信贷有两种形式：一种是由产品出口国银行把出口信贷直接贷给买方，买卖双方以即期现汇成交，其过程如图6.9所示。

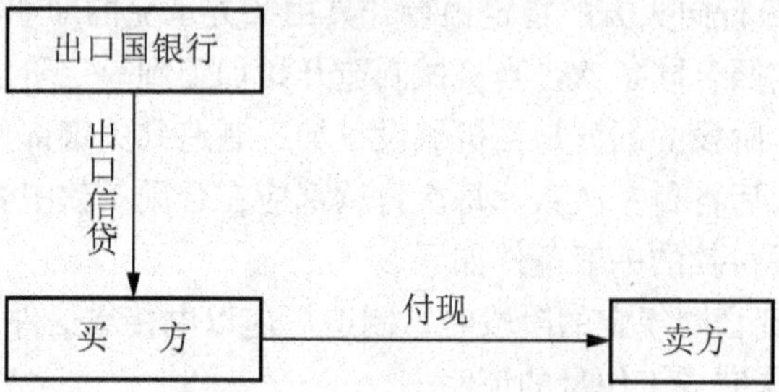

图6.9　买方信贷(出口国银行直接贷款给进口商)示意图

例如，在进口设备材料时，买卖双方签订贸易协议后，买方先付15%左右的定金，其余贷款由卖方银行贷给，再由买方按现汇付款条件支付给卖方。此后，买方分期向卖方银行偿还贷款本息。

买方信贷的另一种形式，是由出口国银行把出口信贷贷给进口国银行，再由进口国银行转贷给买方，买方用现汇支付借款，进口国银行分期向出口国银行偿还借款本息，其过程如图6.10所示。

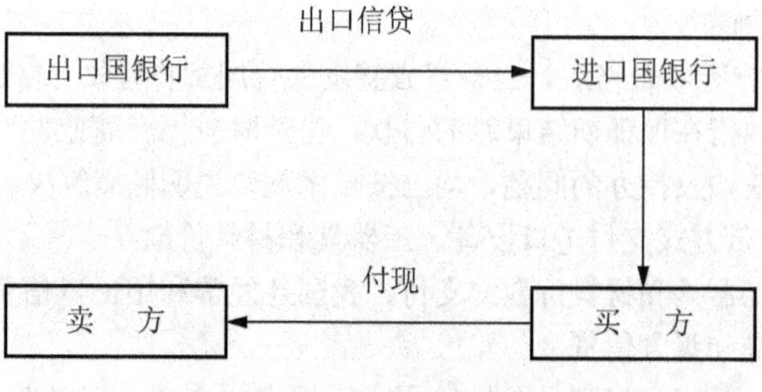

图6.10　买方信贷(出口国银行借款给进口国银行)示意图

3. 设备、工器具和材料价款的动态结算

设备、工器具和材料价款的动态结算主要是依据国际上流行的货物及设备价格调值公式来计算，即

$$P_1 = P_0(a + b \cdot M_1/M_0 + c \cdot L_1/L_0) \tag{6-11}$$

式(6-11)中，P_1——应付给供货人的价格或结算款；

P_0——合同价格(基价)；

M_0——原料的基期物价指数，取投标截止日期前28天的指数；

L_0——特定行业人工成本的基本指数，取投标截止日期前28天的指数；

M_1、L_1——在合同执行时的相应指数；

a——管理费用和利润占合同的百分比，这一比例是不可调整的，称为“固定成分”；

b——原料成本占合同价的百分比；

c——人工成本占合同价的百分比。

公式中$a+b+c=1$，其中，

a的数值可因货物性质的不同而不同，一般占合同的5%～15%。

b是通过设备、工器具制造中消耗的主要材料的物价指数进行调整的。如果主要材料是钢材，但也需要铜螺丝、轴承和涂料等，那么也仅以钢材的物价指数来代表所有材料的综合物价指数；如果有两三种主要材料，其价格对成品的总成本都是关键因素，则可把材料物价指数再细分成两三个子成本。

c是根据整个行业的物价指数调整的(如机床行业)。在极少数情况下，将人工成本c分解成两三个部分，通过不同的指数来进行调整。

6.4 工程变更款的确定

6.4.1 工程变更概述

1. 工程变更的定义

由于工程项目实施的复杂性、长期性和动态性特点，工程项目在工程设计、招投标和签订施工合同阶段，无论业主或作为业主代表的工程师(我国的监理工程师)，还是承包商都不能准确预见施工阶段可能发生的所有事件，更无法为它们的可能后果事先制定周密计划。因此，在工程项目(尤其是大型工程项目)施工过程中，工程变更具有普遍性。工程变更对合同价格和合同工期具有很大的破坏性，而成功的工程变更管理有助于项目工期和投资目标的实现。工程变更产生的原因是多方面的，涉及业主、设计单位、承包商和监理单位等多方面因素。无论何种原因引起或哪方提出的，工程变更一旦产生，都会对该工程的施工进度、工程质量、投资控制以及各方面关系的协调带来一定的影响。

工程变更的内容极其广泛，对其很难下一个确切的定义。本书认为，在合同实施过程中，由于维持原合同状态条件的改变，导致对原合同文件的修改和补充，就称为工程变更。工程变更的目的是为了保证工程的顺利实施，实现目的的手段是对原合同价格和工期等内容做相应的改变和调整。

2. 工程变更的分类

由于工程建设的周期长，涉及的经济关系和法律关系复杂，受自然条件和客观因素的影响大，导致项目的实际情况与项目招标投标时的情况相比会发生一些变化。因此，工程的实际施工情况与招标投标时的工程情况相比往往会有一些变化。工程变更包括工程量变更、工程项目的变更(如发包人提出增加或者删减原项目内容)、进度计划的变更、施工条件的变更等。如果按照变更的起因划分，变更的种类有很多，例如，发包人的变更指令(包括发包人对工程有了新的要求、发包人修改项目计划、发包人削减预算、发包人对项目进度有了新的要求等)；由于设计错误，必须对设计图纸作修改；工程环境变化；由于产生了新的技术和知识，有必要改变原设计、实施方案或实施计划；法律、法规或者政府对建设项目有了新的要求等。当然，这样的分类并不是十分严格的，变更原因也不是相互排斥的。这些变更最终往往表现为设计变更，因为我国要求严格按图设计，因此如果变更影响了原来的设计，则首先应当变更原设计。考虑到设计变更在工程变更中的重要性，往往将工程变更分为设计变更和其他变更两大类。

(1) 设计变更。在施工过程中如果发生设计变更，将对施工进度产生很大的影响。因此，应尽量减少设计变更，如果必须对设计进行变更，必须严格按照国家的规定和合同约定的程序进行。

由于发包人对原设计进行变更，以及经工程师同意的、承包人要求进行的设计变更，导致合同价款的增减及造成的承包人损失，由发包人承担，延误的工期相应顺延。

(2) 其他变更。合同履行中发包人要求变更工程质量标准及发生其他实质性变更，由双方协商解决。

3. 工程变更的处理要求

(1) 如果出现了必须变更的情况，应当尽快变更。如果变更不可避免，不论是停止施工等待变更指令，还是继续施工，无疑都会增加损失。

(2) 工程变更后，应当尽快落实变更。工程变更指令发出后，应当迅速落实指令，全面修改相关的各种文件。承包人也应当抓紧落实，如果承包人不能全面落实变更指令，则扩大的损失应当由承包人承担。

(3) 对工程变更的影响应当作进一步分析。工程变更的影响往往是多方面的，影响持续的时间也往往较长，对此应当有充分的分析。

6.4.2 工程变更管理中常见的问题

目前，我国工程变更管理中存在以下几方面问题。

(1) 缺少工程变更的价格控制机制，一旦发生工程变更，工程变更通知的内容只描述变更项目的内容、范围和数量，而不确定变更工作的具体费用。从而容易导致合同价格变化后，业主对变更产生的影响还知之甚少的情况。究其原因是，在项目的不同阶段不能及时反映工程变更后，合同价格的变化；工程变更的影响要在工程竣工决算时才完全反应，结果造成投资失控，而在工业发达国家，无论采用何种合同形式，工程变更中必须反映变更价格和对合同的影响，并且须征得业主或业主指定的授权人的同意，才能进行工程变更，以实现工程变更的动态控制和跟踪分析。

(2) 对工程变更的含义容易存在狭义的认识，认为工程变更就是设计变更，尽管工程变更中很大一部分是设计变更，但还包括合同变更和施工变更。事实上，工程变更不等于设计变更，设计变更是指工程实施过程中，为了保证设计和施工质量，完善工程设计、纠正设计错误以及满足施工现场条件变化而进行的设计修改工作。如果错误地将工程变更当作设计变更来看待和管理，或者将工程变更与合同修改相混淆，不利于工程项目投资控制和管理，更不利于我国工程界参与日趋激烈的国际竞争。

(3) 工程变更发生后，变更费用不进入月进度款中支付，大多在工程竣工后进行结算时，才计算变更费用，这是典型的事后算账控制方式。

(4) 工程师缺乏变更控制和投资控制、进度控制相结合的意识，一旦发生变更，监理工程师着重在现场的工程量核实和证明，而没有把变更融入项目计划中考虑和调整。

(5) 业主缺少工程变更的风险意识，大多数业主没有把工程变更同项目的风险联系在一起，从而忽略了变更对项目的影响。实际上，工程变更对项目的实现具有很大的危害，工程变更是导致项目投资失控和工程延误的主要潜在原因。有文献认为“变更和索赔是导致工程项目超投资的两个重大潜在原因”，对项目具有灾难性的影响。因此，有必要事先对工程变更进行必要的风险分析和评估。

(6) 普遍存在重索赔轻变更的观点。在国内的工程领域普遍存在一种过分强调索赔的倾向，有的承包商甚至把“低价中标，高价索赔”作为获利的策略。这种过分重视索赔的倾向，实际上是对索赔的一种误解，本书认为，发生索赔对承包商而言是万不得已的事情，而且业主也最不希望发生索赔。首先，索赔可索而常遇不赔，因为索赔并不是承包商想索赔就能索赔的，工程实践证明，索赔常常发生事与愿违的情形，甚至伴有负面影响，业主的反索赔常常使承包商的索赔遭遇困难，于是就有一个权衡利弊的问题；其次，索赔容易导致业主和承包商之间的矛盾对立，信息不畅。因此，作为一个有经验的承包商就不会经常通过索赔来额外获利。

6.4.3 《建设工程施工合同(示范文本)》条件下的工程变更价款的处理

1. 工程变更的程序

从合同的角度看，不论因为什么原因导致的设计变更，必须首先有一方提出，因此可以分为发包人对原设计进行变更和承包人对原设计进行变更两种情况。

1) 发包人对原设计进行变更

施工中发包人如果需要对原工程设计进行变更，应不迟于变更前14天以书面形式向承包人发出变更通知。承包人对于发包人的变更通知没有拒绝的权利，这是合同赋予发包人的一项权利。因为发包人是工程的出资人、所有人和管理者，对将来工程的运行承担主要的责任，只有赋予发包人这样的权利才能减少更大的损失。但是，变更超过原设计标准或者批准的建设规模时，须经原规划管理部门和其他有关部门审查批准，并由原设计单位提供变更的相应的图纸和说明。

2) 承包人对原设计进行变更

承包人应当严格按照图纸施工，不得随意变更设计。施工中承包人提出的合理化建议涉及对设计图纸或者施工组织设计的更改及对原材料、设备的更换，须经工程师同意。工程师同意变更后，也须经原规划管理部门和其他有关部门审查批准，并由原设计单位提供变更的相应的图纸和说明。承包人未经工程师同意不得擅自更改或换用，否则承包人承担由此发生的费用，赔偿发包人的有关损失，延误的工期不予顺延。

3）其他变更

从合同角度看，除设计变更外，其他能够导致合同内容变更的都属于其他变更。例如，双方对工程质量要求的变化(当然是强制性标准以上的变化)、双方对工期要求的变化、施工条件和环境的变化导致施工机械和材料的变化等。这些变更的程序，首先应当由一方提出，与对方协商一致签署补充协议后，方可进行变更。

2. 变更后合同价款的确定

变更合同价款按照下列方法进行。

(1) 合同中已有适用于变更工程的价格，按合同已有的价格计算变更合同价款。

(2) 合同中只有类似于变更工程的价格，可以参照此价格确定变更价格，变更合同价款。

(3) 合同中没有适用或类似于变更工程的价格，由承包人提出适当的变更价格，经工程师确认后执行。

因此，在变更后合同价款的确定上，首先应当考虑适用合同中已有的、能够适用或者能够参照适用的，其原因在于在合同中已经订立的价格(一般是通过招标投标)是较为公平合理的，因此应当尽量适用。由承包人提出的变更价格，工程师如果能够确认，则按照这一价格执行。如果工程师不确认，则应当提出新的价格，由双方协商，按照协商一致的价格执行。如果无法协商一致，可以由工程造价部门调解，如果双方或者一方无法接受，则应当按照合同纠纷的解决方法解决。

6.4.4 FIDIC合同条件下的工程变更

在FIDIC合同条件下，业主提供的设计一般较为粗略，有的设计(施工图)是由承包商完成的，因此其设计变更少于我国施工合同条件下的施工变更。

1. 工程变更的范围

由于工程变更属于合同履行过程中的正常管理工作，工程师可以根据施工进展的实际情况，在认为必要时就以下几个方面发布变更指令。

(1) 对合同中任何工作工程量的改变。由于招标文件中的工程量清单中所列的工程量是依据初步设计概算的量值，是为承包人编制投标书时合理进行施工组织设计及报价之用，因此实施过程中会出现实际工程量与计划值不符的情况。为了便于合同管理，当事人双方应在专用条款内约定工程量变化较大可以调整单价的百分比(视工程具体情况，可在15%～25%范围内确定)。

(2) 任何工作质量或其他特性的变更。如在强制性标准外提高或者降低质量标准。

(3) 工程任何部分标高、位置和尺寸的改变。这方面的改变无疑会增加或者减少工程量，因此也属于工程变更。

(4) 删减任何合同约定的工作内容。省略的工作应是不再需要的工程，不允许用变更指令的方式将承包范围内的工作变更给其他承包商实施。

(5) 新增工程按单独合同对待。进行永久工程所必需的任何附加工作、永久设备、材料供应或其他服务，包括任何联合竣工检验、钻孔和其他检验以及勘察工作。这种变更指令应是增加与合同工作范围性质一致的新增工作内容，而且不应以变更指令的形式要求承包人使用超过他目前正在使用或计划使用的施工设备范围去完成新增工程。除非承包人同意此项工作按变更对待，一般应将新增工程按一个单独的合同来对待。

(6) 改变原定的施工顺序或时间安排。此类属于合同工期的变更，既可能由于增加工程量、增加工作内容等情况，也可能源于工程师为了协调几个承包人施工的干扰而发布的变更指示。

2. 变更程序

颁发工程接收证书前的任何时间，工程师可以通过发布变更指示或以要求承包商递交建议书的任何一种方式提出变更。

1) 指示变更

工程师在业主授权范围内根据施工现场的实际情况，在确属需要时有权发布变更指示。指示的内容应包括详细的变更内容、变更工程量、变更项目的施工技术要求和有关部门文件图纸，以及变更处理的原则。

2) 要求承包商递交建议书后再确定的变更

其程序如下。

(1) 工程师将计划变更事项通知承包商，并要求他递交实施变更的建议书。

(2) 承包商应尽快予以答复。一种情况可能是通知工程师由于受到某些非自身原因的限制而无法执行此项变更，如无法得到变更所需的物资等，工程师应根据实际情况和工程的需要再次发出取消、确认或修改变更指示的通知。另一种情况是承包商依据工程师的指示递交实施此项变更的说明，内容包括将要实施的工作的说明书以及该工作实施的进度计划；承包商依据合同规定对进度计划和竣工时间作出任何必要修改的建议，提出工期顺延要求；承包商对变更估价的建议，提出变更费用要求。

(3) 工程师作出是否变更的决定，尽快通知承包商说明批准与否或提出意见。

(4) 承包商在等待答复期间，不应延误任何工作。

(5) 工程师发出每一项实施变更的指示，应要求承包商记录支出的费用。

(6) 承包商提出的变更建议书，只是作为工程师决定是否实施变更的参考。除了工程师做出指示或批准以总价方式支付的情况外，每一项变更应依据计量工程量进行估价和支付。

3. 工程变更计价

1) 变更估价的原则

承包人按照工程师的变更指示实施变更工作后，往往会涉及对变更工程的估价问题。

变更工程的价格或费率，往往是双方协商时的焦点。计算变更工程应采用的费率或价格，可分为三种情况。

(1) 变更工作在工程量表中有同种工作内容的单价或价格，应以该单价计算变更工程费用。实施变更工作未引起工程施工组织和施工方法发生实质性变动，不应调整该项目的单价。

(2) 工程量表中虽然列有同类工作的单价或价格，但对具体变更工作而言已不适用，则应在原单价或价格的基础上制定合理的新单价或价格。

(3) 变更工作的内容在工程量表中没有同类工作的单价或价格，应按照与合同单价水平相一致的原则，确定新的单价或价格。任何一方不能以工程量表中没有此项价格为借口，将变更工作的单价定得过高或过低。

2) 可以调整合同工作单价的情况

具备以下条件时，允许对某一项工作规定的单价或价格加以调整。

(1) 此项工作实际测量的工程量比工程量表或其他报表中规定的工程量的变动大于10%。

(2) 工程量的变更与对该项工作规定的具体单价的乘积超过了接受的合同款额的0.01%。

(3) 由此工程量的变更直接造成该项工作每单位工程量费用的变动超过1%。

3) 删减原定工作后对承包商的补偿

工程师发布删减工作的变更指示后承包商不再实施部分工作，合同价款中包括的直接费部分没有受到损害，但摊销在该部分的间接费、税金和利润则实际不能合理回收。因此承包商可以就其损失向工程师发出通知并提供具体的证明资料，工程师与合同双方协商后确定一笔补偿金额加入到合同价内。

4. *承包商申请的变更*

承包商根据工程施工的具体情况，可以向工程师提出对合同内任何一个项目或工作的详细变更请求报告。未经工程师批准前承包商不得擅自变更，若工程师同意则按工程师发布变更指示的程序执行。

(1) 承包商提出变更建议。承包商可以随时向工程师提交一份书面建议。承包商认为如果采纳其建议将可能出现以下情况：①加速完工；②降低业主实施、维护或运行工程的费用；③对业主而言能提高竣工工程的效率或价值；④为业主带来其他利益。

(2) 承包商应自费编制此类建议书。

(3) 如果由工程师批准的承包商建议包括一项对部分永久工程的设计的改变，通用条件的条款规定如果双方没有其他协议，承包商应设计该部分工程。如果他不具备设计资质，也可以委托有资质单位进行分包。变更的设计工作应按合同规定承包商负责设计的规定执行，包括以下几方面：①承包商应按照合同中说明的程序向工程师提交该部分工程的承包商的文件；②承包商的文件必须符合规范和图纸的要求；③承包商应对该部分工程负责，并且该部分工程完工后应适合于合同中规定的工程的预期目的；④在开始竣工检验之前，承包商应按照规范规定向工程师提交竣工文件以及操作和维修手册。

(4) 接受变更建议的估价。

① 如果此改变造成该部分工程的合同的价值减少，工程师应与承包商商定或决定一笔费用，并将之加入合同价格。这笔费用应是以下金额差额的一半：合同价的减少，由此改变造成的合同价值的减少，不包括依据后续法规变化做出的调整和因物价浮动调价所作的调整，以及变更对使用功能的影响，考虑到质量、预期寿命或运行效率的降低，对业主而言已变更工作价值上的减少(如有时)。

② 如果降低工程功能的价值大于减少合同价格对业主的好处，则没有该笔奖励费用。

5. 按照计日工作实施的变更

对于一些小的或附带性的工作，工程师可以指示按计日工作实施变更。这时，工作应当按照包括在合同中的计日工作计划表进行估价。

在为工作订购货物前，承包商应向工程师提交报价单。当申请支付时，承包商应向工程师提交各种货物的发票、凭证，以及账单或收据。除计日工作计划表中规定不应支付的任何项目外，承包商应当向工程师提交每日的精确报表，一式两份，报表应当包括前一工作日中使用的各项资源的详细资料。

6.5 工程项目施工索赔控制

6.5.1 工程项目索赔的概念和分类

1. 工程项目索赔的概念

工程索赔是在工程承包合同履行中，当事人一方由于另一方未履行合同所规定的义务或者出现了应当由对方承担的风险而遭受损失时，向另一方提出赔偿要求的行为。在实际工作中，“索赔”是双向的，我国《建设工程施工合同示范文本》中的索赔就是双向的，既包括承包人向发包人的索赔，也包括发包人向承包人的索赔。但在工程实践中，发包人索赔数量较小，而且处理方便，可以通过冲账、扣拨工程款、扣保证金等实现对承包人的索赔；而承包人对发包人的索赔则比较困难一些。通常情况下，索赔是指承包人(施工单位)在合同实施过程中，对非自身原因造成的工程延期、费用增加而要求发包人给予补偿损失的一种权利要求。

索赔有较广泛的含义，可以概括为如下三个方面。

(1) 一方违约使另一方蒙受损失，受损方向对方提出赔偿损失的要求。

(2) 发生应由业主承担责任的特殊风险或遇到不利自然条件等情况，使承包商蒙受较大损失而向业主提出补偿损失要求。

(3) 承包商本人应当获得的正当利益，由于没能及时得到监理工程师的确认和业主应给予的支付，而以正式函件向业主索赔。

2. 工程索赔产生的原因

1）当事人违约

当事人违约常常表现为没有按照合同约定履行自己的义务。发包人违约常常表现为没有为承包人提供合同约定的施工条件、未按照合同约定的期限和数额付款等。工程师未能按照合同约定完成工作，如未能及时发出图纸、指令等也视为发包人违约。承包人违约的情况则主要是没有按照合同约定的质量、期限完成施工，或者由于不当行为给发包人造成其他损害。

2）不可抗力事件

不可抗力又可以分为自然事件和社会事件。自然事件主要是不利的自然条件和客观障碍，如在施工过程中遇到了经现场调查无法发现、业主提供的资料中也未提到的、无法预料的情况(如地下水、地质断层等)。社会事件则包括国家政策、法律、法令的变更，战争、罢工等。

3）合同缺陷

合同缺陷表现为合同文件规定不严谨甚至矛盾，合同中的遗漏或错误。在这种情况下，工程师应当给予解释，如果这种解释将导致成本增加或工期延长，发包人应当给予补偿。

4）合同变更

合同变更表现为设计变更、施工方法变更、追加或者取消某些工作、合同其他规定的变更等。

5）工程师指令

工程师指令有时也会产生索赔，如工程师指令承包人加速施工、进行某项工作、更换某些材料、采取某些措施等。

6）其他第三方原因

其他第三方原因常常表现为与工程有关的第三方的问题而引起的对本工程的不利影响。

3. 工程索赔的分类

工程索赔依据不同的标准可以进行不同的分类。

1）按索赔的合同依据分类

按索赔的合同依据可以将工程索赔分为合同中明示的索赔和合同中默示的索赔。

(1) 合同中明示的索赔。合同中明示的索赔是指承包人所提出的索赔要求，在该工程项目的合同文件中有文字依据，承包人可以据此提出索赔要求，并取得经济补偿。这些在合同文件中有文字规定的合同条款，称为明示条款。

(2) 合同中默示的索赔。合同中默示的索赔，即承包人的该项索赔要求，虽然在工程项目的合同条款中没有专门的文字叙述，但可以根据该合同的某些条款的含义，推论出承包人有索赔权。这种索赔要求，同样有法律效力，有权得到相应的经济补偿。这种有经济补偿含义的条款，在合同管理工作中被称为“默示条款”或称为“隐含条款”。默示条款是一个广泛的合同概念，它包含合同明示条款中没有写入、但符合双方签订合同时设想的愿望和当时环境条件的一切条款。这些默示条款，或者从明示条款所表述的设想愿望中引申出来，或者从合同双方在法律上的合同关系引申出来，经合同双方协商一致，或被法律和法规所指明，都成为合同文件的有效条款，要求合同双方遵照执行。

2）按索赔目的分类

按索赔目的可以将工程索赔分为工期索赔和费用索赔。

（1）工期索赔。由于非承包人责任的原因而导致施工进程延误，要求批准顺延合同工期的索赔，称之为工期索赔。工期索赔形式上是对权利的要求，以避免在原定合同竣工日不能完工时，被发包人追究拖期违约责任。一旦获得批准合同工期顺延后，承包人不仅免除了承担拖期违约赔偿费的严重风险，而且可能提前工期得到奖励，最终仍反映在经济收益上。

（2）费用索赔。费用索赔的目的是要求经济补偿。当施工的客观条件改变导致承包人增加开支，要求对超出计划成本的附加开支给予补偿，以挽回不应由他承担的经济损失。

3）按索赔事件的性质分类

按索赔事件的性质可以将工程索赔分为工程延误索赔、工程变更索赔、合同被迫终止索赔、工程加速索赔、意外风险和不可预见因素索赔和其他索赔。

（1）工程延误索赔。因发包人未按合同要求提供施工条件，如未及时交付设计图纸、施工现场、道路等，或因发包人指令工程暂停或不可抗力事件等原因造成工期拖延的，承包人对此提出索赔。这是工程中常见的一类索赔。

（2）工程变更索赔。由于发包人或监理工程师指令增加或减少工程量，增加附加工程、修改设计、变更工程顺序等，造成工期延长和费用增加，承包人对此提出索赔。

（3）合同被迫终止的索赔。由于发包人或承包人违约以及不可抗力事件等原因造成合同非正常终止，无责任的受害方因其蒙受经济损失而向对方提出索赔。

（4）工程加速索赔。由于发包人或工程师指令承包人加快施工速度，缩短工期，引起承包人人力、财力、物力的额外开支而提出的索赔。

（5）意外风险和不可预见因素索赔。在工程实施过程中，因人力不可抗拒的自然灾害、特殊风险以及一个有经验的承包人通常不能合理预见的不利施工条件或外界障碍，如地下水、地质断层、溶洞、地下障碍物等引起的索赔。

（6）其他索赔。例如，因货币贬值，汇率变化，物价、工资上涨，政策法令变化等原因引起的索赔。

6.5.2 索赔处理的原则和计算

1. 工程索赔的处理原则

1）索赔必须以合同为依据

不论是风险事件的发生，还是当事人不完成合同工作，都必须在合同中找到相应的依据，当然，有些依据可能是合同中隐含的。工程师依据合同和事实对索赔进行处理是其公平性的重要体现。在不同的合同条件下，这些依据很可能是不同的。例如，因为不可抗力导致的索赔，在国内《建设工程施工合同文本》条件下，承包人机械设备损坏的损失，是由承包人承担的，不能向发包人索赔；但在FIDIC合同条件下，不可抗力事件一般都列为业主承担的风险，损失都应当由业主承担。如果到了具体的合同中，各个合同的协议条款不同，其依据的差别就更大了。

2）及时、合理地处理索赔

索赔事件发生后，索赔的提出应当及时，索赔的处理也应当及时。索赔处理得不及时，对双方都会产生不利的影响，如承包人的索赔长期得不到合理解决，索赔积累的结果会导致其资金困难，同时会影响工程进度，给双方都带来不利的影响。处理索赔还必须坚持合理性原则，既考虑到国家的有关规定，也应当考虑到工程的实际情况。例如，承包人提出索赔要求，机械停工按照机械台班单价计算损失显然是不合理的，因为机械停工不发生运行费用。

3）加强主动控制，减少工程索赔

对于工程索赔应当加强主动控制，尽量减少索赔。这就要求在工程管理过程中，应当尽量将工作做在前面，减少索赔事件的发生。这样能够使工程更顺利地进行，降低工程投资，减少施工工期。

2. 可索赔的费用

可索赔的费用内容一般可以包括以下几个方面。

(1) 人工费。包括增加工作内容的人工费、停工损失费和工作效率降低的损失费等累计，但不能简单地用计日工费计算。

(2) 设备费。可采用机械台班费、机械折旧费、设备租赁费等几种形式。

(3) 材料费。

(4) 保函手续费。工程延期时，保函手续费相应增加，反之，取消部分工程且发包人与承包人达成提前竣工协议时，承包人的保函金额相应折减，则计入合同价内的保函手续费也应扣减。

(5) 贷款利息。

(6) 保险费。

(7) 利润。

(8) 管理费。此项又可分为现场管理费和公司管理费两部分，由于二者的计算方法不一样，所以在审核过程中应区别对待。

3. 工期索赔的计算

1）在工期索赔中应当注意的问题

在工期索赔中，应当特别注意以下问题。

(1) 划清施工进度拖延的责任。因承包人的原因造成施工进度滞后，属于不可原谅的延期；只有承包人不应承担任何责任的延误，才是可原谅的延期。有时工期延期的原因中可能包含有双方责任，此时工程师应进行详细分析，分清责任比例，只有可原谅延期部分才能批准顺延合同工期。可原谅延期，又可细分为可原谅并给予补偿费用的延期和可原谅但不给予补偿费用的延期；后者是指非承包人责任的影响并未导致施工成本的额外支出，大多属于发包人应承担风险责任事件的影响，如异常恶劣的气候条件影响的停工等。

(2) 被延误的工作应是处于施工进度计划关键线路上的施工内容。只有位于关键线路上工作内容的滞后，才会影响到竣工日期。但有时也应注意，既要看被延误的工作是否在批准进度计划的关键路线上，又要详细分析这一延误对后续工作的可能影响。因为若对非关键路线工作的影响时间较长，超过了该工作可用于自由支配的时间，也会导致进度计划中非关键路线转化为关键路线，其滞后将影响总工期的拖延。此时，应充分考虑该工作的自由时间，给予相应的工期顺延，并要求承包人修改施工进度计划。

2) 工期索赔的计算

工期索赔的计算主要有网络图分析和比例计算法两种。

(1) 网络分析法是利用进度计划的网络图，分析其关键线路。如果延误的工作为关键工作，则总延误的时间为批准顺延的工期；如果延误的工作为非关键工作，当该工作由于延误超过时差限制而成为关键工作时，可以批准延误时间与时差的差值；若该工作延误后仍为非关键工作，则不存在工期索赔问题。

(2) 比例计算法的公式。

对于已知部分工程的延期的时间：

$$\text{工期索赔值}=\frac{\text{受干扰部分工程的合同价}\times\text{该受干扰部分工期拖延时间}}{\text{原合同总价}} \tag{6-12}$$

对于已知额外增加工程量的价格：

$$\text{工期索赔值}=\frac{\text{额外增加的工程量的价格}\times\text{原合同总工期}}{\text{原合同总价}} \tag{6-13}$$

比例计算法简单方便，但有时不尽符合实际情况，比例计算法不适用于变更施工顺序、加速施工、删减工程量等事件的索赔。

4. 费用索赔的计算

费用索赔的计算方法有实际费用法、修正总费用法等。

(1) 实际费用法。该方法是按照索赔事件所引起损失的费用项目分别分析计算索赔值，然后将各费用项目的索赔值汇总，即可得到总索赔费用值。这种方法以承包商为某项索赔工作所支付的实际开支为依据，但仅限于由于索赔事项引起的、超过原计划的费用，故也称额外成本法。在这种计算方法中，需要注意的是不要遗漏费用项目。

(2) 修正的总费用法。这种方法是对总费用法的改进，即在总费用计算的原则上，去掉一些不确定的可能因素，对总费用法进行相应的修改和调整，使其更加合理。

6.5.3 索赔报告的内容及审批

索赔报告的具体内容，随该索赔事件的性质和特点而有所不同。但从报告的必要内容与文字结构方面而论，一个完整的索赔报告应包括以下四个部分。

1）总论部分

总论部分一般包括以下内容：序言；索赔事项概述；具体索赔要求；索赔报告编写及审核人员名单。

文中首先应概要地论述索赔事件的发生日期与过程；施工单位为该索赔事件所付出的努力和附加开支；施工单位的具体索赔要求。在总论部分最后，附上索赔报告编写组主要人员及审核人员的名单，注明有关人员的职称、职务及施工经验，以表示该索赔报告的严肃性和权威性。总论部分的阐述要简明扼要，说明问题。

2）根据部分

本部分主要是说明自己具有的索赔权利，这是索赔能否成立的关键。根据部分的内容主要来自该工程项目的合同文件，并参照有关法律规定。该部分中施工单位应引用合同中的具体条款，说明自己理应获得经济补偿或工期延长。

根据部分的篇幅可能很大，其具体内容随各个索赔事件的特点而不同。一般地说，根据部分应包括以下内容：索赔事件的发生情况；已递交索赔意向书的情况；索赔事件的处理过程；索赔要求的合同根据；所附的证据资料。

在写法结构上，按照索赔事件发生、发展、处理和最终解决的过程编写，并明确全文引用有关的合同条款，使建设单位和监理工程师能历史地、逻辑地了解索赔事件的始末，并充分认识该项索赔的合理性和合法性。

3）计算部分

索赔计算的目的，是以具体的计算方法和计算过程，说明自己应得经济补偿的款额或延长时间。如果说根据部分的任务是解决索赔能否成立，则计算部分的任务就是决定应得到多少索赔款额和工期。前者是定性的，后者是定量的。

在款额计算部分，施工单位必须阐明下列问题：索赔款的要求总额；各项索赔款的计算，如额外开支的人工费、材料费、管理费和所失利润；指明各项开支的计算依据及证据资料，施工单位应注意采用合适的计价方法。至于采用哪一种计价法，首先，应根据索赔事件的特点及自己所掌握的证据资料等因素来确定。其次，应注意每项开支款的合理性，并指出相应的证据资料的名称及编号。切忌采用笼统的计价方法和不实的开支款额。

4）证据部分

证据部分包括该索赔事件所涉及的一切证据资料，以及对这些证据的说明，证据是索赔报告的重要组成部分，没有翔实可靠的证据，索赔是不能成功的。在引用证据时，要注意该证据的效力或可信程度。为此，对重要的证据资料最好附以文字证明或确认件。例如，对一个重要的电话内容，仅附上自己的记录本是不够的，最好附上经过双方签字确认的电话记录，或附上发给对方要求确认该电话记录的函件，即使对方未给复函，亦可说明责任在对方，因为对方未复函确认或修改，按惯例应理解为他已默认。

费用索赔审批表见表 6－5 所示。

表 6-5 费用索赔申报表

<table>
<tr><td colspan="4">根据合同____条的规定，由于____原因，我方提出索赔(资料附后)，请有关部门予以审定。事项及理由：

计算过程：</td></tr>
<tr><td>费用索赔/元</td><td></td><td>工期索赔/元</td><td></td></tr>
<tr><td>索赔单位意见</td><td colspan="3">(公章)
负责人： 年 月 日</td></tr>
<tr><td>监理单位审核意见</td><td colspan="3">(公章)
经办人： 年 月 日</td></tr>
<tr><td>造价单位确认意见</td><td colspan="3">(公章)
经办人： 年 月 日</td></tr>
</table>

6.6 价值管理在施工阶段投资控制中的应用

6.6.1 价值工程在施工方案制订中的应用

结合价值管理制定技术先进可行及经济合理的施工方案主要表现在以下五个方面。

(1) 通过价值管理研究，进行施工组织设计，拟定最合适的施工方案、施工工序，科学施工进度等。

(2) 通过价值管理活动进行技术经济分析，确定最佳的施工方法。

(3) 结合施工方法，进行材料使用的比选，在满足功能要求的前提下，通过代用、改变配合比、使用添加剂等方法降低材料消耗费用。

(4) 结合施工方法，确定最适合的机械设备使用方案，如功能相同则选择台班费较低的。

(5) 通过价值管理活动，结合项目施工组织设计及自然地理条件，降低材料的库存成本和运输成本，如材料采购相同，选择功能较高的替代材料等。

6.6.2　价值工程在施工质量管理中的应用

价值工程在施工质量管理中的应用主要体现在以下三方面，通过价值管理提升施工质量，从而控制项目投资。

(1) 应用价值管理功能分析方法，找出质量不足之处及过剩之处，并对价值低的质量指标进行改进，从而使质量要求达到符合用户需要的最佳状态。

(2) 追求质量成本最佳化，对各质量成本项目进行功能分析、功能评价，从而实现最优的质量成本构成，降低质量成本总额。

(3) 通过价值工程活动，确定最优的质检方案，提高质检效果，减少质检费用。

6.6.3　价值工程在施工设计改进中的应用

国外一些经验认为，工程的预算费用与其基本功能的评价值之比可以帮助判断一项建筑工程降低成本的可能性如何。以 C_E 代表工程的预算费用，W_F 代表基本功能的功能评价之和，V 为其比值，则

$$V=C_E/W_F \tag{6-14}$$

当 V 大于 2 时，就意味着有降低原工程项目投资费用的可能性。改进设计，降低成本，这样做似乎对企业益处不大，甚至会由于降低了投资，减少了工程量而影响了工程款收入，但它带来的影响却是重要的。

(1) 在满足业主功能要求的前提下，降低了项目投资，业主单位通常会给予降低部分一定比例的奖励。这个奖励是项目的净收入。

(2) 通过对设计进行分析的价值活动，与提供项目组织的质量、改善内部组织管理、降低不合理消耗等有着直接影响。通过该项活动，能使工程项目的施工者更加明确业主单位的要求，更加熟悉项目的设计要求、结构特点、项目所在地的自然地理条件，从而有利于施工方案的制订，组织和控制施工也得心应手。

(3) 替业主单位着想，能取得业主单位的信任，从而有利于双方的和谐协作关系，能够提高自身知名度，用户“回头率”也会大大提高。

案例分析

造价咨询公司 A 收到了工程公司 2 关于 D 项目总承包工程的第五期中期进度款申请书。收到此申请书后，A 造价咨询公司对其工程进度款进行了认真的审核，并填写表 6-6 进行汇总分析。

表 6-6　某项目主体总承包工程进度款审核表

项目工程名称：＿＿＿＿＿＿＿＿　　申报时间 ＿＿＿＿＿＿＿＿

指定分包单位：＿＿＿＿＿＿＿＿　　申报期数：＿＿＿＿＿＿＿＿

工程类别：＿＿＿＿＿＿＿＿

1.1 原合同金额	
1.2 调整后合同金额(分包合同发判后)	
1.3 加减账	
1.4 最新总价	
2.1 本期累计审批金额	
2.2 扣保留金	
2.3 扣上期累计审批金额	
2.4 本期审批金额	

审核人：　　　　　　　　　　　　　　　　　　　　　　批准人：

咨询公司　　机电经理　　项目工程经理　　造价工程师及采购部经理

经审核分析后，A工程造价咨询公司向业主递交了付款建议书供业主公司安排签署及付款。

关于D项目总承包工程第五期中期付款建议书

进度付款证书编号：	M000 N－P01－00Y
估算日期：	200×/××/××
合同名称：	×××总承包工程
业主：	××房地产有限公司
建筑师：	××××××××
结构工程师：	××××××××
机电工程师：	××××××××
国内设计顾问单位：	中国××设计研究院
承包单位：	工程公司 2
合同承包金额：	RMB 110 515 230.00
预付款：	无
保留金：	承包金额的百分之三十
履约保证金：	承包金额的百分之十
总工期：	267 个公历天
工程预付款	人民币 RMB(元)
承包单位累计已完成工程量	23 194 311.00
工程现存之物料估算	——
工程暂定量之调整	——
累计工程变更之费用	2 633 113.00

工程款小计	25 827 424.00
扣除承包单位之保留金(30%)	(7 748 227.00)
扣除承包单位之预付款	——
工程款净额小计	18 079 197.00
扣除累计已付工程款额	(13 035 654.00)
本期应付工程款额	5 043 543.00

兹建议本期承包单位共可得中期付款计人民币伍佰零肆万叁仟伍佰肆拾叁元整(RMB5 043 543.00)。

A造价咨询公司

本章小结

本章全面地介绍了工程项目实施阶段的投资控制，主要内容包括：施工阶段资金使用计划的编制与控制；工程价款的计量在投资管理控制中的作用、依据及方法，价款结算的方式、预付款的结算、进度款的计算及尾款的确定，工程价款结算审核的内容和方法；设备、工器具及材料采购的方式、方式选择及结算的方法、注意事项；工程变更的基本内容及变更款的确定方式；施工阶段工程项目投资控制的主要任务是通过付款控制、工程变更费用控制、预防并处理好费用索赔、挖掘节约工程造价的潜力来实现实际发生的费用不超过计划投资；索赔的概念、索赔处理的原则、计算及索赔报告审批；价值管理在索赔阶段的应用。

习　题

1. 思考题

(1) 资金使用计划的编制对工程造价有何影响?

(2) 简述施工组织设计对工程造价的影响及施工组织设计优化的途径。

(3) 简述我国现行工程变更的确认及处理程序。

(4) 施工中的干扰事件和索赔理由有哪些?

(5) 索赔费用的组成内容有哪些?

(6) 简述工程价款结算的作用和分类。

(7) 简述我国工程价款的结算中工程进度款的结算方法。

(8) 简述我国工程价款的结算中工程保留金的预留方法。

(9) 简述我国工程价款的结算中工程竣工结算的方法。

(10) 简述FIDIC合同条件下工程价款结算的程序。

2. 案例分析题

案例一

某工程施工合同价为560万元，合同工期为6个月，施工合同中规定：

(1) 开工前业主向施工单位支付合同价20%的预付款。

(2) 业主自第一个月起，从施工单位的应得工程款中按10%的比例扣留保修金，保修金限额暂定为合同价的5%，保修金到第三个月底全部扣完。

(3) 预付款在最后两个月扣除，每月扣50%。

(4) 工程进度款按月结算，不考虑调价。

(5) 业主供料价款在发生当月的工程款中扣回。

(6) 若施工单位每月实际完成产值不足计划产值的90%时，业主可按实际产值的8%的比例扣留工程进度款，在工程竣工结算时将扣留的工程进度款退还给施工单位。

(7) 经业主签认的施工进度计划和实际完成产值如表6-4所示。

表6-4 产值表 单位：万元

时间(月)	1	2	3	4	5	6
计划完成产值	70	90	110	110	100	80
实际完成产值	70	80	120			
业主供料价款	8	12	15			

该工程施工进入第四个月时，由于业主资金出现困难，合同被迫终止。为此施工单位提出以下费用补偿要求：

(1) 施工现场存有为本工程购买的特殊工程材料，计50万元。

(2) 因设备撤回基地发生的费用10万元。

(3) 人员遣返费用8万元。

问题：

(1) 该工程的工程预付款为多少万元？应扣留的保修金为多少万元？

(2) 第一个月到第三个月造价工程师各签证的工程款是多少？应签发的付款凭证金额是多少？

(3) 合同终止时业主已支付施工单位各类工程款为多少万元？

(4) 合同终止后施工单位提出的补偿要求是否合理？业主应补偿多少万元？

(5) 合同终止后业主共应向施工单位支付多少万元的工程款？

案例二

某工程原合同规定分两阶段进行施工，土建工程21个月，安装工程12个月。假定以一定量的劳动力需要量为相对单位，则合同规定的土建工程量可折算为310个相对单位，安装工程量折算为70个相对单位。合同规定，在工程量增减10%的范围内，作为承包商的工期风险，不能要求工期补偿。在工程施工过程中，土建和安装的工程量都有较大幅度的增加。实际土建工程量增加到430个相对单位，实际安装工程量增加到117个相对单位。请计算工期索赔。

第7章 工程项目竣工验收阶段的投资控制

教学目标

本章主要讲述工程项目竣工阶段投资控制的基本理论和方法。通过本章学习，应达到以下目标：

(1) 了解竣工验收范围、条件、依据、标准和程序。

(2) 掌握竣工决算的内容、编制方法和竣工决算审计的内容和注意事项。

(3) 理解投资控制后评价概念、评价指标和方法。

教学要求

知识要点	能力要求	相关知识
工程项目竣工验收	了解竣工验收相关知识	竣工验收的范围、条件、依据和标准、程序
决算审计与投资控制	(1) 理解竣工决算与竣工结算的区别； (2) 熟悉竣工结算的内容与编制； (3) 熟悉竣工决算审计的内容和注意事项	(1) 竣工决算报告说明书； (2) 工程造价比较分析； (3) 内部控制建设

续表

知识要点	能力要求	相关知识
投资控制后评价	(1) 理解投资控制后评价的概念； (2) 掌握投资控制后评价的内容； (3) 熟悉投资控制后评价的指标； (4) 掌握投资控制后评价的方法	(1) (前)评估与后评价概念； (2) 工程项目生命全周期； (3) 综合评价法

基本概念

竣工验收　竣工决算　决算审计　后评价　实际总投资变化率　实际内部收益率　综合评价法

引例

工程项目竣工阶段的投资控制虽然不及项目前期阶段的投资控制重要，但在竣工阶段，区分不合理的投资支出，特别是对结算的投资控制，对节省投资、积累投资经验都具有重要意义。

例如，某房地产开发项目，一期工程 22 000 平方米，预算投资额为 6 800 万元，施工方提交结算报告的工程款为 3 466 万元，由于项目管理人员和审计人员认真负责，坚持投资控制的理念，最终经审计的结算款为 3 350 万元。最后，项目在经过公司工程部、财务部、项目部等部门编制的决算书的总投资额为 6 717 万元。项目经理实现了当初总投资不超预算的承诺，得到了总公司的嘉奖，同时也为二期项目的开发积累了投资控制的经验。

7.1 工程项目竣工验收

7.1.1 工程竣工验收的范围

1. 竣工验收的概念

建设项目竣工验收是指由建设单位、施工单位和项目验收委员会，以项目批准的设计任务书和设计文件以及国家或部门颁发的施工验收规范和质量检验标准为依据，遵循一定的程序和手续，在项目建成并试生产合格后，对工程项目的总体进行检验和认证、综合评价和鉴定的活动。

竣工验收是建设项目建设全过程的最后一个程序，是全面考核建设工程，检查设计、工程质量是否符合要求，审查投资使用是否合理的重要环节，是投资成本转入生产或使用的标志。竣工验收对保证工程质量，促进建设项目及时投产，发挥投资效益和总结经验教训都有着重要作用。

2. 工程竣工验收的范围

凡新建、扩建、改建的基本建设项目和技术改造项目，应按国家批准的设计文件所规定的设计内容和验收标准进行及时验收。对于某些特殊情况，工程施工虽未全部按设计要求完成，也应进行验收，包括以下几种情况。

(1) 因少数非主要设备或某些特殊材料短期内不能解决，虽然工程内容尚未全部完成，但可以投产或使用的工程项目。

(2) 规定要求的内容已完成，但因外部条件的制约，而使已建工程不能投入使用的项目。

(3) 已形成部分生产能力，但近期内不能按原设计规模续建，应缩小规模对已完成的工程和设备组织竣工验收，移交固定资产。

3. 竣工验收的分类

按被验收的对象划分，建设项目竣工验收可分为：单位工程验收、单项工程验收及全部工程竣工验收。

1) 单位工程竣工验收(又称“中间验收”)

单位工程验收是承包人以单位工程或某专业工程为对象，独立签定建设工程施工合同，达到竣工条件后，承包人可单独进行交工，发包人根据竣工验收的依据和标准，按施工合同约定的工程内容组织竣工验收，比较灵活地适应了目前工程承包的普遍性。这阶段工作由监理人组织，发包人和承包人派人参加验收工作，单位工程验收资料是最终验收的依据。

2) 单项工程竣工验收(又称“交工验收”)

单项工程竣工验收是在一个总体建设项目中，一个单项工程已完成设计图纸规定的工程内容，能满足生产要求或具备使用条件，承包人向监理人提交“工程竣工报告”和“工程竣工报验单”，经确认后向发包人发出“交付竣工验收通知书”，说明工程完工情况、竣工验收准备情况、设备无负荷单机试车情况，具体约定单项工程竣工验收的有关工作。这阶段工作由发包人组织，会同承包人、监理人、设计单位和使用单位等有关部门完成。对于投标竞争承包的单项工程施工项目，则根据施工合同的约定，仍由承包人向发包人发出交工通知书请求组织验收。

3) 全部工程的竣工验收(又称“动用验收”)

通常所说的建设项目竣工验收，指的是“动用验收”，是建设项目已按设计规定全部建成、达到竣工验收条件，由发包人组织设计、施工、监理、工程质量监督及档案管理等单位进行全部工程的竣工验收。全部工程的竣工验收一般是在单位工程、单项工程竣工验收的基础上进行。对已经交付竣工验收的单位工程或单项工程并已办理了移交手续的，原则上不再重复办理验收手续，但应将单位工程或单项工程竣工验收报告作为全部工程竣工验收的附件加以说明。全部工程竣工验收的组织工作大多由发包人负责，承包人主要是为竣工验收创造必要的条件。

全部工程竣工验收的主要任务是：负责审查建设工程的各个环节验收情况；听取各有关单位(设计、施工、监理等)的工作报告；审阅工程竣工档案资料的情况；实地察验工程并对设计、施工、监理等方面工作和工程质量、试车情况等做综合全面评价。

7.1.2 竣工验收的条件、依据和标准

1. 竣工验收的条件

中华人民共和国国务院于 2000 年 1 月发布的第 279 号令《建设工程质量管理条例》规定，建设工程竣工验收应当具备以下条件。

(1) 完成建设工程设计和合同约定的各项内容。

(2) 有完整的技术档案和施工管理资料。

(3) 有工程使用的主要建筑材料、建筑构配件和设备的进场试验报告。

(4) 有勘察、设计、施工、工程监理等单位分别签署的质量合格文件。

(5) 有施工单位签署的工程保修书。

2. 竣工验收的依据

竣工验收的依据是批准的可行性研究报告、初步设计或扩大初步设计、施工图设计、设备技术说明书，现行施工技术验收规范以及主管部门(公司)有关审批、修改、调整的文件，业主和承包商签订的工程承包合同，国家现行的施工验收规范等。

从国外引进新技术和成套设备的项目，还应按照签订的合同和国外提供的设计文件等资料进行验收。

3. 竣工验收的标准

竣工验收必须符合以下要求。

(1) 生产性项目和辅助性公用设施，已按设计要求建成，能满足生产使用要求。

(2) 主要工艺设备和配套设施联动负荷试车合格，形成生产能力，能够生产出设计中所规定的产品。

(3) 有必要的生活设施，并已按设计要求建成合格。

(4) 生产准备工作能适应投入生产的需要。

(5) 环境保护设施，劳动、安全、卫生设施和消防设施，已按设计要求与主体工程同时建成使用。

(6) 设计和施工质量已经过质量监督部门检验并做出评定。

(7) 工程结算和竣工决算通过有关部门审查和审计。

7.1.3 竣工验收的程序

根据《中华人民共和国》(建设部)(房屋建筑工程和市政基础设施工程竣工验收暂行

规定)工程竣工验收应当按以下程序进行：

1）工程完工后，施工单位向建设单位提交工程竣工报告，申请工程竣工验收。实行监理的工程，工程竣工报告须经总监理工程师签署意见。

2）建设单位收到工程竣工报告后，对符合竣工验收要求的工程，组织勘察、设计、施工、监理等单位和其他有关方面的专家组成验收组，制定验收方案。

3）建设单位应当在工程竣工验收 7 个工作日前将验收的时间、地点及验收组名单书面通知负责监督该工程的工程质量监督机构。

4）建设单位组织工程竣工验收。

（1）建设、勘察、设计、施工、监理单位分别汇报工程合同履约情况和在工程建设各个环节执行法律、法规和工程建设强制性标准的情况；

（2）审阅建设、勘察、设计、施工、监理单位的工程档案资料；

（3）实地查验工程质量；

（4）对工程勘察、设计、施工、设备安装质量和各管理环节等方面作出全面评价，形成经验收组人员签署的工程竣工验收意见。

参与工程竣工验收的建设、勘察、设计、施工、监理等各方不能形成一致意见时，应当协商提出解决的方法，待意见一致后，重新组织工程竣工验收。

负责监督该工程的工程质量监督机构应当对工程竣工验收的组织形式、验收程序、执行验收标准等情况进行现场监督，发现有违反建设工程质量管理规定行为的，责令改正。

5）工程竣工验收合格后，建设单位应当及时提出工程竣工验收报告。工程竣工验收报告主要包括工程概况，建设单位执行基本建设程序情况，对工程勘察、设计、施工、监理等方面的评价，工程竣工验收时间、程序、内容和组织形式，工程竣工验收意见等内容。

6）建设单位应当自工程竣工验收合格之日起 15 日内，依照《房屋建筑工程和市政基础设施工程竣工验收备案管理暂行办法》的规定，向工程所在地的县级以上地方人民政府建设行政主管部门备案。

7.2 工程项目竣工阶段的决算审计与控制

7.2.1 竣工决算的编制

1. 竣工决算的含义

建设项目竣工决算是指所有建设项目竣工后，建设单位按照国家有关规定在建设项目竣工验收阶段编制的竣工决算报告。竣工决算是建设单位以实物数量和货币指标为计量单位，综合反映竣工项目从筹建开始到项目竣工交付使用为止的全部建设费用、建设成果和财务情况的总结性文件，是竣工验收报告的重要组成部分，竣工决算是正确核定新增固定资产价值、考核分析投资效果、建立健全经济责任制的依据，是反映建设项目实际造价和投资效果的文件。

竣工决算与结算的区别主要体现在如下几个方面：

1）范围不同

工程竣工结算是指施工企业按照合同规定的内容全部完成所承包的工程，经验收质量合格，并符合合同要求之后，向发包单位进行的最终工程价款结算。工程竣工结算分为单位工程竣工结算、单项工程竣工结算和建设项目竣工总结算。工程竣工结算是指按工程进度、施工合同、施工监理情况办理的工程价款结算，以及根据工程实施过程中发生的超出施工合同范围的工程变更情况，调整施工图预算价格，确定工程项目最终结算价格。竣工结算工程价款等于合同价款加上施工过程中合同价款调整数额减去预付及已结算的工程价款再减去保修金。

竣工决算是综合反映竣工项目从筹建开始到项目竣工交付使用为止的全部建设费用、建设成果和财务情况，包括从筹集到竣工投产全过程的全部实际费用，即包括建筑工程费、安装工程费、设备工器具购置费用及预备费和投资方向调节税等费用。

2）编制人和审查人不同

单位工程竣工结算由承包人编制，发包人审查；实行总承包的工程，由具体承包人编制，在总承包人审查的基础上，发包人审查；单项工程竣工结算或建设项目竣工总结算由总(承)包人编制，发包人可直接审查，也可以委托具有相应资质的工程造价咨询机构进行审查。

建设工程竣工决算的文件，由建设单位负责组织人员编写，上报主管部门审查，同时抄送有关设计单位。

3）目标不同

竣工结算是在施工完成，质量验收合格后编制的，反映的是基本建设工程的实际造价。

竣工决算是竣工验收报告的重要组成部分，是正确核算新增固定资产价值，考核分析投资效果，建立健全经济责任的依据，是反应建设项目实际造价和投资效果的文件。竣工决算要正确核定新增固定资产价值，考核投资效果。

2. 竣工决算的作用

1）工程竣工决算报告是反映工程建设情况的综合性文件

工程竣工决算报告以实物指标和货币指标为计量单位，全面反映工程项目特征以及工程从开工建设到竣工投产的全部投资，工程建设资金来源和工程所形成的资产量情况。工程竣工决算报告是工程建设成果、工程管理和财务状况的综合性文件。

2）工程竣工决算报告是基建单位向生产单位办理资产和债务移交的书面材料

工程竣工决算报告要通过审计部门的审计，并经过主管理部门审批，经审批后工程竣工决算报告是确认工程最终造价的唯一书面材料。工程投产所形成的资产价值和债务通过工程竣工决算报告确定，是基建单位和生产单位办理资产和债务移交时双方认同的报告。

3）工程竣工决算报告决定固定资产价值的正确性

工程投产后所移交的资产绝大部分为固定资产，工程投产所形成固定资产的计价以工程竣工决算报告为准，工程竣工决算报告编制是否规范、科学合理、正确关系到生产单位结转固定资产价值的正确性和折旧计提的准确性。

4）工程竣工决算报告是后续项目建设投资决策的重要依据

工程竣工决算报告反映了工程概算投资执行情况结果，反映了工程项目的总造价、单位造价、项目管理情况。工程投产后要根据工程运行情况和工程竣工决算数据分析工程项目投资效益，总结经验和教训，为今后同类项目的建设提供投资决策依据。工程竣工决算报告对严格控制工程造价，确定投资效益考核指标都有着十分重要的意义。

3. 竣工决算编制前的基础工作

（1）收集、整理有关资料。主要包括经批准的设计文件、项目、概（预）算批复文件、主管部门下达的年度投资计划、施工、供货合同（协议）、历年财务报表、账薄、凭证等。

（2）认真进行债权、债务和财产物资的清理。主要有应收及应付款的清理、各种材料、设备、工具、用具等要逐项盘点核实、填列清单。

（3）核对年度投资计划和资金到位情况。清理合同（协议）提前做好工程价款结算工作，其他费用除按已签订合同列支外，对应列支而未支的相关费用，如设计费、勘测费等，按概算批复计提列支；对工程建设用地和移民征迁补偿决算，按照规定，应由地方政府审计机关进行竣工决算审计。

（4）预提未完工程竣工验收费用。未完工程大中型工程应按控制在总投资的3%以内，小型项目应控制在5%之内；预提费用中的竣工验收费用，要根据竣工验收程序和会议的次数、天数、人数进行测算计提。

（5）确定竣工决算基准日。

4. 竣工决算的内容与编制

按照财政部、国家发改委和建设部的有关文件规定，竣工决算是由竣工财务决算说明书、竣工财务决算报表、工程竣工图和工程竣工造价对比分析四部分组成，如图 7.1 所示。前两部分又称建设项目竣工财务决算，是竣工决算的核心内容。

1）竣工决算说明书

主要反映工程建设成果和经验，是对竣工决算报表进行分析和补充说明的文件，是全面考核分析工程投资与造价的书面总结，主要包括：建设项目概况；会计账务的处理、财产物资情况及债权债务的清偿情况；资金节余、基建结余资金等上交分配情况；主要经济技术指标的分析计算情况；工程建设经验及项目管理和财务管理工作以及竣工财务决算中有待解决的问题；决算与概算的差异和原因分析；需要说明的其他事项。

（1）建设项目概况、对工程总的评价。一般从进度、质量、安全和造价、施工等方面进行分析说明。进度方面主要说明开工和竣工时间，对照合理工期和要求工期分析是提前还是延期；质量方面主要根据竣工验收委员会或质量监督部门的验收评定等级、合格率和

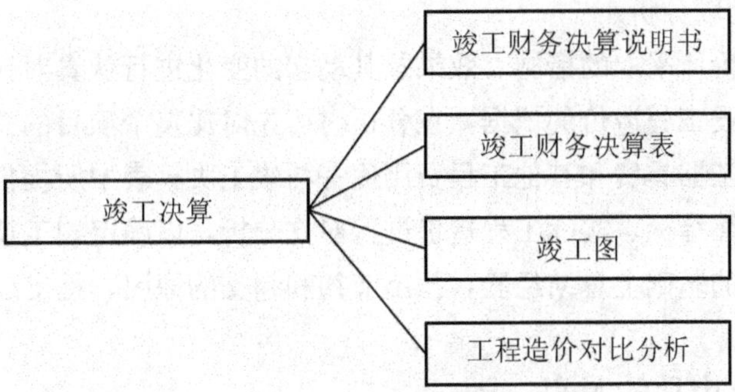

图 7.1 竣工决算的内容

优良率；安全方面主要根据劳动工资和施工部门的记录，对有无设备和人身事故进行说明；造价方面主要对照概算造价，说明节约还是超支，用金额和百分比进行分析说明。

(2) 资金来源及运用等财务分析。主要包括工程价款结算、会计账务的处理、财产物资情况及债权债务的清偿情况。

(3) 基本建设收入、投资包干结余、竣工结余资金的上交分配情况。通过对基本建设投资包干情况的分析，说明投资包干数、实际支用数和节约额、投资包干结余的有机构成和包干结余的分配情况。

(4) 各项经济技术指标的分析。根据实际投资完成额与概算执行情况进行对比分析；新增生产能力的效益分析，说明支付使用财产占总投资额的比例；不增加固定资产造价占投资总额的比例，分析有机构成和成果。

(5) 工程建设的经验、项目和财务管理工作以及竣工财务决算中有待解决的问题。

(6) 需要说明的其他事项。

2) 竣工财务决算报表

(1) 大、中型建设项目竣工决算报表包括：财务决算审批表、项目概况表、财务决算表、交付使用资产总表及资产明细表。

(2) 小型建设项目竣工财务决算报表包括：财务决算审批表、决算总表、交付使用资产明细表。

3) 建设工程竣工图

竣工图是建设项目的实际反映，是工程的重要档案资料，施工单位在施工中要做好施工记录、检验记录，整理好变更文件，并及时做出竣工图，保证竣工图质量。

(1) 凡按图施工没有变动的，可由建设单位(包括总包和分包)在原施工图上加盖“竣工图”标志，即作为竣工图。

(2) 凡在施工过程中，虽有一般性设计变更但能将原施工图加以修改补充作为竣工图的，可不重新绘制，由施工单位负责在原施工图(必须是新蓝图)上注明修改部分，并附以设计变更通知单和施工说明，加盖“竣工图”标志后，作为竣工图。

(3) 凡结构形式、施工工艺、平面布置等重大改变的要重新绘制。在资料清单中要逐张加盖竣工图章。

4）工程造价比较分析

对控制工程造价所采取的措施、效果及其动态的变化进行认真对比，总结经验教训批准的概算是考核建设工程造价的依据，在分析时可先对比整个项目的总概算，然后将建筑工程安装费、设备工器具费和其他工程费用逐一与竣工决算表中所提供的实际数据和相关资料及批准的概预算指标、实际工程造价进行对比分析，以确定竣工项目总造价是节约还是超支，并在对比的基础上总结经验，找出节约和超支的原因，提出改进措施。

7.2.2 竣工决算审计的重点

竣工决算审计，是基本建设项目审计的重要环节，加强对竣工决算的审计监督，对提高竣工决算的质量，正确评价投资效益，总结建设经验，改善基本建设项目管理有着十分重要的意义。竣工决算审计一般要注重如下几个方面：内部控制建设、工程设计概算、投资资金来源和使用、基建投资支出、概(预)算执行、工程建设管理、工程建设管理、会计账务处理、竣工财务决算编制等。

1. 内部控制建设情况

主要是被审单位和工程项目的基本情况；必要的工程建设管理内控制度，包括工程项目管理制度、工程财务管理制度、工程物资管理制度、招投标管理制度及基本建设程序的合法性等。

2. 工程设计概算情况

审查设计概算的批复文件，审查工程项目设计概算汇总表，审查工程项目的构成，如工程项目、建设范围、建设目标、单项工程、单位工程等构成；审查工程的招投标文件及资料，包括设备采购合同、施工合同等。

3. 投资资金来源和使用情况

工程资金筹集是否符合规定；是否按照批准的贷款授权额度筹集资金；有无存在擅自扩大贷款授权范围和借款授权额度现象；是否存在挪用专项建设资金的情况；资金的规划、筹措使用是否合理；有无存在无故拖欠工程款、因拖延工程款造成损失的问题；资金支付的方式是否安全、流程是否合规、依据是否充分。

4. 基建投资支出情况

决算报告金额与项目在建工程核算科目金额是否一致；建安工程核算的真实完整性、归集是否正确、是否按已确定结算金额计入工程；出包建筑安装工程的界面是否分清，有没有重复计算工程费用和虚列工程项目投资的问题；有无借用或赠送设备的问题，所有设备是否已纳入资产管理和财务核算；待摊投资支出的核算、归集和分配是否与会计制度规定一致；有没有国家规定不得列入建设成本费用的其他支出问题；有无存在将非本项工程的支出列入本项工程、非建设期间的费用列入本期决算等问题。

5. 概(预)算执行情况

检查核实竣工项目的概算总额；检查概算调整和设计变更情况，设计变更是否通过原设计单位的认可、重大设计变更和概算调整是否通过规定程序批准；对超概算的项目，分析其原因，并查明扩大规模、提高标准和概算外投资问题，在审计报告中进行客观披露，提请相关部门处理；对于调整总概算范围内各项目之间施工内容、概算使用额度等不合理现象，有无相关部门的批准意见；工程成本费用的进入要以设计概算为依据，经营性支出不得进入，非本工程项目的费用不得进入；基站租金进入工程决算有没有超过半年的问题；建设单位管理费用超概算进入是否严格控制，每笔建管费用有没有合法的入账依据。

6. 工程建设管理情况

抽查重大项目，根据规定应进行招标的项目是否经过招投标；招标、评标、定标的有关操作是否规范；招投标手续是否完备，招标文件是否符合有关规定，是否编制了标底；投标单位资质是否满足招标文件规定，是否有陪标的嫌疑；定标资料(签报、会议纪要等)是否完整，是否存在与评标结果有较大出入的情况；重大项目投资是否签订合同，签订程序是否合规，已签合同是否有相关部门监督管理并执行，是否设置合同台账，根据已签订的合同进行分类登记管理；与建设项目有关的应收、应付款是否及时清理；资产交付是否及时、完整，手续是否齐全，形成交付使用资产的归类是否符合公司相关规定；抽查部分实物，确认其真实性。

7. 会计账务处理情况

每项工程是否设置独立账套进行核算；工程费用是否已完整入账；检查工程项目中所签订的合同是否已履行；施工费用是否按结算审核报告确认价格入账；工程验收手续是否履行；工程预转资产是否履行移交手续；工程共同费用的分配是否遵循受益原则和一贯性原则，进入工程竣工决算的工程施工费用，原则上都应经过审计部审核，以审计部出具的结算审定价入账。对于已经送审但尚未得到审计批复的工程施工费用，应以审定初稿金额或结算送审金额计入竣工决算，该部分费用情况在审计报告中通过备注栏说明；对工程物资的审核，核对采购合同的数量与使用、余料及剩余物资的情况，剩余设备、材料数量、金额是否与工程物资账反映的一致，是否在工程物资表中反映。

8. 竣工财务决算编制情况

决算编制前准备工作是否充分，是否做好了财产物资的盘点和债权、债务清理工作；竣工决算的编制是否及时、准确、完整地反映竣工项目实际建设情况，所反映的主要经济指标是否正确。

7.2.3 竣工决算审计的注意事项

1. 抽查建筑安装工程结算

一般情况(建筑安装工程结算都已经实施过专项审计，财务决算审计时只需抽查)下，抽查面不少于建筑安装完成额的15%，抽查重点是超概算金额较大的单位工程、重大设计变更、高额索赔费用等。

2. 审查设备、材料的核算情况

对财务列支的设备、材料成本要和工程相对应的成本项目相互进行核对检查，防止重复计算和漏项的发生；对建设单位采购与工程有关的设备，要审查合同设备清单及结算发票，还要看合同内容是否包含安装费、调试费及附件、配件等；要从财务的角度审查建设单位是否直接承担或支付了施工图范围以内的工程费用，并明确具体有哪些。

3. 建筑安装工程主合同的审计必须结合设备、材料等专项合同进行

建安工程主合同一般都对材料的供应范围进行了划分，建设单位为了保证主要材料的质量，一般从工程造价中扣除，然后专项招标采购。辅助材料才由施工单位自主采购，但有部分非主要材料的专用材料常常会随设备合同一起订货，或者随主要材料配套采购。这样，如果审计主合同时不结合其他合同，就没法发现建设单位代购的材料有没有扣除，是否参与了不该参与的取费等。因此，合同的审计不仅要审查合同的签订是否合理，是否符合招投标的有关规定，更要审查合同间的费用的结算是否清楚。例如，中央空调安装合同，设备和材料是配套订货，如果不划分清，就会被施工单位找到漏洞。

4. 单纯的材料变更，一定要充分了解材料价格

在建筑工程施工中，单纯的材料价格变更是很常见的，如材质变更、质量等级变更、规格型号变更，这类变更的关键是材料价格的确定，一定要对市场行情有足够的了解、货比三家，要亲自去市场，亲自去询价。例如，某工程用电线，原设计是铝线，施工中调整为其他品牌的铜芯线缆。施工单位在变更时附上该厂家的公开报价单并在此基础上优惠5%，经决算审计人员仔细了解市场后，发现在同等采购规模下，公开报价可以优惠30%，后来与施工单位核对，施工单位不得不承认高报价，按照决算审计人员的意见进行了调减。同一品牌下的产品有不同的档次，同一档次的产品由于品牌不同，价格千差万别，因此，对材料的了解是为这类变更把关的关键所在。

5. 重点审查资金结余和盘点

核实结余资金，重点是库存物资，防止隐瞒、转移、挪用或压低库存物资单价，虚列往来欠款，隐匿结余资金的现象；查明器材积压、债权债务未能及时清理的原因，提示建设管理中存在的问题；重点做好实地抽盘，实地抽盘量要求达到30%左右，主要抽盘项目有以下几种。

(1) 基础资料不全的项目，如未提供概预算资料、结算报告、决算报表与财务账面差异较大且无合理解释及未提供相应依据的。

(2) 单项投资金额占总投资额比例较大的项目。

(3) 结算金额超概预算较大，且无合理解释及未提供相应依据的。

(4) 其他随机抽查项目。对上述盘点项目如实记录，并形成相应工作底稿交省公司留存，以利于今后工程项目管理。

7.3 工程项目投资控制后评价

7.3.1 投资控制后评价的概念

1. 建设项目后评价概念

根据工程项目生命全周期过程概念，一般认为项目后评价是指项目建成和竣工验收之后(1～2 年)所进行的评价，其评价点如图 7.2 所示的 F 点，也可以把项目结束点(T)作为一个评价点，对项目做一个完整的总结评价；C 点至 D 点之间的项目评估称为中间评价(或跟踪评价)；C 点之前的项目评估可称为项目前评估(简称项目评估)；项目评估、跟踪评价与项目后评价一起构成完整的项目评估、评价过程。

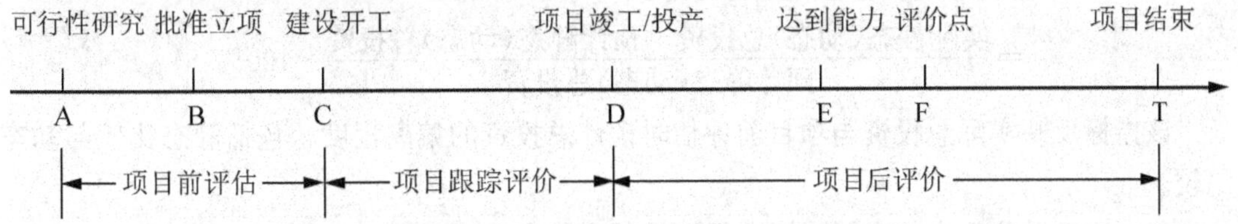

图 7.2 项目生命周期中的评价阶段

2. 项目投资控制后评价概念

工程项目投资控制后评价是项目后评价的一部分，指对已完成项目的投资效益情况所进行的系统、客观分析。通过对项目活动实践的检查总结，确定项目预期的投资目标是否达到，项目投资规模是否合理，项目的主要投资收益指标是否实现；通过项目投资控制后评价分析找出项目投资成功的经验和失败的原因，总结经验教训并通过及时有效的信息反馈，为未来新项目的投资决策和提高完善投资决策管理水平提出建议，同时也为被评项目实施运营中出现的投资控制问题提出改进意见，从而达到提高投资效益的目的。

7.3.2 投资控制后评价内容

投资控制后评价的具体实施，根据不同类型的项目可能有所不同，主要包括以下三个方面。

(1) 项目投资控制后评价信息资料的收集。应尽可能全面地收集与项目投资控制后评价有关的原始资料，包括项目可行性论证(研究)报告、立项审批书、项目变更资料、竣工验收资料、决算审计报告、各项设计文件、项目运营情况的原始记录以及自我后评价报告等资料。

(2) 项目投资控制后评价的现场调查资料。现场调查要预先做好现场调查设计，根据评价内容的需要设计调查的内容和问题、调查对象、调查形式以及具体安排等。调查的内容要包括项目投资到位情况、项目投资目标的实现情况、与投资有关的各经济技术指标的合理性、产生的作用及影响等。

(3) 项目投资控制后评价资料的整理与分析。资料的整理过程中要注意资料的客观性和有效性，只有同时满足这两者要求的资料才是合格的资料，对于非正常条件下及偶然因素作用下获取的信息数据不应作为项目投资控制后评价的分析依据。分析主要从三方面进行：①项目投资控制后评价结果与项目前评估对应预测结果的对比分析；②对项目投资控制后评价本身结果所做的分析；③对项目未来发展的分析。

7.3.3 投资控制后评价指标

投资控制后评价指标主要有以下几个。

(1) 实际总投资变化率。

$$\text{实际静态(动态)总投资变化率} = \frac{\text{实际静态(动态)总投资}-\text{预计静态(动态)总投资}}{\text{预计静态(动态)总投资}}\times 100\% \qquad (7-1)$$

该指标反映实际总投资与项目前评估时预计总投资的偏离程度，包括静态比较与动态比较。

(2) 实际单位生产能力(或效益)投资及其变化率。

$$\text{实际单位生产能力(或效率)投资} = \frac{\text{工程项目总投资}}{\text{新增生产能力(或效率)}} \qquad (7-2)$$

该指标反映实际单位生产能力(或效益)投资与设计单位生产能力(或效益)投资的偏离(节约)程度。

(3) 实际投资利润(利税)率及其变化率。

$$\text{实际投资利润(利税)率} = \frac{\text{年实际利润(利税)}}{\text{实际总投资}}\times 100\% \qquad (7-3)$$

该指标是反映工程项目投资效果的一个重要指标，其中年实际利润(利税)是指项目达到设计生产能力后的实际年利润(利税)或实际平均利润(利税)。

$$\text{实际投资利润(利税)变化率} = \frac{\text{实际投资利润(利税)率}-\text{预计投资利润(利税)率}}{\text{预计投资利润(利税)率}}\times 100\% \qquad (7-4)$$

该指标反映实际投资利润(利税)率与预计投资利润(利税)率的偏离程度。

(4) 实际内部收益率(reality interal rate of return，RIRR)。

$$\sum_{i=1}^{n}(\mathrm{RCI}-\mathrm{RCO})_t \cdot (1+\mathrm{RIRR})^{-T}=0 \tag{7-5}$$

式(7-5)中，其他符号含义同式(3-7)。

RIRR是工程项目在后评价前实际发生的各年净现金流量和后评价后重新预测的项目寿命周期内各年净现金流量的现值之和为零时的拆现率。该指标是通过解上述方程求得的。用后评价时计算得到的RIRR与前评估时预测计算的内部收益率(Internal Rate of Return，IRR)或行业基准投资收益率(i_k)进行比较，能清楚反映出工程项目的实际投资效益。若RIRR>$\mathrm{I_k}$或RIRR>IRR，则说明工程项目的实际投资经济效益已达到或超过行业平均水平或预测的目标水平，有较好的投资经济效益。

(5) 实际投资回收期。

该指标反映用项目实际产生的净收益或根据实际情况重新预测的净收益来抵偿总投资所需的时间。实际投资回收期分实际静态投资回收期和实际动态回收期。

实际静态投资回收期(P_{Rt})的计算公式如下：

$$\sum_{i=1}^{P_{Rt}}(\mathrm{RCI}-\mathrm{RCO})_t=0 \tag{7-6}$$

式(7-6)中，P_{Rt}为实际静态投资回收期；其他符号同式(3-7)。

实际动态投资回收期(P'_{Rt})的计算公式如下：

$$\sum_{i=1}^{P'_{Pt}}(\mathrm{RCI}-\mathrm{RCO})_t \cdot (1+i_k)^{-t}=0 \tag{7-7}$$

式(7-7)中，P'_{Pt}为实际动态投资回收期；其他符号含义同式(3-7)。

7.3.4 投资控制后评价的综合评价法

1. 综合评价的概念

综合评价是工程项目投资控制后评价的方法之一，综合后评价就是在工程项目的各分项分部工程、项目施工的各阶段以及从项目组织各层次评价的基础上，寻求项目投资收益的整体优化。由于建设项目的复杂性，技术、经济、环境和社会的影响因素众多，各种评判指标也只能反映投资项目的某些侧面或局部功能，因此采用综合评价法对项目进行投资控制后评价更能从整体上把握工程项目的投资质量和投资者的决策水平。

2. 综合评价法的一般步骤

综合评价法的一般步骤如下：①确定目标；②确定评价范围；③确定评价指标和标准；④确定指标的权重；⑤确定综合评价的判据。

综合评价法一般采用定性分析或定性分析与定量分析相结合的方法，常用的方法有德尔菲法、层次分析法、模糊综合评判法等。

案例分析

某大桥工程项目的竣工决算审计拟报请市审计局进行二审，此前已经交业主方完成一审的审计工作。该项目以BT形式建造，承包单位报审价为5 800万元。建设单位已将该工程报中介机构进行了一审，并核减工程造价1 000万元。

审计人员认为，一审核减量较大，通过再次核减工程量的希望不大，需要从其他方面入手。为此审计组成员开始轮流认真、详细、反复地阅读、研究现有资料，首先从立项批复、招标文件、施工合同、工程决算书以及中介机构出具的一审报告书入手，发现疑点先记录下来，然后审计组一起探讨、研究，并多次到现场去察看。通过几遍的仔细阅读，审计人员发现招标文件和施工合同中，在对工程价款支付这一条款上，明确了该工程投资回报率为6.84%，投资回报期为5年；回购款首期支付时间为承包方将该项目的所有权转移给甲方之日起的第十个工作日，以后每年的同一日期即为支付时间，每年所需支付的回购款经一审认定的投资回报为836万元，达整个造价的14%。

从该项目的招标文件和施工合同的文字说明来看，它的首期支付时间为承包方将该项目的所有权转移给甲方之日起的第十个工作日，那就是期初付款，应用先付年金公式(5年付款，4年回报期)。经到建设单位财务部核查，建设单位也是按照合同约定的时间付款，这样计算得出投资回报为527万元，而中介机构一审《报告书》中认定的投资回报(也即承包方报审的)为836万元，比审计人员测算的多了309万元。经仔细分析，差额原因是承包方采用的是后付年金公式(5年付款，5年回报期)计算的，不符合本项目期初付款构成的先付年金公式计算特征。

该工程最终在一审的基础上，由市审计局再次核减了工程造价358万元，二审核减率7.5%，为业主方节省了投资。并揭示了该工程超概算投资、工程监管环节薄弱、招标代理单位未按规定到相关单位备案等问题。受到上级审计机关和建设单位的赞赏。

本章小结

通过本章学习，在掌握竣工验收的相关知识的基础上，了解竣工结算和竣工决算的区别，熟悉竣工决算的内容与编制，同时掌握决算审计的内容及注意事项，熟悉工程项目投资控制后评价的内容、指标和方法。从而全面掌握全过程投资控制知识，提高对工程项目竣工阶段的投资控制的认识和重视。

习 题

1. 简述竣工验收的条件、依据和程序。

2. 工程项目竣工结算与竣工决算的区别是什么?
3. 竣工决算的内容有那四部分?
4. 试述决算审计的重点和注意事项?
5. 什么是投资控制后评价概念?
6. 投资控制后评价指标主要包括哪些?

第8章 工程项目投资全过程风险管理

教学目标

本章主要讲述工程项目投资全过程风险管理的理论与方法。通过本章学习，学生应该掌握以下基本内容：

(1) 了解全过程投资风险管理的界定、管理体系，熟悉全过程投资风险管理的目标。

(2) 熟悉全过程投资风险的影响因素，掌握全过程投资风险管理的特点。

(3) 了解全过程投资风险的步骤，掌握全过程投资风险识别的程序，理解全过程投资风险评估的方法，掌握全过程投资风险处理的对策。

教学要求

知识要点	能力要求	相关知识
全过程投资风险管理体系	(1) 了解全过程投资风险管理的界定、管理体系； (2) 熟悉全过程投资风险管理的目标	(1) 全过程投资风险及风险管理的概念； (2) 全过程投资风险管理体系； (3) 全过程投资风险管理目标
全过程投资风险特点及风险因素分析	(1) 熟悉全过程投资风险的影响因素； (2) 掌握全过程投资风险管理的特点； (3) 熟悉影响工程项目投资规模要素	(1) 全过程投资风险的4个特点； (2) 全过程投资风险因素的4个方面27个因素

续表

知识要点	能力要求	相关知识
全过程投资风险管理的过程	(1) 了解全过程投资风险的步骤； (2) 掌握全过程投资风险识别的程序； (3) 理解全过程投资风险评估的方法； (4) 掌握全过程投资风险处理的对策	(1) 全过程投资风险识别的4种方法； (2) 全过程投资风险评估的10个程序； (3) 全过程投资风险处理的8个对策及前处理的3个方法，后处理的5个方法

基本概念

投资风险　全过程投资风险投资　全过程投资风险管理　风险识别　风险评估
风险处理

引例

在天津至北京的某条高速公路的建设中，天津市政府要求投资者不仅投资天津至北京的八车道高速公路，而且要投资建设多条高标准的连接路，同时要求业主把资金打入其指定的银行账户，由其指定的公司负责高速公路的施工建设。

某财团在研究项目的资料后，进行了风险识别、风险分析，结论是资金风险和投资控制风险过大，故选择了风险回避的态度，放弃了项目的投资。

8.1 全过程投资风险管理体系

8.1.1 全过程投资风险管理的界定

1. 全过程投资风险

工程建设是一个周期长、数量大、复杂的生产过程。工程项目投资贯穿于工程建设的各个阶段，其核心内容为工程项目投资的合理确定与有效控制。建设项目投资的合理确定需要合理准确地计算工程的投资估算、设计概算、预算、承包合同价、结算价与竣工决算；工程项目投资的有效控制需要在各个建设阶段把项目投资的实际发生控制在批准的投资限额以内，并随时纠正发生的偏差，以保证项目管理目标的实现。

全过程投资风险是各个建设阶段中影响投资合理确定和有效控制的不确定性因素的集合。

2. 工程项目投资风险管理

工程项目的实现过程是在一个相对存在许多风险和不确定性因素的外部环境条件下进

行的。其中影响工程项目投资的主要因素是外部环境条件因素，如通货膨胀、气候条件、地质情况、施工环境条件等。因为外部环境条件都存在较大的不确定性，所以有可能给工程项目带来风险，从而使工程项目的投资发生不正常的变化。因此在工程项目投资管理中必须考虑风险对于投资的影响，必须在对确定性投资管理的同时，开展对不确定性投资的管理，即对工程项目投资进行风险管理。

对工程项目投资的风险管理必须结合工程项目投资的全面管理来实施。工程项目投资风险管理就是在工程项目的实施过程中，通过对上述投资存在的风险因素进行识别，并在识别的基础上评估这些风险因素对工程项目投资的影响程度，然后采取有效的措施应对、控制这些风险，从而最终达到对工程项目投资的合理确定和有效控制。

8.1.2　投资全过程的风险管理体系

工程建设各阶段投资风险管理目标确定以后，就可按照风险管理的系统层次展开各个阶段的投资风险管理活动，而各个阶段的投资风险管理的动态衔接，最终形成整个建设全过程的投资风险管理系统，如图 8.1 所示。

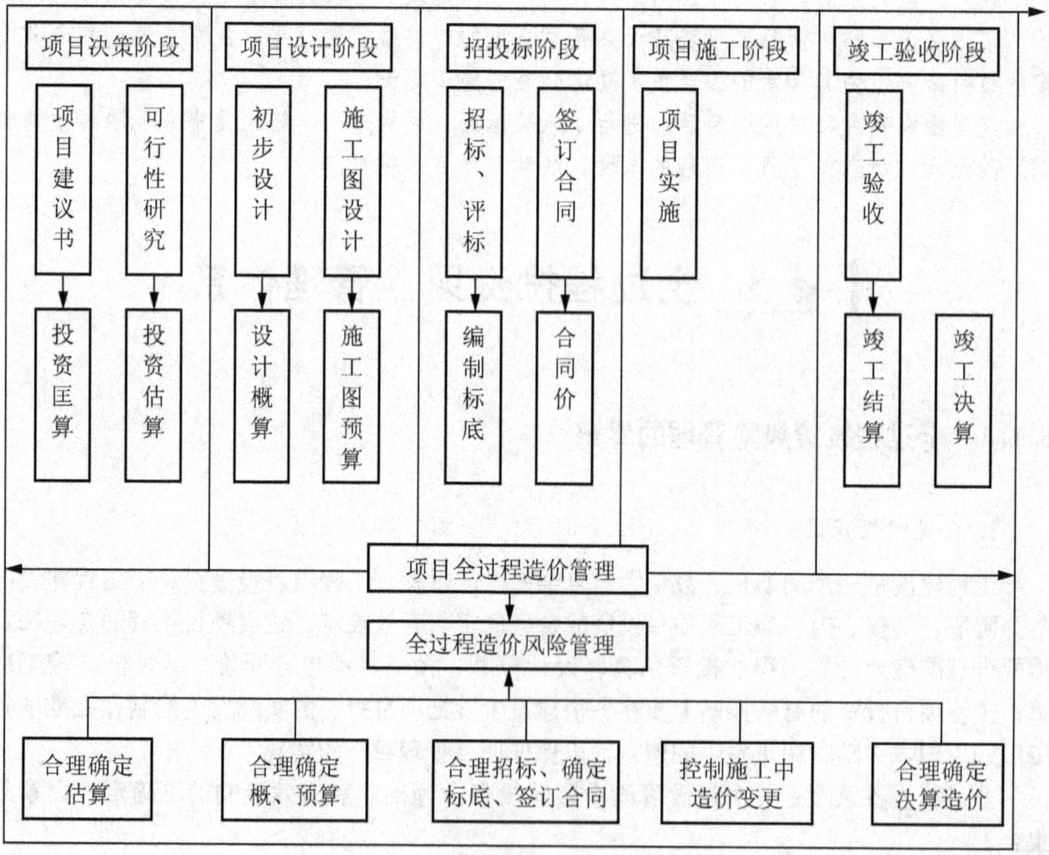

图 8.1　投资全过程风险管理体系

8.1.3 工程建设各阶段的投资风险管理目标

要开展风险管理，关键要确定风险管理的目标。投资的合理确定和有效控制是整个投资风险管理的总目标。由于投资具有分阶段、多次计价的特点，所以在不同的建设阶段具体的风险管理目标略有不同。

投资风险管理对工程项目前期决策阶段的目标，是合理确定工程的投资，即合理确定投资估算价格。投资估算是形成工程项目投资的源头，是工程项目投资控制的第一步。本阶段中可行性研究的深浅和周密程度均直接影响投资的准确性。

设计阶段是确定工程项目主要价值的阶段，是工程投资控制的关键阶段。方案设计阶段对投资的影响程度甚至可高达95%，图纸设计阶段对工程项目投资的影响程度可超70%。按照工程项目投资估算限额，合理确定工程项目设计概算、预算是本阶段风险管理的目标。

施工招投标是施工执行阶段的前奏，选择招标方式，合理确定标底价格，评出最优秀的施工单位并签订公正合理的承包合同，从而为施工的正常展开、施工阶段的投资控制打下良好的基础，是本阶段投资风险管理的目标。

施工阶段的投资风险管理是工程建设全过程投资风险管理的重要组成部分。在工程施工阶段，建设资金大量投放，除了按合同条款支付工程款项之外，还可能发生各种附加费用，要在确保工程项目进度、质量目标的前提下，最大限度地控制附加费用发生的规模，如工程变更、索赔、意外风险等，避免不合理的费用支出，使工程的实际价尽可能接近合同价。所以，本阶段投资风险管理的目标是施工过程中投资变更控制。

在项目建成后，应依据项目的实际情况，深入分析项目的立项、决策、设计、实施，把项目投资的实际情况与计划相比较，找出主观愿望与客观实际的差异，以利不断提高决策阶段、设计阶段、施工阶段的投资管理水平，指导今后工程项目的投资风险管理工作。所以，竣工阶段投资风险管理的目标是合理确定工程项目的决算，做好后评价。工程建设各阶段投资管理内容和投资风险管理目标的关系如图8.1所示。

8.2 全过程投资风险特点及风险因素分析

8.2.1 工程项目投资风险的特点

顾名思义，工程项目投资风险的特点应该集工程项目投资的特点和风险的特点于一身，工程项目投资风险具有以下特点。

1. 全程性

在项目实施的全过程的各个阶段、各个方面，各种不确定性因素都会直接地或间接地对工程项目投资产生影响，即工程项目投资风险具有的客观性、普遍性和全程性。

作为损失发生的不确定性，风险是不以人的意志为转移并超越人们主观意识的客观存在，而且在项目的全寿命周期内，风险是无处不在、无时没有的。这就说明为什么人类虽一直希望认识和控制风险，但直到现在也只能在有限的空间和时间内改变风险存在和发生的条件，降低其发生的频率，进而减少损失程度，而不能也不可能完全消除风险。

2. 可变性

工程项目投资风险的可变性，是指在项目实施的整个过程中，各种风险在质和量上是可以变化的。随着项目的进行，有些风险得到控制并消除，有些风险会发生并得到处理，同时在项目的每一阶段都可能产生新的风险。风险发生的程度决定了工程项目投资风险的大小，因此工程项目投资风险同样具有可变性。

3. 复杂性

由于大型开发项目周期长、规模大、涉及范围广、风险因素数量多且种类繁杂，致使其在全寿命周期内面临的风险多种多样。而且大量风险因素之间的内在关系错综复杂、各风险因素之间与外界交叉影响又使风险显示出多层次性。风险的多样性和多层次性决定了工程项目投资风险的复杂性。

4. 被动性

任何一种具体风险的发生都是诸多风险因素和其他因素共同作用的结果，是一种随机现象。个别风险事故的发生是偶然的、杂乱无章的，所以某一具体风险发生的偶然性和大量风险发生的必然性决定了工程项目投资风险存在一定的被动性。

8.2.2 工程项目投资风险因素分析

要进行工程项目投资风险管理，必须先对造成工程项目投资风险事件进行识别，而识别工程项目投资风险的第一步便是找出风险可能存在之处及产生的原因。在工程项目的整个实现过程中，一方面，风险性事件和完全不确定性事件是工程项目投资风险产生的根源，是造成工程项目投资变化的根源；另一方面，工程项目的投资的风险是由于信息的不完备性造成的，而这种信息的不完备性既有人们在信息收集与信息加工方面的问题，也有信息本身具有的滞后性的原因。

投资风险按照其来源划分为以下四个方面。

(1) 人为风险：只由人的主观因素造成的风险。

(2) 经济风险：由于经济条件变化造成的风险。

(3) 自然风险：是指工程项目所在地区客观存在的恶劣自然条件，工程实施期间可能遇上的恶劣气候，工程项目所在地的周围环境和恶劣的现场条件等因素可能给业主或投资商构成的威胁。

(4) 特殊风险：根据 FIDIC 条款规定的业主应当承担的风险。

各风险所包含的主要内容如表 8-1 所示。

表 8-1 工程项目投资风险的来源

风险类型	风险内容		风险特点
人为风险	项目管理出现漏洞		对于工程建设项目来说，项目管理人员的思想和行为对项目的工程进度、实施结果将会产生直接的影响，从而影响到投资的变化
	材料供应商履约不力		在工程项目的建设过程中，有一些材料供应商往往只考虑自己的利益而不顾业主的迫切需要，致使工程常常停工待料，或材料不合要求而导致返工。由此连锁反应引起的项目风险，业主则难以转嫁于材料供应商，只能独自承担
	资金到位不及时		项目建设过程中，资金是影响进度的最明显的因素。资金到位不及时，不仅使既定的目标无法实现，而且会产生连锁反应，使下一步的任务延期才能完成，这就会对工期产生很大的影响，给业主造成风险
	承包商履约不力	承包商人为推卸责任风险	承包商作为项目实体建设工作的直接实施者，虽然工程承包合同对承包商规定了种种义务和惩罚措施，但在实际建设中，除了客观原因导致履约不完全外，承包商有意无意地履约不力也是常见的
		指定分包商履约不力	由于在多数情况下，总承包商要求指定分包商直接向业主承担责任。虽然总承包商有责任对他们进行管理，但他们通常没有义务代指定分包商承担施工不合格的责任。因此指定分包商造成的麻烦或不履约应由业主来承担责任，这种情况无疑加大了业主的风险
	设计错误引起变更		设计质量是工程项目实体质量的根本。如果设计出现错误，轻则返工修复，重则可能导致工程损毁；特别是设计师在对基础资料掌握不准确时，做出的施工方案将无法执行，从而导致工程延误，这些都会给业主造成重大损失
	监理工程师失职		如果在工程建设中监理工程师出现失职，致使工程的隐蔽性缺陷并不能被立即发现，其潜伏的危险则会在工程移交之后，由业主来承担
	工期风险		其表现为局部或整个工程的工期延长、不能及时投入使用，进而使业主在对该项目的投资方面存在风险
经济风险	宏观形势及宏观经济政策的不利		宏观形势和经济政策是工程建设所处的大环境，不利的宏观形势和经济政策将会使业主的建设投资存在巨大风险
	投资环境恶劣，行业投资政策		投资环境是投资能否取得成功的关键因素。针对项目建设与经营，既需要有较好的全局性环境，也需要良好的行业区域环境
	外汇汇率风险		对于针对涉外项目
	国内外贷款利率风险		贷款利率也是公路项目经济风险的因素之一，它直接影响到投资回收期、年净效益能否达到预测值

续表

风险类型	风险内容	风险特点
经济风险	市场物价的不正常上涨	在经济形势不稳定的情况下，物价上涨幅度较大，投资人将很难做出较为准确的投资估算，其结果将是工程决算大大超过前期的预算，导致工程费用猛增。此时承包商的损失通常还可以通过法律程序向业主索赔以获得补偿，而业主则只能追加投资
	资金筹措的困难	资金筹措困难是业主经常碰到的重大风险。如果资金筹措的一切操作都能够按照既定的借贷合同进行，其风险尚可在预料之中。但不能完全排除当前世界盛行的借贷投机，在形势不妙时中途变卦。这种情况常常置投资者于困境
	流动资金周转困难	任何工程建设项目在工程施工期间总留有一定的资金作为流动资金。当这种流动资金的周转出现困难的时候，将会使某些材料或设备无法购进，从而导致工期无法得到保证
自然风险	恶劣的自然地理条件	工程项目所处地域的自然条件对项目的影响很大。基于防治恶劣的自然地理条件考虑，必须在设计方面考虑加固措施，从而加大了工程项目投资。此外在施工期间，如果发生自然灾害，其损失都将由业主承担，形成业主的投资风险
	恶劣气候与环境	恶劣气候是指偶尔发生的超出正常规律的气候变化，如较大的暴雨、雨季过长、洪水、酷暑等都会给工程实施带来不便，从而增加工程成本。而恶劣的环境是指施工地点的环境，如工程选址于地震活动带；施工场地或交通要道堵塞：道路工程可能要穿越存在危桥的地方等，这些隐患都会使业主蒙受风险
	恶劣的现场条件	通常，恶劣的工程现场条件会形成施工的限制条件。这些制约条件轻则导致修改设计和施工方案，重则发生工程毁坏、人员伤亡。这类事故一旦发生，虽然可向保险公司索赔，但业主或投资商也难免不受其害
	不利的地理环境	是指当工程处于不利的地理环境时，由于施工机械设备或进口材料远距运输，可能造成无法按期运抵工地，工程将会被拖延，此时承包商却有权通过索赔将这类风险转嫁给业主
特殊风险	在工程所在国发生的战争、敌对行动(不论参战与否)、外敌入侵等	
	在工程所在国发生的叛乱、暴力革命、军事政变	
	由于任何核燃料燃烧后的核废物、放射性毒气爆炸，任何爆炸性装置或核成分的其他危险性能引起的离子辐射或放射性污染	
	传染病、瘟疫的流行性传播	
	由于业主使用或占用非合同规定的任何永久工程的区段或部分而造成的损失或损害	
	因工程设计不当而造成的损失或损坏，而这类设计又不是由承包商提供或负责的	
	不论何时何地发生任何因地雷、炸弹、爆破筒、手榴弹、炮弹、导弹、弹药、战争用爆炸物或冲击波造成的破坏、损害、人身伤亡，均应视为特殊风险的后果	
	在工程所在国发生的不是局限在承包商或其分包商雇佣人员中间，且不是由于从事本工程而引起的暴乱或骚乱	

8.3 全过程投资风险管理的过程

8.3.1 工程项目投资风险识别

风险识别就是要在风险发生之前，对工程项目实施各阶段存在的风险及产生的原因做出判断。同样，对于工程项目投资风险的识别就在项目实施的全过程中，对影响工程项目投资的风险因素进行分析和判别，最终目的是实现对工程项目投资的风险管理。

1. 风险识别的方法

目前，常用于项目风险识别的方法有很多，其中专家调查法、情景分析法、故障树分析法、图解法的理论较成熟。各方法具体内容如下。

1）专家调查法

专家调查法是风险识别的主要方法，它是以专家为索取信息的重要对象。各领域的专家运用专业方面的理论与丰富的实践经验，找出各种潜在的风险并对其后果做出分析。这种方法的优点是在缺乏足够统计数据和原始资料的情况下，可以做出定量的估计。

专家调查法主要包括专家个人判断法、头脑风暴法、德尔菲法等十余种方法。其中头脑风暴法与德尔菲法是用途较广、具有代表性的两种。

(1) 德尔菲法。德尔菲法又称专家意见法，具有匿名性、反馈性、收敛性的特点。它起源于20世纪40年代末期，用德尔菲方法进行高速公路项目风险识别的过程是工程项目风险管理小组选定与该公路工程项目有关的领域和专家，并与这些适当数量的专家建立直接的函询联系，通过函询收集专家意见，然后加以综合整理，再匿名反馈给各位专家，再次征询意见。这样经过多次反复，逐步使专家的意见趋向一致，作为最后识别的根据。这种方法适用于对项目投资整体风险进行识别，其优点是操作简单、准确性和可靠性较强；缺点是较费时费力。

(2) 头脑风暴法。头脑风暴法也称专家会议法，就是利用专家的创造性思维来索取未来信息的一种识别方法。此法是由美国人奥斯本于1939年首创的。头脑风暴法一般是在一个专家小组内进行，以“宏观智能结构”为基础，通过专家会议，发挥专家的创造性思维来获取未来信息。我国在20世纪70年代末开始引入头脑风暴法，很快就受到有关方面的重视和采用，按照头脑风暴法来组织专家进行公路工程项目风险预测和识别是风险识别的重要手段。

2）情景分析法

情景分析法是一种能够分析引起风险的关键因素及其影响程度的方法。一个情景就是对一件事未来某种状态的描述。该方法一般采用图标或曲线等形式来描述当影响项目的某种因素作各种变化时，整个项目情况的变化及其后果，供人们进行比较。情景分析法对以下情况是特别有用的：提醒决策者注意某种措施或政策可能引起的风险或危机性的后果；

建议需要进行监视的风险范围；研究某些关键性因素对未来过程的影响；提醒人们注意某种技术的发展会给人们带来哪些风险。目前此法在我国的应用还很少。

3）故障树分析法

该方法利用图解的形式，将大的故障分解为各种小的故障，再对各种引起故障的原因进行分析。故障树分析实际上是借用可靠性工程中的失效树形式对引起风险的各种因素进行分层次的识别。进行故障树分析的一般步骤如下。

（1）定义工程项目的目标，此时应将影响项目目标的各种风险因素予以充分地考虑。

（2）做出风险因果图。

（3）全面考虑各风险因素之间的相互关系，从而研究对工程项目风险所应采取的对策或行动方案。

故障树分析一般用于直接经验较少、技术性比较强，较为复杂的工程项目。该方法的主要优点是较全面地分析了所有故障原因，比较形象化，直观性较强；此外，故障树不仅能识别出导致事件发生的风险因素，还能标识出风险发生的概率。不足之处是，这种方法对使用者的专业知识要求较高。

4）图解法

图解法有以下三种。

（1）因果分析图法，主要用于确定风险的起因。

（2）系统流程图，主要是反映某一系统内部各要素之间是如何相互联系的。

（3）影响图，是一种图解表示问题的方法，反映了变量和结果之间因果关系的相互作用、事件的时间次序及其关系。

2. 工程项目投资风险识别的步骤

工程项目投资风险的识别有如下几个步骤。

（1）开发建立工程项目投资风险管理信息系统。根据项目投资风险管理的需要，建立投资风险管理信息系统。这一系统的主要功能是及时收集、处理和存储有关工程项目每个具体活动与过程的各种风险信息，以便为风险的分析、识别和控制服务。

（2）跟踪、收集、处理和生成与工程项目投资有关的活动与过程的风险信息。使用项目风险管理信息系统去跟踪项目全过程以及项目具体活动与过程的发展，使用项目所处环境与条件的变化信息去收集、处理和生成与项目投资相关的所有风险信息。这是一个不间断的信息收集与处理的日常工作步骤。

（3）工程项目投资是否存在风险的分析与判断。运用风险管理信息系统生成的信息，加上工程项目管理人员(包括投资管理人员)的风险管理经验，对工程项目所面临的风险进行全面的分析与判断，找出可能会使投资发生变动的各种风险。在这一分析过程中可以使用各种风险分析的具体方法。例如，风险分析模型的运用及风险仿真技术的运用等。

（4）对影响投资的风险进行分类分析，并给出全部风险的分类。根据风险分类方法，运用现有的风险信息与风险管理人员的经验，对上一步识别出的投资风险进行分类分析，以便全面认识风险的各种属性。

（5）对全部风险的发生概率进行分析，确定其大小和分布。这一步要对所有已初步识别出的风险进行概率分布和概率大小的分析，以便为下一步确定风险性投资和制定风险事件控制优先序列打下基础。这一分析需要借助现有信息、历史数据和经验判断。

（6）对全部风险进行原因分析，给出各风险的原因。运用现有的风险信息与项目管理人员的经验，对识别出的全部风险进行风险原因的分析，并通过分析找出引发风险事件的主要原因。如果引发风险的主要原因有多个，还要进行主因素分析、多变量分析等更深一步的风险因素分析。

（7）对全部风险进行后果分析，给出风险后果的严重程度。这一步需要运用现有的风险信息和经验判断，对于全部风险可能造成的后果及其严重程度做出全面分析。要求把风险造成的可能后果进一步转换成具体程度的工程项目投资损失。这种“后果的价值量大小”将作为确定风险控制优先序列的判据之一。

（8）对全部风险进行发展进程分析，给出风险的发展进程预测。这是指导对于已识别的风险必须进行具体风险发展进程的时间和发展变化标志的分析。风险发展进程的分析是要找出风险事件何时会发生，以及引发它的原因何时会出现，引发原因出现以后风险事件会如何发展等。风险发展变化标志的分析是指当出现何种情况时就标志着该风险进入了某个阶段的分析。对于项目全部风险的发展进程分析，也是确定风险控制优先序列、制定风险事件控制方案的依据之一。

（9）根据风险的分类、原因、后果和发展进程分析，给出风险控制的优先序列。在完成上述分析与判断之后，要综合这些方面的分析结论，确定出开展风险事件控制的优先序列。由于项目风险的发生往往不是单纯进行，而是齐头并进，因此需要对其进行优先排序。优先序列安排的基本原则是最优先解决的问题应该是后果最严重、发生概率最高、发生时间最早，并且能够尽快予以解决的问题。对于已经识别出的项目全部风险都应该按照这种原则确定出其优先序列。

（10）给出风险识别报告。每进行一次项目风险的识别，都要在最后给出一份风险识别报告。该报告不但要包括工程项目现有风险的清单，而且要有风险的分类、原因分析和说明、风险后果及其价值量的表述以及全部风险的控制优先序列等内容。

需要特别说明的是，这种风险识别与分析不是一次性的，而是反复不断重复进行的。每过一定的阶段，工程项目投资管理人员都需要对项目风险进行一次识别与分析，以识别和发现新的风险。这种不断重复的风险识别分析需要一直坚持到项目的最后阶段。

上述这套项目风险识别方法的根本目的是要找出项目的全过程和活动中所存在各种风险，以便为工程项目的风险事件控制和风险性投资的控制提供有关项目风险、风险后果的严重程度、风险成因和风险进程等方面的信息与判断依据。

8.3.2 工程项目投资风险评估

对工程的风险性投资进行估计是指在风险识别的基础上，对工程项目实施过程中投资所存在的风险进行量化，确定这些风险可能的影响程度，客观的予以衡量，以便于进一步对风险进行评价决策。工程项目投资风险评估有以下几种方法。

1. 概率分析法

同一事件在不同条件下所形成的概率变化状况是用概率分布来描述的。确定了风险事件的概率分布，就能估计风险事件发生的概率、计算风险事件后果的数学期望和方差等。

2. 蒙特卡罗法

将蒙特卡罗法方法应用于投资风险管理，可以将目标变量设定为一个模拟投资值。数学模型用由子项目求和生成总投资的计价程序来表示，模型中主要风险变量定义为可发生风险的子工作项目。每个风险变量的风险结果及其相应的概率值均可用一具体的概率分布来描述，然后利用随机数发生器来产生随机数，再根据这一随机数在各风险变量的概率分布中随机取一值。当各风险变量的取值确定后，目标变量就可根据所建立的模拟模型计算得出。这样重复 N 次，便可得到 N 组目标变量值，即风险性投资的概率分布。具体实施步骤如下。

(1) 目标分解。对于一个项目的模拟，先要将项目分解为许多工作或工作包。

(2) 概率寻找。寻找每个工作或工作包的投资分布概率。确定实际概率分布是非常困难的，需要大量的历史数据和有关信息，在统计资料不足的情况下做到这一点非常不容易。在实践中，经常用到简化概率分布的方法，并以均匀分布、三角分布、正态分布最为常用。

(3) 计算机模拟绘制直方图。绘制方法如下。

① 从每一个分布中产生一个随机数，在 0.000～0.999 之间。这项工作可以通过计算机中的随机数字。

② 本书随机变量的抽样采用了直接抽样方法，即把已取得的伪随机数 r，通过给定的抽样模型，使伪随机数 r 变为给定分布的随机变量的样本。

③ 根据数学模型，计算本随机数对应的投资风险值。

④ 再返回第①步，重复 N 次，N 可以为上千次，最终得到对项目的 N 次模拟值。

⑤ 将 N 次模拟的结果用累计频率曲线和直方图来表示。

(4) 结果分析。通过累计频率分布可以考察低于确定价格的某一值的概率，并可以通过该分布得出最可能的价格出现的可能性是多大。

3. 灰色预测法

20 世纪 70 年代末期，我国著名学者邓聚龙提出了灰色系统理论，认为一切随机量都是在一定范围内一定时段上变化的灰色量和灰过程。对于灰色量的处理不是寻求它的统计规律和概率分布，而是将杂乱无章的原始数据列，通过一定的方法处理，变成比较有规律的时间序列数据，即以数找数的规律，再建立动态模型。

4. 贝叶斯多指标决策法

多指标决策是决策分析人员对多个目标方案进行综合衡量后做出合理、正确的决策。这是一个主观因素相结合的过程。指标权重的正确估计是决策的关键之一。指标权重的确定方法大致可分主观赋权法和客观赋权法。主观赋权法客观性差，但解释性强；客观赋权法确定的权系数虽然在大多数情况下客观性较强，但有时会与各指标实际重要程度相悖，从而解释性较差，为了兼顾对指标的偏好，同时又力争减小主观随意性，使对指标的赋权达到主观与客观的统一进而使决策客观、真实、有效，本方法对主观权重进行了改进。首先对专家给予的指标权重利用贝叶斯公式进行逐个修正；然后利用最小二乘法建立指标权重的优化模型，并给出精确解，从而达到使指标权重主观和客观相结合的目的。

5. 模糊层次分析法

模糊层次分析法是综合运用层次分析法和模糊评判法来解决多因素、多指标评价问题的一种方法。层次分析法把复杂的问题分解成各个组成因素，并按其支配关系分级组成有层次的结构，通过两两比较的方式确定层次中诸因素的相对重要性，然后综合判断以决定诸因素的相对重要性的总排序。模糊评判就是根据给出的评判标准和实测值，经过模糊变换后对事物做出评价的一种方法。这种方法的优点是可以对涉及模糊因素的对象系统进行综合评价，而且更加适宜于评价因素多、结构层次多的对象系统。

6. 各种方法的应用比较

以上介绍的几种风险评估方法各具特点，可以根据风险因素的特点分别采用，其应用比较见表8-2。

表8-2 投资风险评估方法应用比较表

名称	过程描述	特点	操作难点	解决办法
蒙特卡罗模拟法	风险组成因子概率分布→模拟程序→风险整体分布	针对多个因子叠加而成的风险，且每个因子大体概率分布已知	多个因子的概率分布难以全部获得	通过数据收集解决一部分，或简化成三角概率
GM(1，1)模型	历史数值序列→灰色计算→得到未来紧邻值	针对对于时间有趋势变化的风险因素	有时模拟失败，需要检验修正	通过其他模拟加权解决
模糊层次分析法	建立风险因素层次模型→定义子风险因素风险值权重→模糊矩阵计算→整体风险值	用于多层次、不同权重的风险组合后的风险评价。适用于各阶段投资风险整体评价	各子风险因素风险值及权重的定义	少部分可以通过定量方法解决，大部分需要主观判定
概率分析法	通过统计数据→得到某风险概率分布→求得某期望值下发生的概率	用于单个风险概率的确定	统计数字不全	简化分布
贝叶斯多指标决策法	多方案决策→本方案的投资风险度	用于多方案之间比选		

投资风险评估方法应用过程，如图 8.2 所示。

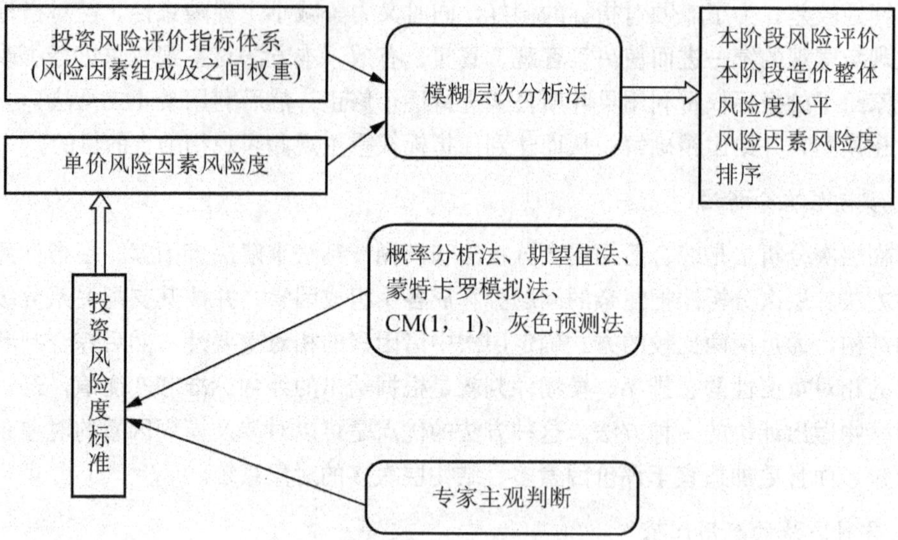

图 8.2 投资风险评估方法应用过程

8.3.3 工程项目投资风险的处理

1. 工程项目投资风险的处理对策

对于工程项目的风险事件，在风险识别阶段进行了分析与识别以后，已识别出的绝大多数风险事件都是相对可控的。这些风险事件的可控程度取决于人们在风险识别阶段给出的有关风险事件的信息的多少。工程项目的风险事件的处理是建立在工程项目风险事件的可控性基础之上的。

由于工程项目投资风险存在普遍性和全程性，因此相应的对风险的处理也应体现在工程建设的全过程。对工程项目投资风险的处理主要通过对工程项目风险事件的控制来实现。工程项目的风险事件是发展变化的，在人们对其进行控制的过程中，这种发展与变化会随着人们的控制活动而改变。因为对于风险事件控制的过程实际是一种人们发挥其主观能动性去改造客观世界(事物)的过程。

对分析出来的风险可以接受，或想办法消除、减少、转移。任何项目在实施时，都必须对承担的风险(明确规定的或隐含的)应有准备、对策和计划，应充分利用管理者自己的技术、管理、组织的优势和过去的经验。由于工程项目投资的风险来源于具体活动的风险事件，因此对于工程项目投资的风险处理也应转化为对工程项目投资的风险事件的控制和处理，而不是直接对工程项目投资进行控制。对于工程项目的风险事件的主要处理对策如下。

(1) 回避风险大的项目，选择风险小或适中的项目。在项目决策时要注意放弃明显导致亏损的项目。对于风险超过自己的承受能力，成功把握不大的项目，不参与投标，不参与合资。

(2) 技术措施。例如，选择有弹性的、抗风险能力强的技术方案，而不用新的、不成熟的施工方案。

(3) 组织措施。对风险很大的项目加强计划工作，选派最得力的技术和管理人员，特别是项目经理；将责任落实到各个组织单元，使组织成员都有风险意识；在资金、材料、设备、人力上对风险大的项目予以保证，在同期项目中提高它的优先级别，在实施过程中实施严密监控。

(4) 保险。对于一些无法排除的风险，如常见的工程损坏、第三方责任、人身伤亡、机械设备的损坏等可以通过购买保险的办法解决。

(5) 要求对方提供担保。这主要针对合作伙伴的资信风险。

(6) 风险准备金。风险准备金是从财务的角度为风险作准备，在计划中(或合同报价中)增加一笔不可预见费。

(7) 采取合作方式共同承担风险。

(8) 采取其他方式，如采用多领域、多地域、多项目的投资分散风险。

上述风险对策措施应包括在项目计划中，对特别重大的风险应提出专门的分析报告。对做出的风险对策措施，应考虑是否可能产生新的风险，因为任何措施都可能带来新的问题。

一般由负责具体风险事件控制的人员，根据风险事件的特性和时间计划去制定出各具体活动风险事件控制方案，即对工程项目投资风险的处理方法包括前处理和后处理。

2. 工程项目投资风险的前处理

工程项目投资风险的前处理主要是体现在对风险的识别和评估阶段，对可能发生的风险，要在决策阶段或设计阶段就进行预处理，特别是要优先处理重要的或重大的风险因子。

风险事件的前处理方法主要有如下三个方面。

(1) 风险规避方案。这类方案是从根本上放弃使用有风险的资源、技术、施工方案等，从而避开风险。例如，对于存在技术不成熟的施工技术坚决不采用就是一种风险规避的方案。

(2) 风险遏制方案。这类方案是从遏制风险事件发生的角度出发去控制风险事件。例如，对于可能出现的财务状况恶化的风险，采取注入新资金的方案就是一种风险遏制方案。

(3) 风险转移方案。例如，通过合同或购买保险将风险转移给他人就属于这类方案。这类风险控制方案多数是用来对付那些概率小，但损失大，或者自己的组织很难控制的风险事件。

3. 工程项目投资风险的后处理

工程项目投资风险的后处理是指在工程实施过程中，对已经发生的风险的处理。其方法具体如下。

(1) 风险应急方案。例如，准备各种灭火器材以对付可能出现的火灾就是一种风险应急方案。这类风险事件控制方案也是对付无预警信息风险事件的最主要方式。

(2) 风险容忍方案。风险容忍方案多数是对那些发生概率小，且风险事件发生所能造成的后果很轻的风险事件所采取的控制方案。

(3) 风险分担方案。风险分担方案是指根据项目风险的大小和项目团队成员的不同承担风险能力，由团队成员合理分担整个风险的方案。这是最为常用的风险管理方案之一。

(4) 风险消减方案。例如，出现雨天而无法进行室外施工时，尽可能地安排各种人力与设备从事室内作业就是一种风险消减方案。这类方法是对付无预警信息风险事件的主要方式之一。

(5) 风险化解方案。例如，对于可能出现的团队关系冲突，采取双向沟通、消除矛盾的方法解决问题就是一种风险化解方案。这类方案是从化解风险事件产生的原因出发，去控制项目。

案例分析

某工程项目要经过5个阶段。费用、工期、质量、人员组织、技术是项目识别出来的存在于工程全过程的5种风险。可研阶段、设计阶段、实验阶段、施工阶段、试运营阶段是项目的5个阶段。假定项目的整体评价基准为0.6。基本数据如表8-3所示。

表8-3 某工程项目整体风险计算表

项目	费用	工期	质量	人员组织	技术	权值和
可研	5	6	3	8	7	29
设计	4	5	7	2	8	26
实验	6	3	2	3	8	22
施工	9	7	5	2	2	25
试运营	2	2	3	1	4	12
累计	26	23	20	16	29	114
最大合作权益和	5×5×9=225					
项目整体风险水平	114/225=0.5067					

数据具体计算方法：每一个阶段的5个风险权值从左至右加起来，其和数放在表最右边的一栏；接着将这六个和数再从上到下加起来，全部风险权值之和放在表最下一行的右端。然后，还需计算最大风险权值和，即用表的行数乘以列数，再乘以表中的最大风险权值，就得到最大风险权值和。最后，全部风险权值和除以最大风险权值和就是该项目整体风险水平。评估风险时，将项目整体风险水平同项目整体评价基准相比较并得出结论。各个阶段的风险水平，或各单个风险水平也可作类似的比较。

将计算出的项目整体风险水平同实现给定的整体评价基准0.6比较后可知，该项目整体风险水平可以接受，可以继续下去。

本章小结

通过本章学习，可以加深对工程项目投资风险的理解。理解工程项目投资风险的基本概念、特点及影响要素；掌握全工程项目投资风险管理的过程：工程项目投资风险识别的方法、过程，风险识别的过程，风险处理的方法等。

习　　题

1. 什么是工程项目投资风险管理体系？各阶段风险管理的目标分别是什么？
2. 试对工程项目投资风险的影响因素进行分析。
3. 工程项目投资风险处理的方式有哪些？分别适用于什么情况？请简要说明介绍。

附录

工程项目全过程投资控制案例分析

1　项目概况

R项目开发商是具备甲级资质的房地产开发企业K，项目位于X市区中心繁华地段，占地200余亩，建筑面积46万平方米，定位为高档社区，分三期建设：一期工程包括会所、幼儿园、1号、2号、3号、4号、8号、9号楼、3号地下车库，建筑面积82 780平方米；二期工程有16栋楼，建筑面积为245 600平方米；三期工程有8栋楼，建筑面积为132 600平方米。一期工程于2009年3月10日开工，2010年10月竣工，计划总投资为26 756.58万元，实际投资23 256.30万元。

房地产开发企业K聘请甲级工程造价咨询企业M开展全过程咨询业务。M公司依据国家及项目所在省政府有关工程建设的法律法规、各种定额、消耗量标准、施工图设计文件、工程施工承包合同、工程实施过程中的变更设计文件，并结合市场实际情况，对项目实行全过程投资控制，合理使用建设投资，确保项目投资得到有效控制，取得了良好的效果。

2　项目前期策划与决策阶段的投资控制

2.1　项目功能定位

M公司根据周密而详细的市场调查与可行性研究，得出这样的结论：R项目所在地块位于城市主干道旁，毗邻南三环，项目交通便利，项目所处的区绿化率高、环境优美、空气质量优，南滨豪华别墅区，周围配套设施齐全，管委会、商务中心、国际会展中心、国际会议中心、三甲医院等就在附近，步行可至，并且该地块占地223.6亩，规模较大。综合考虑政府的规划批复后，将项目功能初步定位为高档社区，主楼首层定位为临街商业功能，二层及以上为商品房，会所为该住宅小区活动中心、会议中心、物业管理中心，幼儿园为小区居民专用幼儿园，地下车库为小区居民地下停车场，小区景观为坡地式园林景观，容积率3.0，小区绿化率40%。此结论报K公司后，经K公司董事会决议，获得批准。

后在报建过程中，通过利用X市区政府招商引资的优惠政策及对区政府关于项目按时开竣工、严格遵守区政府整体规划开发进度的承诺和项目开发过程中的实际行动，获得区政府给予的减免150元/平方米的城市配套费，为本项目节约了大量投资。

2.2 项目总投资的确定

根据项目规模和功能设置，对项目投资进行测算，并进行不断地修正。按X市2008年建筑市场行情和建筑材料价格，该项目一期工程投资估算见附表1。

附表1 投资估算表

序号	分部工程名称	单位	数量	单价/元	合计/万元
1	土地转让费	亩	41	1 800 000	7 380
2	城市配套费	平方米	82 780	150	1 241.7
3	地基及基础工程	立方米	10 000	650	650
4	土方工程	立方米	160 000	45	720
5	主体建筑工程	平方米	82 780	950	7 864.1
6	内外装饰工程	平方米	82 780	300	2 483.4
7	电气工程	平方米	82 780	115	951.97
8	给排水工程	平方米	82 780	100	827.8
9	消防工程	平方米	82 780	65	538.07
10	智能化及监控工程	平方米	82 780	30	248.34
11	电梯工程	部	18	300 000	540
12	室外管网工程	平方米	82 780	150	1 241.7
13	景观工程	平方米/项	82 780	200	1 655.6
14	其他工程		1	4 139 000	413.9
15	合计				26 756.58

3 设计阶段的投资控制

在项目的设计阶段，通过招标选定知名的设计院和设计师，由中国××建筑设计研究院设计，保证了项目的设计质量，并进行优化方案，限额设计。项目设计定位为高档社区，为高层和小高层板式结构。设计人员仔细进行户型方案研究，设计时尚好户型，为销售收回投资打好基础。开发商成立了以开发商、咨询企业、设计院有关人员为核心的工程投资控制小组。小组根据R项目确定的功能设置和投资估算对项目的初步设计和施工图设计进行优化。在设计阶段，针对项目的实际情况，根据价值工程原理确定地基处理形式、基础形式、电梯数量，应用控制理论原理对钢筋用量及装修标准进行优化设计。

3.1 应用价值工程原理，优化基础设计

基于地段条件的限制，原初步设计桩基础拟采用钢筋砼灌注桩基础。但采用钢筋砼灌注桩施工时间较长并且还受雨季的影响，工程造价会随地下地质情况的不同而变化较大，经过反复地筛选和比较，确定了五套方案：V1人工挖孔桩基础方案、V2静压桩、V3复合地基方案、V4冲击成孔灌注桩、V5箱型基础。投资控制小组应用价值工程原理和模糊层次分析法对以上五个方案进行分析。各指标需要具体考虑的因素见附表2。

附表2 各个指标要考虑的具体内容

指标	U1 对上部结构的影响	U2 技术性	U3 工程费用	U4 工期	U5 环保费	U6 安全性	U7 功能性
具体内容	对上部结构设计的影响；对上部结构造价的影响	施工技术是否成熟；施工是否容易进行；有无熟练工人和技术人员	材料消耗量；设备消耗量；材料是否容易获得	施工期间对环境的影响；对地下水质和水位的影响	施工时间；检测时间	施工期间的安全；施工结束后公路的安全(主要是沉降)	抗震性；实用功能性

3.2 应用控制论原理，对结构和钢筋含量进行控制

为了在设计阶段更有效地控制工程造价，咨询公司M编制了施工图预算，对施工图预算中的有关指标进行分析，对不合理的指标及时地与设计单位沟通，对施工图进行修正。

咨询公司编制施工图预算时，根据工作的任务量，分阶段地提供各分部工程量。

首先，要求在最短的时间内计算较准确钢筋用量，根据各分部钢筋含量的分析和与类似工程含量的对比，对施工图设计提出修改意见。

其次，分别计算统计各个部位砼构件的每平方米指标，对指标较高的部位结构设计与设计人员进行分析计算，如果因设计保守偏大，则要求设计公司进行修正。

3.3 装修标准的确定及控制目标

M公司通过对施工图纸和预算仔细分析，明确细化建筑部分的装修标准。

4 实施准备阶段的投资控制管理

4.1 招投标阶段投资控制管理

项目招标阶段的造价控制是确定工程成本造价、甄选施工单位的重要环节，标底和工

程量清单编制的好坏直接影响后续合同签订、施工管理、成本控制等工作，因此，投资控制小组对招投标阶段投资控制尤其重视。

4.1.1 招标方式的选择

将本项目分为了几个单位分项工程进行招标，并且根据单位分项工程的特点，分析各招标方式，比较其优缺点及其对单位分项工程的适应性，选择合理招标方法。

R项目单位(分项)工程招标及其招标方式如附表3所示。

附表3 R项目单位(分项)工程招标及其招标方式

项目	招标方式
土方工程	邀请招标
桩基础工程	直接发包
建筑总承包工程	邀请招标
外墙涂料工程	公开招标
裙楼彩喷铝合金窗及石材装饰工程	公开招标
铝合金门窗工程	公开招标
防火门工程	公开招标
装修工程	公开招标
给排水工程	公开招标
电气工程	公开招标
消防工程	公开招标
智能化及安防工程	公开招标
电梯工程	公开招标
室外管网工程	公开招标
景观工程	公开招标

4.1.2 招标文件的编制

招标文件是选择施工单位、确立工程合同造价的纲领性文件，建设工程招标文件既是投标单位编制投标文件的依据，也是招标单位与未来中标单位签订工程承包合同的基础，招标文件中提出的各项要求，对整个招标工作乃至承发包双方都有约束力，同时也是招标阶段投资控制的原则性文件。针对项目各单位工程的特点，M公司在编制招标文件时重点对以下几方面的内容进行特别的研究和说明。

(1) 针对工程项目的结构复杂程度、工期要求等特点，确定计价方式。

(2) 施工措施的合理估价与条款设置。

(3) 暂定材料价、暂定金额的合理估价与条款设置。

(4) 工程量发生较大变更时，对中标单价的修正方法。

(5) 预算之外的变更造价确定方法。

(6) 工程结算条款的确定方法。

4.1.3 标底的编制

M公司在标底编制的过程中，应遵循以下原则。

(1) 遵循客观、公正、科学、合理的原则。严格依据设计图纸和资料、工程实物量计算规则以及国家制定的建筑工程技术规程和规范进行编制，避免人为地提高或压低工程量，以保证标底的客观公正性。在编制过程中对于设计图纸深入不够或其他原因，对工程要求用标准及设备定型等内容交代不够清楚的地方，及时向设计单位反映，并建议采用暂定金额方式列入标底，确保标底内容全面符合实际，科学合理。

(2) 认真细致逐项计算工程量，保证实物量计量的准确性和标底计价的合理性。熟悉和读懂设计图纸及说明，根据工程现场情况，考虑合理的施工方法和施工机械，分部分项地逐项计算工程量，明确标底子目，对于大部分工程内容及工序符合计算规则，只是局部材料不同的，加以注明，如运距、强度等级、厚度断面等对于定额计算规则缺项须补充增加子目的，根据图纸内容做好相应的补充子目，计价根据招标文件的要求，依据指定的信息价、市场价，合理套用定额，做好每项标底子目的单价分析。

(3) 认真进行全面复核，确保标底内容符合实际、科学合理。所有编制人员计算工程量时，要有清楚的底稿。清单编制完成后，第一步，先由编制人自查，再由编制人之间进行相互校对；第二步，由经验丰富的专业项目负责人进行认真全面的复核；第三步，由项目技术总负责人进行最后审核。在复核和审核时采用技术经济指标复核法和利用相关工程量之间的关系复核，并且仔细阅读设计说明及各节点详图，从中可以发现一些疏忽和遗漏的项目，及时补足。

4.1.4 合同的签订

在签订各施工合同过程中，M公司建议采取了以下造价控制手段。

(1) 充分分析合同条款中承发包双方的权利、义务和可能发生的费用。

(2) 明确项目实施过程中，项目的计价原则。

(3) 明确项目价格变动调整的方法和过程。

(4) 确定工程款的支付原则。

(5) 确定项目预付款、保留金、履约保函、支付保函等的支付变动原则。

(6) 明确索赔的范围以及索赔事件发生后的处理原则，索赔是最容易造成工程造价控制失控的原因，根据项目的特点分析可能发生的索赔情况，做出分析报告。

5 实施阶段的投资控制

5.1 材料及设备的选定

建筑工程项目投资由建筑安装工程造价、设备费及工程建设其他费用组成。其中设备费及材料费在建安工程造价中占有很大的比重，R项目材料及设备的选定工作中，着重做好以下几方面的工作。

(1) 根据工程量清单及设计文件、图纸，参考施工招标期间的《X市建设工程价格信息》及相应的市场价格，列出项目的主要材料、设备清单，做好提前采购的准备。

(2) 充分调查市场供求情况，提供材料、设备的价格信息、供货渠道等。

(3) 对材料、设备价格询价，采用竞价等方式，确定价格。

(4) 在招标文件及承发包合同中明确主要材料、设备的采购、运输、保管方式以及双方的责任和义务，作为投资控制的依据。

在预选供货商时，一般选出四家以上的供货商，分别对其信誉、产品质量、供货周期、产品价格等进行考察和谈判，确定采购性价比最高的材料或设备。

5.2 工程设计变更及现场签证的投资控制

项目实施过程中，组建了一个较强的项目管理班子，抓好合同管理，减少工程索赔，尽量减少设计变更，严格现场签证管理。在市场环境等多种复杂因素的制约下，施工当中不可避免地发生设计变更和现场签证，这部分造价控制的好坏很大程度上影响最终造价控制目标的实现。

在设计变更控制中规定，《设计变更通知书》必须由原设计单位下达并要有设计人员的签名和设计单位的印签，《现场签证单》必须由现场管理人员、工程部经理和造价师三人同时在变更当日签证有效，造价工程师尽量提前介入审查设计变更及现场签证的必要性与合理性，避免不必要的返工而造成成本的提高。要严格把关、合理计量、充分询价，及时分析设计变更及现场签证对造价的影响。保存好变更资料，为处理可能发生的索赔提供依据。加强对索赔资料审查，强调处理索赔的及时性，加强预见性，尽量减少索赔发生，以免索赔过大引起造价失控。

5.3 分部分项工程计划投资

根据合同价款和项目设计情况、进度要求、工艺要求，将R一期工程整个项目分解，并分别计算各分部分项工程计划投资。

5.4 投资控制目标计划

按照施工进度计划计算投资控制目标计划，将总的项目投资分解到每个计划控制周期之中作为投资分析阶段控制的目标。把预算和标底适度分解，使分解后的预算和标底能与施工进度相对吻合，加快审核进度，促进工程的建设。

6 项目建成阶段的投资控制

6.1 工程结算书的编制

工程竣工后，根据施工情况和实际材料价格调整定标预算，结合每月的签证、变更及结算资料确认单，编制工程结算造价。

根据施工合同，R项目工程结算书由相应施工单位编制，报业主委托的咨询公司M审核。

6.2 工程结算审核

结算审核工作是一项十分繁琐但又是实现造价控制目标的重要手段，是去除施工单位多估冒算的一项措施。

按项目施工承包合同约定的结算方法、计价定额、取费标准、材料价格和优惠条款等，对工程结算进行审核。在此过程中重点对以下几方面进行审核。

(1) 现场竣工的建筑产品是否与施工图要求相符，工序是否符合要求，质量是否达到标准，确认单价是否符合。

(2) 现场竣工的建筑产品数量是否与结算数量相符，手续是否齐全。

(3) 现场增变手续是否齐全，每一变更项目是否由设计单位变更设计，现场监理变更指令和业主相关人员签字是否在有效时间内签署。

(4) 增变单价是否符合合同规定。

(5) 认真审核施工索赔，核查索赔事件是否成立，是否有原始凭证，依据合同规定审核索赔金额是否合适。

(6) 特别注意不同施工单位承包范围之间的衔接和划分，避免在结算中超承包范围计算，把其他施工单位承包的工作算在自己的头上。

由于项目在施工前期准备阶段认真做好了预算编制，在施工过程中较好地控制设计变更和现场签证，并且及时地编制和审核设计变更及现场签证预算，因此在竣工结算阶段，能较快地、较准确地完成结算的审核工程。

6.3 编制工程结算审核报告

6.3.1 工程造价增减分析

完成工程结算审核报告是建设工程投资控制的一项重要工作。在审核报告中对比各单位分项工程结算造价和预算造价，分析造价增减原因。

6.3.2 经济技术指标分析

不断地积累各种工程的经济技术指标，为今后工程建设造价控制提供更有力的基础数据也是工程造价控制工作中的一项重要工作。通过对经济技术指标的分析并与相同类型的工程指标对比，查找并分析偏差产生的原因，找出经验教训，为制定下次工程项目控制指标服务。

7 案例总结

R项目一期工程通过全过程投资控制，在保证项目建设进度和建设质量的前提下，较好地降低了项目开发建设成本。特别是在项目前期策划与决策阶段和设计阶段，进行了周密而详尽的市场调查、可行性研究，利用公司实力与政府优惠政策，优化基础形式，合理降低了钢筋用量和减少了砼量；在施工阶段，通过对招标、合同造价的控制，以及加强对设计变更和现场签证投资的管理，工程结算造价没有高出预算。通过对R项目一期工程全过程各个阶段的投资管理与控制，降低了项目投资近3500万元，约占项目总投资的13.5%，从而有效地控制了该项目的总投资，取得了较好的投资经济效益。

参 考 文 献

[1] 周桂敏．按系统论原理对建筑工程项目全过程的投资控制[D]．西安：西安科技大学，2009.

[2] 周和生，尹贻林．建设项目全过程造价管理[M]．天津：天津大学出版社，2008.

[3] 谭德精，杜晓玲．工程造价确定与控制[M]．3版．重庆：重庆大学出版社，2004.

[4] 郭婧娟．工程造价管理[M]．北京：清华大学出版社，2005.

[5] 戚安邦．工程项目全面造价管理[M]．天津：南开大学出版社，2002.

[6] 徐大图．建设工程造价管理[M]．天津：天津大学出版社，1989.

[7] 李洁．高速公路项目全过程投资控制方法研究[D]．成都：西南交通大学，2010.

[8] 谢颖．价值工程在工程监理造价控制中的应用[J]．东北林业大学学报，2002，30(5).

[9] 曾慧群，邹坦．关于建设项目前期工程造价控制的探讨[J]．水利科技与经济，2006，12(10).

[10] 刘丹．建设工程造价控制的分析探讨[J]．铁道工程，2010(10).

[11] 谭庆．建设项目设计阶段投资控制方法研究[D]．南京：南京理工大学，2002.

[12] 朱路青．政府工程投资控制研究[D]．上海：同济大学，2009.

[13] 曾慧群，邹坦．关于建设项目前期工程造价控制的探讨[J]．水利科技与经济，2006，12(10).

[14] 胡韫频．基于三峡工程的重大工程项目投资控制机制研究[D]．武汉：武汉理工大学，2006.

[15] 陈耀明．工程项目实施阶段投资控制研究[D]．天津：天津大学，2006.

[16] 段晓晨．政府投资项目全面投资控制理论和方法研究[D]．天津：天津大学，2006.

[17] 杨民成．基于设计阶段的工程项目投资控制研究[D]．西安：西北工业大学，2004.

[18] 聂威．基于投资控制的工程设计优化方法研究[D]．长沙：中南大学，2008.

北京大学出版社土木建筑系列教材(已出版)

序号	书名	主编	定价	序号	书名	主编	定价
1	工程项目管理	董良峰　张瑞敏	43.00	50	工程财务管理	张学英	38.00
2	建筑设备(第2版)	刘源全　张国军	46.00	51	土木工程施工	石海均　马　哲	40.00
3	土木工程测量(第2版)	陈久强　刘文生	40.00	52	土木工程制图(第2版)	张会平	45.00
4	土木工程材料(第2版)	柯国军	45.00	53	土木工程制图习题集(第2版)	张会平	28.00
5	土木工程计算机绘图	袁　果　张渝生	28.00	54	土木工程材料(第2版)	王春阳	50.00
6	工程地质(第2版)	何培玲　张　婷	26.00	55	结构抗震设计(第2版)	祝英杰	37.00
7	建设工程监理概论(第3版)	巩天真　张泽平	40.00	56	土木工程专业英语	霍俊芳　姜丽云	35.00
8	工程经济学(第2版)	冯为民　付晓灵	42.00	57	混凝土结构设计原理(第2版)	邵永健	52.00
9	工程项目管理(第2版)	仲景冰　王红兵	45.00	58	土木工程计量与计价	王翠琴　李春燕	35.00
10	工程造价管理	车春鹂　杜春艳	24.00	59	房地产开发与管理	刘　薇	38.00
11	工程招标投标管理(第2版)	刘昌明	30.00	60	土力学	高向阳	32.00
12	工程合同管理	方　俊　胡向真	23.00	61	建筑表现技法	冯　柯	42.00
13	建筑工程施工组织与管理(第2版)	余群舟　宋会莲	31.00	62	工程招投标与合同管理(第2版)	吴　芳　冯　宁	43.00
14	建设法规(第2版)	肖　铭　潘安平	32.00	63	工程施工组织	周国恩	28.00
15	建设项目评估	王　华	35.00	64	建筑力学	邹建奇	34.00
16	工程量清单的编制与投标报价	刘富勤　陈德方	25.00	65	土力学学习指导与考题精解	高向阳	26.00
17	土木工程概预算与投标报价(第2版)	刘　薇　叶　良	37.00	66	建筑概论	钱　坤	28.00
18	室内装饰工程预算	陈祖建	30.00	67	岩石力学	高　玮	35.00
19	力学与结构	徐吉恩　唐小弟	42.00	68	交通工程学	李　杰　王　富	39.00
20	理论力学(第2版)	张俊彦　赵荣国	40.00	69	房地产策划	王直民	42.00
21	材料力学	金康宁　谢群丹	27.00	70	中国传统建筑构造	李合群	35.00
22	结构力学简明教程	张系斌	20.00	71	房地产开发	石海均　王　宏	34.00
23	流体力学(第2版)	章宝华	25.00	72	室内设计原理	冯　柯	28.00
24	弹性力学	薛　强	22.00	73	建筑结构优化及应用	朱杰江	30.00
25	工程力学(第2版)	罗迎社　喻小明	39.00	74	高层与大跨建筑结构施工	王绍君	45.00
26	土力学(第2版)	肖仁成　俞　晓	25.00	75	工程造价管理	周国恩	42.00
27	基础工程	王协群　章宝华	32.00	76	土建工程制图(第2版)	张黎骅	38.00
28	有限单元法(第2版)	丁　科　殷水平	30.00	77	土建工程制图习题集(第2版)	张黎骅	34.00
29	土木工程施工	邓寿昌　李晓目	42.00	78	材料力学	章宝华	36.00
30	房屋建筑学(第3版)	聂洪达	56.00	79	土力学教程(第2版)	孟祥波	34.00
31	混凝土结构设计原理	许成祥　何培玲	28.00	80	土力学	曹卫平	34.00
32	混凝土结构设计	彭　刚　蔡江勇	28.00	81	土木工程项目管理	郑文新	41.00
33	钢结构设计原理	石建军　姜　袁	32.00	82	工程力学	王明斌　庞永平	37.00
34	结构抗震设计	马成松　苏　原	25.00	83	建筑工程造价	郑文新	39.00
35	高层建筑施工	张厚先　陈德方	32.00	84	土力学(中英双语)	郎煜华	38.00
36	高层建筑结构设计	张仲先　王海波	23.00	85	土木建筑CAD实用教程	王文达	30.00
37	工程事故分析与工程安全(第2版)	谢征勋　罗　章	38.00	86	工程管理概论	郑文新　李献涛	26.00
38	砌体结构(第2版)	何培玲　尹维新	26.00	87	景观设计	陈玲玲	49.00
39	荷载与结构设计方法(第2版)	许成祥　何培玲	30.00	88	色彩景观基础教程	阮正仪	42.00
40	工程结构检测	周　详　刘益虹	20.00	89	工程力学	杨云芳	42.00
41	土木工程课程设计指南	许　明　孟茁超	25.00	90	工程设计软件应用	孙香红	39.00
42	桥梁工程(第2版)	周先雁　王解军	37.00	91	城市轨道交通工程建设风险与保险	吴宏建　刘宽亮	75.00
43	房屋建筑学(上：民用建筑)(第2版)	钱　坤　王若竹　吴　歌	40.00	92	混凝土结构设计原理	熊丹安	32.00
44	房屋建筑学(下：工业建筑)(第2版)	钱　坤　吴　歌	36.00	93	城市详细规划原理与设计方法	姜　云	36.00
45	工程管理专业英语	王竹芳	24.00	94	工程经济学	都沁军	42.00
46	建筑结构CAD教程	崔钦淑	36.00	95	结构力学	边亚东	42.00
47	建设工程招投标与合同管理实务(第2版)	崔东红	49.00	96	房地产估价	沈良峰	45.00
48	工程地质(第2版)	倪宏革　周建波	30.00	97	土木工程结构试验	叶成杰	39.00
49	工程经济学	张厚钧	36.00	98	土木工程概论	邓友生	34.00

序号	书名	主编	定价	序号	书名	主编	定价
99	工程项目管理	邓铁军　杨亚频	48.00	138	建筑学导论	裘　鞠　常　悦	32.00
100	误差理论与测量平差基础	胡圣武　肖本林	37.00	139	工程项目管理	王　华	42.00
101	房地产估价理论与实务	李　龙	36.00	140	园林工程计量与计价	温日琨　舒美英	45.00
102	混凝土结构设计	熊丹安	37.00	141	城市与区域规划实用模型	郭志恭	45.00
103	钢结构设计原理	胡习兵	30.00	142	特殊土地基处理	刘起霞	50.00
104	钢结构设计	胡习兵　张再华	42.00	143	建筑节能概论	余晓平	34.00
105	土木工程材料	赵志曼	39.00	144	中国文物建筑保护及修复工程学	郭志恭	45.00
106	工程项目投资控制	曲　娜　陈顺良	32.00	145	建筑电气	李　云	45.00
107	建设项目评估	黄明知　尚华艳	38.00	146	建筑美学	邓友生	36.00
108	结构力学实用教程	常伏德	47.00	147	空调工程	战乃岩　王建辉	45.00
109	道路勘测设计	刘文生	43.00	148	建筑构造	宿晓萍　隋艳娥	36.00
110	大跨桥梁	王解军　周先雁	30.00	149	城市与区域认知实习教程	邹　君	30.00
111	工程爆破	段宝福	42.00	150	幼儿园建筑设计	龚兆先	37.00
112	地基处理	刘起霞	45.00	151	房屋建筑学	董海荣	47.00
113	水分析化学	宋吉娜	42.00	152	园林与环境景观设计	董　智　曾　伟	46.00
114	基础工程	曹　云	43.00	153	中外建筑史	吴　薇	36.00
115	建筑结构抗震分析与设计	裴星洙	35.00	154	建筑构造原理与设计(下册)	梁晓慧　陈玲玲	38.00
116	建筑工程安全管理与技术	高向阳	40.00	155	建筑结构	苏明会　赵　亮	50.00
117	土木工程施工与管理	李华锋　徐　芸	65.00	156	工程经济与项目管理	都沁军	45.00
118	土木工程试验	王吉民	34.00	157	土力学试验	孟云梅	32.00
119	土质学与土力学	刘红军	36.00	158	土力学	杨雪强	40.00
120	建筑工程施工组织与概预算	钟吉湘	52.00	159	建筑美术教程	陈希平	45.00
121	房地产测量	魏德宏	28.00	160	市政工程计量与计价	赵志曼　张建平	38.00
122	土力学	贾彩虹	38.00	161	建设工程合同管理	余群舟	36.00
123	交通工程基础	王富	24.00	162	土木工程基础英语教程	陈平　王凤池	32.00
124	房屋建筑学	宿晓萍　隋艳娥	43.00	163	土木工程专业毕业设计指导	高向阳	40.00
125	建筑工程计量与计价	张叶田	50.00	164	土木工程 CAD	王玉岚	42.00
126	工程力学	杨民献	50.00	165	外国建筑简史	吴　薇	38.00
127	建筑工程管理专业英语	杨云会	36.00	166	工程量清单的编制与投标报价(第 2 版)	刘富勤　陈友华　宋会莲	34.00
128	土木工程地质	陈文昭	32.00	167	土木工程施工	陈泽世　凌平平	58.00
129	暖通空调节能运行	余晓平	30.00	168	特种结构	孙　克	30.00
130	土工试验原理与操作	高向阳	25.00	169	结构力学	何春保	45.00
131	理论力学	欧阳辉	48.00	170	建筑抗震与高层结构设计	周锡武　朴福顺	36.00
132	土木工程材料习题与学习指导	鄢朝勇	35.00	171	建设法规	刘红霞　柳立生	36.00
133	建筑构造原理与设计(上册)	陈玲玲	34.00	172	道路勘测与设计	凌平平　余婵娟	42.00
134	城市生态与城市环境保护	梁彦兰　阎　利	36.00	173	工程结构	金恩平	49.00
135	房地产法规	潘安平		174	建筑公共安全技术与设计	陈继斌	45.00
136	水泵与水泵站	张　伟　周书葵	35.00	175	地下工程施工	江学良　杨　慧	54.00
137	建筑工程施工	叶　良	55.00	176	土木工程专业英语	宿晓萍　赵庆明	40.00

如您需要更多教学资源如电子课件、电子样章、习题答案等，请登录北京大学出版社第六事业部官网 www.pup6.cn 搜索下载。

如您需要浏览更多专业教材，请扫下面的二维码，关注北京大学出版社第六事业部官方微信（微信号：pup6book），随时查询专业教材、浏览教材目录、内容简介等信息，并可在线申请纸质样书用于教学。

感谢您使用我们的教材，欢迎您随时与我们联系，我们将及时做好全方位的服务。联系方式：010-62750667，donglu2004@163.com，pup_6@163.com，lihu80@163.com，欢迎来电来信。客户服务 QQ 号：1292552107，欢迎随时咨询。